国家社科基金教育学青年课题"'省直管县'财政体制改革与农村义务教育财政体制调适研究"（课题批准号：CFA110120）最终成果

多级财政体制下的公共品供给

——"省直管县"改革与农村义务教育

宗晓华　著

中国财经出版传媒集团

经济科学出版社
Economic Science Press

图书在版编目（CIP）数据

多级财政体制下的公共品供给："省直管县"改革与农村义务教育/宗晓华著. —北京：经济科学出版社，2018.5

ISBN 978 – 7 – 5141 – 9296 – 4

Ⅰ.①多… Ⅱ.①宗… Ⅲ.①农村 – 义务教育 – 教育财政 – 财政改革 – 研究 – 中国 Ⅳ.①G526.7

中国版本图书馆 CIP 数据核字（2018）第 093133 号

责任编辑：吴檬檬
责任校对：王苗苗
版式设计：齐　杰
责任印制：邱　天

多级财政体制下的公共品供给
——"省直管县"改革与农村义务教育

宗晓华　著

经济科学出版社出版、发行　新华书店经销
社址：北京市海淀区阜成路甲 28 号　邮编：100142
总编部电话：010 – 88191217　发行部电话：010 – 88191522
网址：www.esp.com.cn
电子邮件：esp@esp.com.cn
天猫网店：经济科学出版社旗舰店
网址：http://jjkxcbs.tmall.com
北京财经印刷厂印装
710×1000　16 开　15.25 印张　250000 字
2018 年 5 月第 1 版　2018 年 5 月第 1 次印刷
ISBN 978 – 7 – 5141 – 9296 – 4　定价：48.00 元
（图书出现印装问题，本社负责调换。电话：010 – 88191510）
（版权所有　侵权必究　举报电话：010 – 88191586
电子邮箱：dbts@esp.com.cn）

序

　　城乡基本公共服务供给差距是制约满足人民美好生活需要的重要因素，也是当前迫切需要解决的发展不平衡问题。作为最基本的公共服务之一，我国义务教育发展的城乡差距一直较为突出。义务教育实行"以县为主"的管理体制，县级财政承担了农村义务教育的大部分财政责任。在我国"倒金字塔"的财力分配格局中，县级财政是最为薄弱的环节，财政收入占全国财政收入的20.7%，却承担着全国财政支出的41.1%，供给着占全国70%以上人口，尤其是广大农村地区的公共服务。这种负担重心过低的教育财政体制安排，一方面导致义务教育的供给水平高度依赖于县域的经济和财力状况，另一方面也造成了义务教育发展的区域不均衡和巨大的城乡差距。因此，从制度视角来看，要缩小义务教育的城乡差距，必须改变这种依据各地经济水平来决定公共服务供给水平的政策思路，而进行相关的财政体制改革则是治本之策。

　　然而，在一个具有五级财政的大国体制下，如何合理地安排包括义务教育在内的基本公共服务财政事权与支出责任，面临着更为复杂的挑战。宗晓华是南京大学教育研究院的青年教师，也是我指导的2010级理论经济学博士后。考虑到他的工作以及前期在教育经济学方面的扎实训练，我指导他以教育财政事权安排与支出责任划分为主题开展博士后研究，结合正在开展的"省直管县"宏观财政体制改革背景，探讨多级财政体制下的农村义务教育供给及城乡均等化问题。

　　义务教育是公共财政应该负担的一项典型的基本公共服务。在基本公共服务供给领域，清晰地界定政府职能，科学地划分各级政府之间的财权、事权与支出责任，推动基本公共服务均等化，既是建立现代财政制度的重要内容，也是推进国家治理体系和治理能力现代化的客观需要。新时期在构建和完善基本公共服务供给制度方面，应注意把握以下几个方面：

1. 强化政府在基本公共服务领域维护公平的作用

　　人们一般关心城镇居民对公共产品的需求扩大，以及快速城镇化过程中"新市民"对健康、教育、社会保障等公共服务的需求满足问题。现实中所要满足的不仅仅是这些居民对公共产品的新需求,更为重要的是需要扩大公共产品的覆盖面,尤其是推动城乡基本公共服务的均等化。扩大公共产品覆盖面就是要对农村家庭和贫困家庭提供与城市和其他阶层平等的公共产品和公共服务。例如,就享有的教育机会、教育资源和教育质量来说,农民及其子弟享受与城市居民平等的权利。这种要求概括起来就是基本公共服务的均等化。

政府要确保为社会各阶层,包括农村和贫困家庭提供一个公平而充分的公共产品供给制度。有人试图将市场化原则扩大到公共产品的分配领域,强调公共产品供给的效率原则。其现实表现是,有些地方政府通过各种方式推卸基本公共产品领域的供给责任,财政承担和投入不够,有些基本公共产品的供给水平高度依赖于所在地区的经济发展水平,城乡和区域差距过大。这些违背公平原则的公共产品供给所产生的直接后果是放弃公平性,造成城乡、区域的不平衡以及社会的不和谐。

居民对公共产品的需求有明显的层次性,公共财政所能满足的不应该也不可能是高收入者的需求,而应该是最广大居民(主要是中低收入者)的基本服务,包括义务教育、社会治安、公共卫生、基本医疗等。由此就提出公共财政的中低收入者准则。在教育、医疗卫生、社会保障等领域中与人直接相关的主要基本公共服务事项,应明确政府的职责,加大对接受教育和医疗的低收入家庭救助力度,以保证大部分中低收入居民能够享受到一定水平的公共服务,确保和强化政府在基本公共服务领域中维护公平的作用。

2. 科学划分各级政府在基本公共服务领域的供给责任

虽然公共产品是由政府提供的满足公共需求的产品,但由于公共产品的外溢性、技术与信息复杂程度不同,现实中由哪一级政府提供则需要权衡。一般来讲,受益范围覆盖全国的公共产品应由中央财政提供,受益范围局限于地方的公共产品应由地方财政负责。按照受益原则划分各级财政职责,可以使公共产品的受益范围与政府管辖区域保持一致,从而激励各级政府尽力做好辖区范围内的公共服务提供和保障。然而,有些公共产品的收益具有一定的空间外溢性。例如,义务教育服务的主要受益者是接受教育的本地区居民,但人口的流动会使这种人力资本投资外溢到其他地区。对于具有空间外溢性的公共产品,完全由地方政府供给不仅缺乏效率,而且有悖公平原则,可以将其确立为中央和地方的共同事权和支出责任。

科学划分在共同事权领域的公共产品供给职责,必须调动"两个积极性",发挥中央和地方各自的优势。地方基层政府贴近公众,掌握更多的需求偏好和生产信息，具有信息优势，中央和地方高层政府在解决分配不公和促进均等化方面具有更大的优势。现实中，应根据基本公共服务的受益范围、外部性大小、信息和技术复杂性，按事权构成要素、实施环节，明确分解各级财政应承担的职责，避免由于职责不清造成的互相推诿。

3. 提高地方政府供给基本公共服务的能力和水平

新时期由于各方面对公共产品的强烈需求，提出了公共产品供给的充分性问题。在分税制财政体制下，各级政府之间的分权是以其各自的事权为基础的。要履行公共产品供给的事权和支出责任，必须要有充足的财力作为保障。我国幅员辽阔，各地发展水平差异较大，地方政府尤其是县乡基层政府的财政能力较弱，但其承担的基本公共产品和服务供给责任却很重，这种财政纵向上的失衡问题在经济欠发达地区表现更为突出。

为了确保承担主要供给责任的地方一级政府拥有充足的财力，中央和地方高层政府应加大对基层政府的财力性转移支付。同时，中央应制定基本公共服务提供的全国性标准，省级政府应加大统筹力度，纠正基本公共服务供给水平高度依赖于县域经济与财力的倾向。我国地方财政层级较多，省以下财政关系尚未理顺，一些地方"市县争利"现象仍然存在，提高地方尤其是基层政府供给基本公共服务的能力还有很大空间。在这方面，"省直管县"财政改革是一种有益的探索，一方面减少财政管理层级，有利于增强省级财政的调节与统筹能力，另一方面扩大县级经济管理权限，有利于激发县域经济活力、充实县级财政。"郡县治则天下安，县域强则国家富"，衡量财政体制改革成效的一个重要标准就是看能否提高地方尤其是基层政府对基本公共服务的供给能力，能否有效促进基本公共服务供给水平的均等化。

由于教育财政体制嵌入国家宏观财政体制之中，"就教育论教育"的思路具有较多的局限，只有采取更为宏观和系统的视角才能更深刻地理解城乡义务教育供给差距的制度根源。更重要的是，随着我国财政与教育改革进入深水区，相关问题的关联度更高，单靠原来的单项改革或局部突破套路已难以奏效，必须采取更为协同的改革方案才能破解深层次的矛盾和问题。

从这个角度来看，宗晓华博士的研究选题同时涉及财政、教育和经济等关联领域，具有较高的理论价值与现实意义，并很快得到了国家社科基金教育学青年项目的资助，相关学术成果也被《新华文摘》等多次转载，荣获多项省部级学术奖项，其主要研究成果《多级财政体制下的公共品供给："省直管县"改革与农村义务教育》一书最近由经济科学出版社出版。可以说，本书是宗晓华博士在南京大学博士后流动站期间研究工作的一个标志性成果。

本书综合采用比较制度分析、计量分析和数理模拟等研究方法，以"省直管县"改革与农村义务教育财政体制安排为主题，将义务教育财政体制视为嵌合于中国式财政分权体制之中的制度安排，从理论、制度和实证分析等多个角度透视"省直管县"财政改革与农村义务教育财政体制之间的关系，把握"省直管县"财政改革对农村义务教育财政的影响，并探索在建立财政事权与支出责任相适应的现代财政制度下未来的政策改进思路。具体的研究内容包括：

第一，基于制度嵌入性与制度关联演化理论，结合中国式财政分权与垂直治理的体制背景，构建本书的理论分析框架，将财政层级调整（"省直管县"财政改革）与农村义务教育财政体制之间的关系纳入该理论分析框架，从理论层面上把握两者的关联机制、作用机理，以及外围制度环境和相关历史、资源、技术等影响因素。

第二，追根溯源，从历史维度回顾我国地方政府层级演变轨迹，理解地方政府层级治理结构循环更替的矛盾运动，从而把握目前从"市管县"体制向"省直管县"体制过渡的深层次动因与新的发展条件。在此基础上，对"省直管县"财政改革在全国范围内推进的情况进行梳理，对各地区改革的主要内容进行归类，把握当前改革形势与存在的问题。研究发现，从"市管县"财政体制到"省直管县"财政体制的变革，既有对我国两千年来郡县制传统的承袭，更是基于城乡关系调整和公共财政建设的现实需要。本书对我国政府间的行政发包制与郡县制历史传统的挖掘，为理解我国的多级财政及其治理结构提供更为本土的思路，避免机械照搬西方"财政联邦主义"理论视角可能产生的"误读"。

第三，依据制度嵌入性与制度关联变革理论，从分税制改革后政府间财权与事权纵向失衡角度，分析农村义务教育财政体制的两次变迁及其原因，从而将"省直管县"财政改革与农村义务教育财政体制变革置于一个统一、连续的改革序列之中。本书提出，分税制后财政纵向失衡格局一方面要求理顺省以下财政关系，另一方面要求调整财政事权与支出责任划分，"省直管县"财政改革与农村义务教育财政体制的集权取向改革分别体现这两个改革方向。这为把握当前农村义务教育财政体制所嵌入的宏观财政体制及其主要矛盾，以及在该体制下农村义务教育财政体制的改革方向提供新的视角。

第四，从全国整体和分省案例两个层面，分析"省直管县"财政改革对农村义务教育财政的影响机制，提出可供实证检验的研究假设，然后利用全国层面的省级面板数据和案例省份县级面板数据，对"省直管县"财政体制改革对农村义务教育财政的影响进行实证检验。全国层面的实证分析显示，改革提高了农村义务教育财政支出水平，但是这种正向效应在东部地区更为显著，在中部和西部地区改革效果具有不确定性，改革效果的地区差异可以通过经济发展不同阶段改革的替代效应强弱来解释。基于东部的江苏、中部的河南、湖南以及西部的贵州四省案例的实证分析印证了这一结果。由于作者使用的数据详实、跨期较长、指标全面，而且采用了"准实验"框架计量模型，实证研究结论具有较高的稳健性和可信度。

第五，基于上述理论、制度与实证分析发现，从构建财政事权与支出责任相匹配、推进城乡基本公共服务均等化的角度研究提出，要继续深化"省直管县"财政改革，理顺"省直管县"财政体制，通过配套政策与行政上"省直管县"改革，最大限度地发挥改革正向效应、规避其可能的负面影响；同时，要根据外溢性、信息复杂性和激励兼容等因素，调整农村义务教育财政事权与支出责任划分，建立"多级共担"农村义务教育财政新体制，强化省级财政对义务教育的统筹与均衡职能，形成城乡一体的义务教育经费保障机制，缩小义务教育城乡与区域差距。为了对政策建议可行性及效果进行更深入的把握，作者还以省级财力较强、省内区域差距显著的江苏省为案例，根据省对县义务教育转移支付的不同方案进行数值模拟，并提出加强省级统筹、缩小省内差距的转移支付制度的具体方案建议。

对于我国这样一个人口多、地域广、发展快和财政层级相对复杂的大国而言，基本公共服务领域中央与地方各级政府共同财政事权和支出责任划分是一个动态调整、不断完善的过程。总体上来讲，应坚持财政事权划分由中央决定的原则，由中央政府依据发展阶段确定合理适度的基本公共服务供给基础标准，同时应充分考虑区域发展、财力状况与供给成本等差异较大的国情，采取差别化的分担方式，确保为人民群众提供优质、均衡的基本公共服务。

宗晓华的这本专著对义务教育财政事权与支出划分问题做了一些有益探索，选取的研究视角和研究思路较为新颖，理论、历史和实证分析都较为系统，相关结论和政策建议契合我国的现实国情与发展方向，相信对学界和政府决策部门都有一定的参考价值。作为他的导师，我也殷切地希望，作者能够继续不断地深入学习和研究，在相关领域取得新的突破。

洪银兴

目录
Contents

第1章　引言 ·· 1
  1.1　研究问题与背景 ··· 1
  1.2　相关文献评析 ·· 4
    1.2.1　关于农村义务教育财政体制改革的研究 ····················· 4
    1.2.2　关于"省直管县"财政体制改革的研究 ······················ 11
    1.2.3　关于"省直管县"财政改革对教育财政影响的研究 ········ 17
  1.3　研究的思路与方法 ··· 19
    1.3.1　研究的基本思路 ··· 19
    1.3.2　研究方法与数据 ··· 21
    1.3.3　研究的主要创新 ··· 22

第2章　制度关联演变与中国式财政分权：理论视角 ············· 24
  2.1　制度嵌入性、关联演变与制度间调适 ································ 24
    2.1.1　作为博弈均衡的制度与制度关联 ······························ 24
    2.1.2　嵌入性：制度纵横关联的复合结构 ··························· 30
    2.1.3　制度变迁的关联机制与制度间调适 ··························· 34
  2.2　中国式财政分权与公共产品供给 ······································ 38
    2.2.1　财政分权与财政联邦主义理论演变 ··························· 38
    2.2.2　中国式分权："M型"结构与目标责任制 ···················· 41
    2.2.3　公共产品供给：行政发包与职责同构 ························ 47
  2.3　分权体制下的农村义务教育财政制度 ································ 51
    2.3.1　行政逐级发包下的农村义务教育财政 ························ 51

2.3.2 晋升锦标赛中的财政支出结构偏向 ………………………… 55

第3章 "省直管县"财政改革的历史背景与现实进程 ……………… 60
3.1 地方治理结构：郡县制传统及其演变机制 …………………… 61
　　3.1.1 "内外相权"与"轻重相维"的治理逻辑 ………………… 61
　　3.1.2 "二级制"与"三级制"的循环变迁轨迹 ………………… 62
3.2 "市制""市管县"体制与市县财政分权 ……………………… 69
　　3.2.1 城乡分治原则下的"市制"及其发展 …………………… 69
　　3.2.2 "以城统乡"思路下的"市管县"体制 ………………… 71
　　3.2.3 "市管县"体制下的市、县财政分权 …………………… 76
　　3.2.4 市、县之间利益冲突与县乡财政困境 ………………… 81
3.3 "省直管县"财政改革的进程与主要模式 …………………… 83
　　3.3.1 "省直管县"财政体制的内涵和依据 …………………… 84
　　3.3.2 "省直管县"财政改革的进程与分布 …………………… 85
　　3.3.3 "省直管县"财政改革的主要模式 ……………………… 91

第4章 财政纵向失衡与农村义务教育财政体制演变 ……………… 94
4.1 分税制改革与"乡村自给"体制的危机 …………………… 95
　　4.1.1 多渠道筹资的"乡村自给"体制 ………………………… 95
　　4.1.2 分税制后"乡村自给"体制的危机 ……………………… 101
4.2 税费改革与"以县为主"体制的建立 ……………………… 105
　　4.2.1 税费改革与县、乡财政收支缺口扩大 ………………… 106
　　4.2.2 农村义务教育"以县为主"财政体制 ………………… 108
4.3 "多级共担"体制与集权取向改革的限度 ………………… 110
　　4.3.1 农村义务教育经费的"多级共担"体制 ……………… 111
　　4.3.2 负担主体上移的问题与集权改革的限度 ……………… 114

第5章 "省直管县"财政改革对农村义务教育财政的影响：全国整体分析 ……………………………………………………… 118
5.1 制度分析：改革的直接与间接影响机制 …………………… 119
5.2 研究设计：指标选取、数据与模型设定 …………………… 120
　　5.2.1 指标选取与数据 ………………………………………… 120

5.2.2　计量模型设定 ··· 122
　5.3　实证分析：计量结果与分地区稳健性检验 ························· 123
　　5.3.1　描述性统计分析 ··· 123
　　5.3.2　回归结果分析 ··· 125
　　5.3.3　分地区稳健性检验 ··· 128
　5.4　全国层面分析的结论与启示 ······································· 129

第6章　"省直管县"财政改革对农村义务教育财政的影响：分省案例分析 ··· 132
　6.1　东部江苏省的案例分析 ··· 133
　　6.1.1　江苏"省直管县"财政改革的主要内容 ························· 133
　　6.1.2　江苏"省直管县"财政改革的效应 ······························· 134
　6.2　中部河南省的案例分析 ··· 138
　　6.2.1　河南"省直管县"财政改革的历程 ······························· 139
　　6.2.2　河南"省直管县"财政改革的主要内容 ························· 140
　　6.2.3　河南"省直管县"财政改革的效应 ······························· 142
　6.3　中部湖南省的案例分析 ··· 149
　　6.3.1　湖南"省直管县"财政改革的主要内容 ························· 150
　　6.3.2　湖南"省直管县"财政改革的效应 ······························· 152
　6.4　西部贵州省的案例分析 ··· 158
　　6.4.1　贵州"省直管县"财政改革的历程 ······························· 158
　　6.4.2　贵州"省直管县"财政改革的主要内容 ························· 160
　　6.4.3　贵州"省直管县"财政改革的效应 ······························· 161
　6.5　分省案例分析的结论与启示 ······································· 167

第7章　"省直管县"财政改革与农村义务教育财政体制调整思路 ········ 173
　7.1　深化"省直管县"财政改革与改善治理机制 ························· 174
　　7.1.1　继续扩大和深化"省直管县"财政改革 ··························· 174
　　7.1.2　因地制宜地推进"省直管县"行政改革 ··························· 178
　　7.1.3　加强对县级政府公共支出的监督与考核 ························· 182
　7.2　构建"中层集权"的农村义务教育财政体制 ························· 185
　　7.2.1　明确农村义务教育财政事权与支出责任划分 ···················· 185

　　　　7.2.2　构建"中层集权"的农村义务教育财政体制 …………… 190
　　　　7.2.3　完善平衡省内差距的义务教育转移支付制度 ………… 197

第8章　主要结论与展望 ………………………………………………… 204
　　8.1　主要结论 ………………………………………………………… 205
　　8.2　未来展望 ………………………………………………………… 209

参考文献 ………………………………………………………………… 211
附表 ……………………………………………………………………… 223
后记 ……………………………………………………………………… 229

第 1 章

引 言

1.1 研究问题与背景

选择"'省直管县'财政改革与农村义务教育财政体制调适"作为研究主题，源于对当代农村义务教育发展及其财政问题的持续追问。"十年树木、百年树人"，"百年大计、教育为本"。义务教育作为国家人才培养的基础阶段，理应处于国家发展战略的优先位次，并在资源配置上给予优先保障。这种认识似乎早已成为社会共识。无论是清末民初的"教育救国"思想，还是当代的"科教兴国"战略，都对教育在国家现代化进程中的基础地位有深刻的理解。然而，正如1985年《中共中央关于教育体制改革的决定》所指出的那样，"发展教育事业不增加投资是不行的，但是同时必须认识，国家对教育的投资毕竟要受经济发展水平的制约。……现在的问题就是如何在有限的财力物力条件下，把教育搞上去，满足社会主义现代化建设的迫切需要。"[1] 事实上，在这份开启新中国教育体制改革大幕的文件颁布三十年之后，虽然教育事业发生了翻天覆地的变化，取得了举世瞩目的成就，教育财政投入也实现了4%的宏伟目标，但在教育财政投入体制方面仍然存在着需要直面的深层次矛盾。

具体到农村义务教育领域，近三十年来，农村义务教育财政体制经历了从"人民教育人民办"的乡村自给模式到"以县为主"再到"各级政府共担"的公共财政保障模式的转变。这种投入机制的变革被认为是义务教育在农村地区

---

[1] 中共中央关于教育体制改革的决定[J]. 中华人民共和国国务院公报，1985(15)：469.

顺利普及并巩固提高的财政制度基础。然而，即使在"各级政府共担"模式下，县级以上政府分担的项目和比例仍十分有限，农村义务教育的财政负担重心仍然过低，其投入水平仍高度依赖于所在地区的县域经济和财政状况。在中国"倒金字塔"的财力分配格局中，县级财政是最为薄弱的环节，财政收入占全国财政收入的 20.7%，却承担着全国财政支出的 41.1%，供给占全国 70% 以上人口的公共服务。① 受限于这种纵向失衡的财政配置格局，当前农村义务教育的财政经费投入仍然不足，农村学校的办学条件和教育质量依旧堪忧，义务教育发展的城乡差距和区域差距仍然触目惊心。实际上"以县为主"的农村义务教育财政体制，不仅难以改变以"县"为表征的农村义务教育和以"市"为表征的城市义务教育之间的差距，而且也是造成义务教育区域之间不均衡的重要制度原因。

　　如何加强农村义务教育发展的经费保障，缩小农村义务教育的城乡差距和区域差距？目前主要有两种改革思路，且都涉及"省直管县"财政改革的问题。第一种思路寄希望于政府间财力分配调整，维持当前农村义务教育财政分担体制不变，但通过调整省内分税结构和加大转移支付等方式，提高县级可支配财力，同时积极推动县级政府向公共服务型政府转型，提高其提供基本公共服务（包括农村义务教育）的财政能力与激励。第二种思路则认为，依靠分税调整和转移支付等手段无法解决农村义务教育财政问题，根本的解决思路是进行政府间事权划分调整，对农村义务教育财政负担主体进行上移，推行集权取向的改革，探索实施"以省为主"或者"以中央为主"的农村义务教育财政新体制。

　　对于第一种思路，即扩充县级财政实力，与"省直管县"财政体制改革密切相关。"省直管县"财政体制改革的主要目的就是要释放县域经济活力，通过实行"省—县"对接、调整省内税收分成结构、减少"市管县"体制下转移支付漏损等途径，增加县级财政的可支配财力，提升县级政府对农村公共产品的供给能力。②

---

　　① 根据全国一般公共财政预算收支分级次数据计算，县级财政自给度在各级财政中最低，2013 年平均仅为 46.53%。详细数据参见 1994～2013 年全国一般公共财政预算收入级次情况 [J]. 地方财政研究，2015（7）：97；1994～2013 年我国公共财政预算支出级次情况 [J]. 地方财政研究，2015（9）：97.

　　② 贾康，于长革. 辖县大省"省直管县"财政改革应对措施与政策建议 [J]. 经济研究参考，2010（70）：15-16.

— 2 —

对于第二种思路,即上移农村义务教育的负担重心,调整农村义务教育事权责任,也与"省直管县"财政体制改革存在着复杂的关联。实际上,我国近年来出台了多项政策,旨在强化省级政府的教育统筹职责,与集权取向的改革思路一致。2010年《国家中长期教育改革和发展规划纲要(2010~2020年)》要求"进一步加大省级政府对区域内各级各类教育的统筹,完善省对省以下财政转移支付体制,加大对经济欠发达地区的支持力度"。2013年《中共中央关于全面深化改革若干重大问题的决定》也强调要"扩大省级政府教育统筹权"。无论是扩大省级政府的教育统筹权还是加大省对辖区内经济欠发达地区的转移支付,都必然与"省直管县"财政体制改革相关联,而且很多地方都必须在"省直管县"财政体制下展开。自从2000年以来,绝大多数省份已经开展"省直管县"财政改革试点工作,2009年财政部出台《关于推进省直接管理县财政改革的意见》,要求在2012年年底前,力争全国除民族自治地区外全面推进省直接管理县财政改革。"省直管县"财政改革旨在理顺省以下财政体制,通过建立"省—市"和"省—县"之间并行的财政关系,为调整政府间财权和事权划分、扩大省级政府教育统筹权提供新的制度空间。[①]

可以说,两种改革思路实际上都需要在"省直管县"财政改革背景中展开,都无法绕开对"省直管县"财政改革及其所带来的影响的讨论。然而,从宏观财政体制改革角度切入研究农村义务教育财政问题,与以往在既有宏观财政体制框架下局限于教育财政体系维度之内"就教育论教育"的分析思路具有较大差异,前者显然涉及不同层次和不同领域的整体性制度安排,也必然更为复杂、更具挑战性。研究这个复杂问题,啃这块"硬骨头",并非只是出于"好奇心"的理论兴趣,更是基于现阶段改革形势的必然要求。

作为公共财政的重要组成部分,农村义务教育财政体制内生于国家整体财政体制之中,其固有的嵌入属性要求其必须随着国家整体财政体制改革而不断地进行调适,以达到与刚性的宏观财政体制兼容,保证自身运转效率与职能实现。正如教育部在《关于2013年深化教育领域综合改革的意见》所指出的那样:"随着我国教育改革进入深水区、攻坚期,涉及面更广、关联度更高,破解深层次矛盾和问题难度更大,许多问题解决起来往往涉及多个部门职责,涉及多种政策配套,涉及多方利益调整,靠原来的单项改革办法或局部突破套路

---

① 杨志勇. 省直管县财政体制改革研究——从财政的省直管县到重建政府间财政关系[J]. 财贸经济, 2009(11): 36-41.

已难以奏效。"

正是基于以上考虑，本书从"省直管县"财政改革角度切入，从理论和实证两个方面分析"省直管县"财政改革对农村义务教育财政的影响，并探讨"省直管县"财政体制改革对农村义务教育发展所带来的契机，以及未来可能的改革思路。

1.2 相关文献评析

1.2.1 关于农村义务教育财政体制改革的研究

农村义务教育财政体制是指农村义务教育财政经费筹措、支出责任与相关权力在各级政府之间的配置关系，以及相应的运行机制与管理制度安排。自1986年《义务教育法》颁布、国家在农村地区推行义务教育以来，经费筹措问题一直困扰着农村义务教育的发展。因此，学界关于农村义务教育经费投入问题的实证与政策研究较多，而且随着农村义务教育发展阶段的不同，具体关注的主题差异较大。

以往农村义务教育经费问题的研究，可以按照制度变迁线索大致分为三个阶段：

（1）第一个阶段（2000年之前），即实施"以县为主"管理体制之前。

学者们主要关注农村义务教育经费的筹措问题，尤其是普九任务下如何筹措办学经费的问题。例如曹振文（1987）在《对筹措农村义务教育经费问题的管见》、刘继武（1992）在《关于普及义务教育经费问题的若干思考与建议》等研究中，着重讨论筹资渠道与政策落实问题。[①②]

然而，随着分税制改革的实施，乡财政日益困难，"普九"目标冲刺迫近，农村义务教育经费困难程度加剧，学界开始注意到，"乡村自给"的农村义务教育财政体制安排已经不能适应形势发展的需要，很多研究转向揭示当时农村义务教育短缺问题，并寻找可能的解决对策。讨论的主题包括以下四个方面：第一，财政性教育投资比例下降（胡显伟，2000）。[③] 第二，教师工资拖

[①] 曹振文. 对筹措农村义务教育经费问题的管见 [J]. 教育与经济, 1987 (3): 7-9.
[②] 刘继武. 关于普及义务教育经费问题的若干思考与建议 [J]. 山东教育科研, 1992 (6): 30-35.
[③] 胡显伟. 关于农村教育经费问题的调查与思考 [J]. 辽宁教育研究, 2000 (1): 25-27.

欠。1993年，全国有拖欠中小学教师工资现象的省份达到了28个，其中湖南、广东、辽宁等省的案例调查报告显示，农村中小学教师工资拖欠额度之大、时间之长更是触目惊心。①②第三，"普九"欠债。各地初中学龄普遍进入高峰，由于乡级财力有限，为了完成普及九年义务教育（简称"普九"）任务，大部分地区都采取了向银行、企业甚至个人借债、拖欠工程款等方式筹措资金。刘士祥等（2001）对山东省的调查、③朱源星（2001）对广东省的调查、④胡彦杰（2005）对河南省的调查等都显示，为了完成"普九"目标，很多地方几乎村村欠债、校校欠债。⑤第四，乱收费问题。在筹措教育经费的过程中，一些地方出现了"乱收费"、"乱集资"和"乱摊派"等现象。1999年中央农村工作领导小组办公室牵头，由相关国家部委参加的联合调查组，对河南、安徽、湖南、山西4省进行调查发现，教育经费严重不足，地方财政不堪重负，是农村中小学诸多收费问题的首要原因。⑥

　　针对这些问题，一些学者开始反思"乡村自给"的农村义务教育财政体制安排。例如，方铭琳、高子兰（2000）认为，当前农村义务教育教师工资普遍拖欠，公用经费极度匮乏已无法维持学校运转，这些问题的根源是现行的管理和投入体制存在问题。⑦张峰、沈理纬（2000）提出，乡镇直管义务教育利少弊多。他们认为，乡镇财政差距甚大，导致义务教育投入水平严重不平衡，尤其是教师工资方面。

　　（2）第二个阶段（2001~2005年），即"税费改革"和实行"以县为主"体制阶段。

　　农村"税费改革"集中暴露了农村义务教育中教师工资拖欠、公用经费匮乏、学校负债严重等问题。为了缓解农村义务教育经费投入不足及重心过低问题，"以县为主"的管理体制逐步确立。新体制实施以后，学者们在肯定政府教育投入努力的同时，更多地从"以县为主"体制运行中的问题、矛盾以及进一步改革的建议方面开展了较为全面的研究和探索，为2005年之后的农

---

①④ 朱源星. 解决农村教育经费严重短缺问题的思考［J］. 现代教育论丛，2001（3）：36-38.
② 赵爽. 农村教师工资现状调查与分析［J］. 上海教育科研，2004（9）：25-28.
③ 刘士祥等. 农村税费改革对农村义务教育的影响与对策［J］. 山东教育科研，2001（6）：3-4.
⑤ 胡彦杰. 中部农村义务教育经费筹措问题研究（1986—2005）［D］. 华东师范大学，2005.
⑥ 参见《国务院办公厅转发中央农村工作领导小组办公室关于农村中小学收费问题调查报告的通知》（国办发〔1999〕91号）
⑦ 方铭琳，高子兰. 落实分级负担完善分级管理——对农村义务教育经费分担不合理问题的忧思［J］. 中小学管理，2000（9）：33-34.

村义务教育经费保障机制改革提供了借鉴。

张守祥（2005）、葛大汇（2006）等学者以率先实施税费改革和农村义务教育"以县为主"管理体制的安徽省为案例，研究发现"以县为主"后，安徽省农村义务教育普遍存在"五难"现象，即教师工资按时足额发放难；危房资金缺口大，及时维修改造难；农村中小学公用经费过紧，正常运转难；教育债务沉重，偿还负债难；农村中小学编制标准偏紧，城乡义务教育均衡发展难。①② 学者们对其他省份的调查和实证研究也得到了基本类似的结论，如胡涛（2002）对江西省的调查，③ 林淼，葛新斌（2004）对河南省周口地区的调查。④

针对"以县为主"体制运行中的政策目标落空问题，有学者指出，我国农村义务教育的投资体制虽然几经变革，但一直是"修修补补"，始终没有跳出"低重心"和财权与事权不对称的怪圈。⑤ 农村义务教育"以县为主"体制改革是农村税费改革政策的附属应急政策，在政策出台前缺乏系统的机制设计和实施考量，造成了政策运行中的诸多问题。⑥ 刘泽云（2005）指出，义务教育经费新旧问题交织，经费负担主体不明确、来源渠道不规范、调节机制不健全等问题更为尖锐，构建适应公共财政要求的农村义务教育财政体制已经成为当前最紧迫的任务。⑦

针对农村义务教育"以县为主"体制的不足和缺陷，学者们提出了进一步改革农村义务教育投入与管理体制的建议，主要是进一步提升农村义务教育投入重心，即在"以县为主"管理体制的基础上，加大中央和省级政府的财政投入力度，在不同地区和农村义务教育不同支出项目上可以采取"以省为主"或"以国为主"的责任划分格局。如袁桂林（2004）提出应按区域（东、中、西）来设计不同的农村义务教育财政分担方案。⑧ 高如峰（2005）针对当

---

① 张守祥. 农村义务教育投入保障机制探析——以安徽省为例 [J]. 教育研究, 2005 (4): 85-88.
②⑥ 葛大汇. 政策执行中的地方决策与变异：安徽农村义务教育经费现状调查之一 [J]. 教育理论与实践, 2006 (5): 27-31.
③ 胡涛. 从税费改革看农村义务教育——对江西省三个乡镇的调查与思考 [J]. 教育发展研究, 2002 (4): 18-21.
④ 林淼, 葛新斌. 河南省农村税费改革后教育状况分析——以 X 县教育经费变动为案例 [J]. 清华大学教育研究, 2004 (1): 45-50.
⑤ 肖军虎, 侯晋川. 农村义务教育投入的新思路 [J]. 教育理论与实践, 2004 (10): 13-16.
⑦ 刘泽云. 政府如何为农村义务教育买单？——农村义务教育财政体制改革新论 [J]. 华中师范大学学报（人文社会科学版）, 2005 (3): 17-22.
⑧ 袁桂林. 农村义务教育"以县为主"管理体制现状及多元化发展模式初探 [J]. 东北师大学报（哲学社会科学版）, 2004 (1): 115-122.

时农村义务教育预算内经费严重不足,各项经费比例关系严重失调,除工资外,公用经费、基建经费和助学金占比甚微的现实问题,通过对生均标准支出的测算,提出了分东、中、西三类地区的中央、省、市、县农村义务教育财政分担方案。① 范先佐(2004)提出在农村义务教育"以县为主"管理基础上,构建起"国家办学、分类承担"的农村义务教育财政体制。② 刘泽云(2005)提出要由中央独立承担农村义务教育教师工资,地市和县级政府分别承担基建经费和公用经费;同时建立省级财政对贫困地区的义务教育专项转移支付制度,以缩小省内地区间的教育发展差距。③

学者们对农村义务教育投入及管理体制改革的相关建议和设想,基本勾勒出了"农村义务教育经费保障机制"改革的雏形,为2006年实施的"新机制"提供了重要的决策参考。

(3)第三阶段(2006年至今),即实施"新机制"阶段。

为解决"以县为主"后很多地区县级财政"主"不起来、农村义务教育财政投入不足、投入结构不合理以及城乡教育经费差距显著等问题,在推进义务教育均衡发展的目标下,2005年年底,国务院颁布《国务院关于深化农村义务教育经费保障机制改革的通知》,要求自2006年起调整政府间农村义务教育经费支出责任,建立"各级政府共担,分项目、按比例"的农村义务教育经费保障机制(简称"新机制")。近十年来,学者们针对"新机制"实施成效、运行问题以及改革趋向方面展开了广泛的研究。

第一,关于"新机制"实施成效的研究。

近年来,国内外学者采用多种方法对"新机制"改革进行了成效评价,有基于省级数据的实证研究,也有基于微观调研数据的统计分析。相关研究表明,自2006年以来,中央和省级政府加大了对农村义务教育财政的支持,农村义务教育经费增量效果明显;④ 城乡间义务教育生均预算内教育经费的差距

---

① 高如峰. 对农村义务教育各级政府财政责任分工的建议方案[J]. 教育研究,2005,26(3):17-22.

② 范先佐. 税费改革后农村义务教育面临的问题及对策[J]. 华中师范大学学报(人文社会科学版),2004(6):81-86.

③ 刘泽云. 政府如何为农村义务教育买单?——农村义务教育财政体制改革新论[J]. 华中师范大学学报(人文社会科学版),2005(3):17-22.

④ 陈静漪,宗晓华. 实施"新机制"后农村义务教育发展机制分析[J]. 教育发展研究,2011(11):7-12.

大大缩小,促进了城乡义务教育的均衡发展;①② 农村实现了免费义务教育,减轻了农民负担,"因贫辍学"现象减少。③④

也有学者认为,"新机制"改革是为了建立农村义务教育财政投入的长效机制,所以要从财政效应的角度去评判此次改革成效。从财政投入的数量来看,"新机制"改革确实增加了财政投入总额;从财政投入的结构来看,"新机制"使西部农村地区及其较低收入地区获得了更多转移支付,具有与较高收入地区基本相同的教育财政投入水平,这有利于缩小西部地区内部义务教育发展差距;⑤在管理制度上,"新机制"改革在明确中央财政投入责任的同时,借助配套型专项转移支付政策来调整地方财政行为,激励各级政府增加教育财政投入,提高了农村义务教育的经费保障水平。⑥从"体制"角度来看,农村义务教育财政体制自2001年,尤其是2006年以来的改革,不再是分权化改革的延续和完善,而是重新确立政府责任的一种集权取向尝试。这既带来了教育投入的快速增长,也在相当程度上促进了教育公平,为世界教育改革提供了有益借鉴。⑦

第二,关于"新机制"运行问题的研究。

尽管"新机制"改革成效显著,但是在机制运行过程中由于政府间、政府与学校间的信息不对称、激励不相容,使得农村义务教育仍然面临着诸多经费问题,而且"新机制"自身也存在制度设计缺陷,相关问题都有待研究和完善。⑧

在农村义务教育面临的经费问题方面,一些学者通过调查研究发现,"新机制"后农村义务教育经费仍难以满足办学的实际需要,如中小学校舍维修改

---

① 宗晓华,丁建福.我国义务教育财政制度变革与城乡差距——基于1999~2009年省级面板数据的实证分析 [J].教育发展研究,2013 (11):50-56.

② 宗晓华,陈静漪.集权改革、城镇化与义务教育投入的城乡差距——基于Lewis二元经济结构模型的分析 [J].清华大学教育研究,2016 (4).

③ 范先佐,付卫东.农村义务教育新机制:成效、问题及对策 [J].华中师范大学学报 (人文社会科学版),2009 (4):110-112.

④ 刘英娜等.农村义务教育经费保障新机制的运行状况与改进策略——基于湖北省三县 (市) 的调研 [J].教育财会研究,2012 (4):3-9.

⑤ 靳卫东.农村义务教育经费保障机制改革的成效评价 [J].统计研究,2014 (12):61-68.

⑥ 何丽.农村义务教育经费保障机制改革的地区成效差别——基于地方财政行为的考察 [J].中国软科学,2014 (3):88-98.

⑦ 赵力涛.中国义务教育经费体制改革:变化与效果 [J].中国社会科学,2009 (4):80-93.

⑧ 陈静漪.中国义务教育经费保障机制研究 [M].长春:东北师范大学出版社,2012.

造资金不足、家庭经济困难寄宿生生活补助覆盖面较窄、公用经费不能充分保障寄宿制学校和规模小的学校利益，尤其是薄弱学校的办学经费短缺、负债偿还等问题难以解决；① 农村教师待遇仍然偏低，"新机制"实施后，部分教师实际收入甚至出现了下降；"新机制"实施后，农村中小学服务性收费不规范导致的教育乱收费问题依然存在。② 另外，"新机制"后农村义务教育对地方财政能力依赖性仍然明显，③ 城乡义务教育在教育质量等方面差距未能有效缩小，城乡之间学生、教师、教育资源流动还存在大量的体制和制度性障碍，城乡间非均衡的发展状态没能得到应有的改善。④

在"新机制"自身的制度缺陷方面，已有研究认为，"新机制"没有处理好义务教育投入不足与投入公平问题，地方政府间义务教育财政筹资责任划分问题，众多的义务教育专项经费分配依据及管理问题，义务教育筹资责任上移所带来的决策与管理成本以及效率损失问题，所以"新机制"在运行中仍需不断完善。⑤ 也有学者认为，"新机制"的政策设计还不够完善，东、中、西部三大区域的划分方式，未充分考虑三大区域内部各省级政府财政保障能力的差异，可能会导致部分经济水平较低省份的财政负担过重，难以保障"新机制"各项经费真正全面落实。⑥ 另外，"新机制"改革实行配套型专项转移支付制度，使得县（区）财力之小与上级需配套资金项目之多的矛盾日益突出，地方教育财政投入的主动性问题仍没有解决。⑦

第三，关于"新机制"改进的研究。

围绕"新机制"运行中的问题以及农村义务教育供给机制的改革趋向，既

---

① 莫婷等. 关于完善农村义务教育经费保障机制的思考——以梧州市为例［J］. 经济研究参考，2010（59）：69-71.

② 范先佐，付卫东. 农村义务教育新机制：成效、问题及对策［J］. 华中师范大学学报（人文社会科学版），2009（4）：110-112.

③ 梁文艳，胡咏梅. "新机制"实施前后农村义务教育财政公平性研究［J］. 教育研究，2013（8）：21-30.

④ 陈静漪，宗晓华. 从城乡分立到城乡一体化——中国农村义务教育供给机制演进路径分析［J］. 西南大学学报（社会科学版），2013（5）：75-84.

⑤ 范先佐，朱苏飞. 21世纪以来我国农村义务教育财政体制的改革与完善［J］. 河北师范大学学报（教育科学版），2010（5）：5-14.

⑥ 陈静漪，任维燕. 农村义务教育经费供给政策反思与机制改进——机制设计理论视角［J］. 现代教育管理，2014（9）：59-63；周镕，杜育红. 成效与问题："农村义务教育经费保障新机制"十年考［J］. 中小学管理，2015（7）：31-35.

⑦ 靳卫东，徐银良. 以"县为主"体制和"新机制"的农村教育财政投入改革绩效评价［J］. 当代财经，2015（12）：33-45.

有研究从宏观和微观层面探究了农村义务教育财政体制改进思路、措施和方法。

在宏观层面，范先佐（2010）等学者认为我国农村义务教育财政体制改革的目标应是"充足、效率、公平"，而要构建这样一种财政体制，需要加大公共财政的投入力度，尤其是中央和省政府的财政投入，同时明确各级政府的财政责任，充分调动各级政府教育投资的积极性。① 在加大公共财政投入方面，大多数研究都强调省级政府统筹和主体作用，如雷丽珍（2009）通过对广东省某县的调查研究，指出农村义务教育财政责任应从"以县为主"转变为"以省为主"。② 闫德明（2015）通过对某省的实证研究指出，要加大省级政府的财政转移支付力度，以缩小县（区）间义务教育投入差距。③ 范先佐（2015）从义务教育均衡发展的角度提出，要实行省级统筹，让省级政府成为义务教育均衡发展最主要的财政责任承担者。④ 但也有学者对我国农村义务教育财政体制集权趋向的改革进行了反思，认为在县级政府没有与乡村社会形成良性互动机制的背景下，集权取向的改革是一把"双刃剑"，可能会造成农村义务教育和乡村社会的进一步"悬浮"以及相应的治理机制失衡问题，未来应主要通过转变县乡政府职能，提高县级政府供给义务教育的财政能力，同时重构农村义务教育基层治理结构，对乡村社会进行制度化赋权等措施对制度进行改进。⑤

在微观层面，针对农村义务教育财政投入中的相关问题，学者们提出了各自的改进措施和方法。如针对农村义务教育财政投入区域标准问题，提出以县为单位，结合各县域教育发展水平和办学条件，重新划分财政投入区域。⑥ 针对政府间转移支付问题，提出减少一般性转移支付中税收返还形式的补助数额，增加均等化的一般性转移支付数，并根据财政经济变化情况适时调整转移

---

① 范先佐，朱苏飞. 21 世纪以来我国农村义务教育财政体制的改革与完善 [J]. 河北师范大学学报（教育科学版），2010（5）：5-14.
② 雷丽珍. 论省级政府作为农村义务教育的财政责任主体——基于广东省 X 县"以县为主"体制的调查 [J]. 教育理论与实践，2009（12）：23-25.
③ 闫德明. 城乡义务教育经费投一体化水平实证研究——以 X 省为例 [J]. 教育发展研究，2015（3）：16-21.
④ 范先佐等. 义务教育均衡发展与省级统筹 [J]. 教育研究，2015（2）：67-74.
⑤ 陈静漪，宗晓华. 中国农村义务教育供给机制变革及其效应分析——基于"悬浮型"有益品的视角 [J]. 江海学刊，2012（4）：226-235.
⑥ 陈静漪，任维燕. 农村义务教育经费供给政策反思与机制改进——机制设计理论视角 [J]. 现代教育管理，2014（9）：59-63；马青. 农村义务教育投入的主体再认与保障制度变革 [J]. 教育发展研究，2009（21）：1-5.

支付范围。结合上级政府发展目标和各地学校实际需求确定专项补助计划,并用因素法代替基数法来确定教育专项补助的数额。① 针对农村义务教育经费被截留、挪用和挤占等问题,提出建立农村义务教育经费国库集中支付制度,增强农村义务教育经费预算执行的透明度,加强对农村义务教育经费使用的监督;针对农村学校教育经费配置苦乐不均问题,提出改进对学校拨款制度,采用"综合定额+专项补助"的拨款模式,充分考虑学校的规模和条件,对不同条件的学校区别对待。② 针对农村教师待遇问题,提出大力提高农村教师各项待遇,逐步建立由中央或省级统筹为主的农村教师工资保障机制。针对学校债务问题,提出采取摸清底数,锁定债务数额,划清各级政府的责任,多渠道筹集偿债资金,严防新的债务发生。③

然而,无论是实施集权取向的(如"以省为主")农村义务教育财政体制,还是坚持"以县为主"体制的基础上,加大省级政府的统筹力度,实际上都需要在"省直管县"财政改革背景中展开,都无法绕开对"省直管县"财政改革及其所带来的影响的讨论。接下来,我们回顾一下学界关于"省直管县"财政体制改革的研究。

1.2.2 关于"省直管县"财政体制改革的研究

"省直管县"财政改革是"省直管县"体制改革的财政维度,是对20世纪80年代以来普遍施行的"市管县"财政体制的调整。学界对"省直管县"财政体制改革的研究主要是从2000年左右开始的,研究主题集中在改革的动因、改革的思路和改革的效应三个方面。本节对"省直管县"财政改革已有研究成果进行简要回顾,其中对改革效应评估的研究中包含改革对教育财政的影响的专题研究,将在下一节单独进行论述。

(1)"省直管县"财政改革的动因。

"省直管县"财政体制改革主要针对与"市管县"体制(包括相应的财政体制)的弊端而发起的。以往多数研究认为,"市管县"体制弊端主要体现在

---

① 郭平,郑莉娜. 构建农村义务教育经费政府分担机制的思路与对策[J]. 当代财经,2007 (7):35-39.
② 范先佐,朱苏飞. 21世纪以来我国农村义务教育财政体制的改革与完善[J]. 河北师范大学学报(教育科学版),2010(5):5-14.
③ 范先佐,付卫东. 农村义务教育新机制:成效、问题及对策[J]. 华中师范大学学报(人文社会科学版),2009(4):110-112.

加剧城乡差距、造成县乡财政困难,阻碍县域经济发展等方面。庞明礼(2007)指出,"市管县"体制存在三个"制度悖论":一是"城乡悖论","市管县"体制的初衷是推动城乡一体化,缩小城乡差距,结果却导致城乡差距扩大;二是"财政悖论","市管县"体制期望发挥城市辐射带动作用,带动县域及农村经济发展,结果在垂直等级制下,"市压县""市卡县""市刮县"现象普遍,挤压县级财力,增加县级负担;三是"市管县"体制希望通过增设市一级政府,缩小省级政府管理幅度,提高行政管理效率,实际却造成了信息传递、反馈速度以及真实性都受到影响,增加了行政成本,降低了行政效率。[1] 孙学玉(2006)认为,"市管县"体制的实施加快了中心城市的扩张和城市化进程,形成了更大范围的行政区经济,"市管县"体制是线性等级体制的延展,在这种体制下,中心城市往往利用其上位权力,将市区经济凌驾于县域经济之上,这种垂直一体化的行政区体制造成重工抑农、厚工薄农的政策体系,并导致城乡差距的拉大。[2] 贾康(2002、2010)认为,由于省以下地方政府之间并没有形成完善的分税体制,而"市管县"体制下市级政府对县级政府具有绝对的行政管理权和经济指导权,必然会造成地方政府间层层向上集中财力,事务责任却层层下移,导致县、乡两级政府承担的事务支出责任与其可支配财力之间高度不对称,从而形成县乡财政困境。[3] 辜胜阻(2009)认为,一些市利用其上位权力,成为县级财政的"抽水机",同时上级财政对县乡财政转移支付规模较小,分配不规范,中央财政和省市级财政对县乡财政转移支付的规模较小,一些地方还存在市截留的现象,造成县乡财政负债严重。[4] 董恒富(2005)指出,"市管县"体制具有较强的计划经济体制色彩,政府对经济的过多规制和干预,导致了行政成本和整个社会交易成本的上升,不适应市场经济体制下政府与市场关系调整的要求,限制了县域经济的发展,是该体制在经济发展和公共服务提供方面绩效日趋势微的重要根源。[5]

关于"省直管县"财政改革的动因的研究,虽然不同学者强调的维度不

---

[1] 庞明礼. "市管县"的悖论与"省管县"的可行性研究 [J]. 2007 (4):16-19.
[2] 孙学玉. 强县扩权与市管县体制改革的必要性分析 [J]. 中国行政管理, 2006 (5):56-59.
[3] 贾康, 白景明. 县乡财政解困与财政体制创新 [J]. 经济研究, 2002 (2):3-9.; 贾康, 于长革. 辖县大省"省直管县"财政改革应对措施与政策建议 [J]. 经济研究参考, 2010 (70):15-16.
[4] 辜胜阻. 解读中央一号文件:"市管县"四大弊端"扩权强县"五个问题 [J]. 理论导报, 2009 (3):23.
[5] 董恒富. 关于"市管县"体制改革的辩证思考 [J]. 中共贵州省委党校学报, 2005 (2):19-20.

同，但基本上都是针对"市管县"体制造成的弊端作为逻辑起点。潘小娟和吕芳（2013）认为，缓解基层财政压力，提高基层财政的自主能力，是"省直管县"体制改革的首要动因。林楠和胡作华（2005）指出，分税制改革后，县乡财政极度困难，相当多地方工资发放难以保证，农村学校教师工资拖欠现象非常普遍。很多地方开始关注财政状况较好的经济发达地区，其中浙江的县级财政优势与其一直坚持的"省直管县"财政体制被认为是区域经济发展"秘密武器"。中央财政部门也向国家谏言，认为财政"省直管县"是解决县乡财政困难的有效方式。[①] 钟晓敏和操世元（2011）认为，浙江省虽然在地方行政体制改革上与国家保持同步推进，但是在财政上一致坚持1953年以来确立的"省直管县"体制并取得了积极成效，对其他省份改革起到了很强的"示范效应"。[②] 杨志勇（2009）认为，财政"省直管县"能够缓解经济相对落后县的财力不足问题，增强基层政府的公共服务能力，但却不能彻底解决基层政府的财力不足问题，县域经济也不可能因为实行"省直管县"财政体制而马上好起来。[③] 张占斌（2009）指出，2008年年底我国有24个省份对818个县（市）陆续进行了财政体制省直管县的改革试点，约占全国县级总数的40.8%。从试点情况看，这一探索有利于调动和发挥县级政府的积极性，促进县域经济社会的发展；有利于深化行政管理体制改革，减少行政层级，提高行政效率；同时对促进城乡协调发展、推进城乡一体化进程也具有重要意义。[④]

然而，也有学者对此存在质疑。庞明礼等（2009）认为，县级财政负担沉重，缺口较大，不能将责任都归咎于"市管县"财政体制，最根本的还是分税制以来县级政府财权和事权严重不对称，而"省直管县"财政体制改革并没有从根本上改变这一格局，故而难以解决县级财政困难问题。[⑤] 更重要的是，对于很多辖县大省来说，实施"省直管县"财政体制已经超过了省级政府合理的管理幅度，必然会带来巨大的管理成本和潜在风险。[⑥]

[①] 林楠，胡作华. 省管县引发新一轮制度探索[J]. 望新闻周刊，2006（10）：44.
[②] 钟晓敏，操世元. 省直管县改革：缘起、路径与未来方向[J]. 财经论丛，2011（6）：27-32.
[③] 杨志勇. 省直管县财政体制改革研究——从财政的省直管县到重建政府间财政关系[J]. 财贸经济，2009（11）：36-41.
[④] 张占斌."省直管县"改革的经济学解析[J]. 广东商学院学报，2009（4）：16-23.
[⑤] 庞明礼，李永久，陈翻."省管县"能解决县乡财政困难吗[J]. 中国行政管理，2009（7）：39-44.
[⑥] 刘尚希. 改革成果存续时间是否太短——对"省直管县"欢呼背后的冷思考[J]. 人民论坛，2009（4）：33-34.

(2)"省直管县"财政改革的思路。

除直辖市外,财政上"省直管县"体制,最初只有浙江省实施,而且在历次地方政府管理体制改革中,浙江都成功地避开了"市管县"财政体制。1988 年海南省建省,实行"省直管县"体制,相应地在财政上也实行"省直管县"体制。浙江省和海南省较为相似的是,行政区划面积较小,县的数量较少,具有实行"省直管县"财政体制的先天优势。① 之后,其他省份仿效推行"省直管县"财政体制改革,改革时间有先有后,但出发点多是缓解县乡财政困难。2009 年,财政部颁发《关于推进省直接管理县财政改革的意见》(财预〔2009〕78 号)要求:2012 年年底前,力争全国除民族自治地区外,全面推进省直接管理县财政改革,近期首先将粮食、油料、棉花、生猪生产大县全部纳入改革范围。

然而,很多学者指出,财政上"省直管县"改革必须要有配套的行政改革,才能取得预期效果。玫昆仑(2009)指出,"省直管县"财政改革要有四项相应的配套工作:第一,明确县级财政支出责任,充分调动县级政府发展经济的积极性。第二,要加快改革步伐,逐步建立公共支出体系。第三,建立地方政府财力分配使用绩效评价制度。第四,推进行政事业管理体制框架的改革,按照建设公共服务型政府要求,撤并重复设置及必要的机构;改革行政审批,规范行政市批权力,精简程序,下放权力。② 杨志勇(2009)指出,虽然财政改革非常重要,但财政只是政府各项事务中的一项,财政上"省直管县"的成功,需要进行配套的行政管理体制改革。他以浙江省 1992~2008 年开展的五次"强县扩权"改革为例,说明浙江省改革的成功,很大程度上在于通过配套的行政管理体制改革,县级政府摆脱了财政"省直管县"单腿走路的约束。③

与经济学、财政学研究思路不同,公共管理方面的学者一般认为,财政上"省直管县"只是"省直管县"体制改革的第一步,是过渡阶段,最终目标是实施完整的"省直管县"体制。例如,张占斌(2009)提出"三步走"战略:第一步,到"十一五"末期把省以下四级财政扁平化为省、县市、乡(镇)三级;第二步,"十二五"期,把三级财政简化为省、县市二级。在东部、中部

---

① 何显明. 省管县体制与浙江模式的生成机制及其创新 [J]. 浙江社会科学, 2009 (11): 2-7.
② 玫昆仑. 推进"省管县"财政体制改革切莫孤军奋进 [J]. 财政与发展, 2009 (2): 33-34.
③ 杨志勇. 省直管县财政体制改革研究——从财政的省直管县到重建政府间财政关系 [J]. 财贸经济, 2009 (11): 36-41.

和东北地区等条件成熟的地方,实行由财政省直管过渡为行政省直管,乡镇政府改为县级政府的派出机构,西部地方也实施财政体制省直管县,但乡镇政府可维持现状;第三步,到"十三五"末期,全面完成向行改体制省直管的过渡。①

由于我国区域差异较大,学界在研究和总结"省直管县"财政改革试点经验的过程中,也发现由于各省的省情不一,做好分类推进尤为重要,不宜搞"一刀切"。贾康和于长革(2010)认为,就全国而言,其类型可能有三种:一是在已经形成区域经济中心的市,重点加大邻县"撤县建区"的力度;二是西部面积较大的省(自治区),由于经济发展相对落后,人口较少,交通不便,客观上需要地级市一级政府,应只选择少数县(市)进行扩权试点;三是在上述两种情况外的大部分区域,特别是地域面积相对较小的沿海和中部省份,对经济发展水平较高、实力较强,且有望形成区域经济中心的县,可升格为地级市。②

对于省域面积较大、县数过多的省份,一些学者提出了"缩县扩省"的行政区划改革策略。周仁标和汪磊(2009)提出要合理划定省、市领县的数量和规模,省级政府可以辖30~40个县(市),较发达的地级市可以领导3~5个县。贾康、于长革(2010)提出,针对以四川、河北、河南等省为代表的辖县大省在实施"省直管县"财政改革过程中遇到的管理半径难题,最根本的解决办法是酌情调整这些省份的县级行政区划,减少县(市)数量,扩大县(市)规模,以降低"省直管县"财政体制下的管理对象总量,直至调整到合理、可控范围之内。③ 但是,也有学者对"缩县扩省"的行政区划设想提出质疑。④

(3)"省直管县"财政改革的效应。

随着"省直管县"财政体制改革在很多省份的实验和推进,一些学者开始使用实证方法对"省直管县"财政改革的效果进行评估,评估的维度主要包括对县级财力的影响、对县域经济发展的影响,以及对县域公共服务提供的影响三个方面。

在评估"省直管县"财政改革对县级财力的影响方面,实证研究的结论

---

① 张占斌. "省直管县"改革的经济学解析[J]. 广东商学院学报,2009(4):16-23.
② 贾康,于长革. "省直管县"财政改革的意义、内容及建议[J]. 中国税务,2010(4):27-29.
③ 贾康,于长革. 辖县大省"省直管县"财政改革情况探析——基于河北省的调研[J]. 地方财政研究,2010(11):4-8.
④ 何显明. 市管县体制绩效及其变革路径选择的制度分析——兼论"复合行政"概念[J]. 中国行政管理,2004(7):70-74.

并不一致。才国伟、黄亮雄（2010）利用2000~2007年县级数据分析发现，财政上"省直管县"将使县级人均财政支出当期增长4%~6%。这与张占斌（2009）对吉林省的调研发现一致，该省实行"省直管县"财政改革后，2007年的财政收入比2002年增加了1.4倍。[①] 史桂芬、王立荣（2012）利用吉林省县级数据，发现"省直管县"财政体制对县级财政支出能力的影响显著，但由于财政支出更多地流向了政府人员开支等消费性支出，而没有带来县域经济的发展。更令人担忧的是，省对县的财政支持导致了县乡对上级政府的依赖加大，不利于县域经济的可持续发展。贾俊雪等（2011）从财政自给能力视角出发，利用2000~2005年间县级面板数据建立动态模型发现，"省直管县"财政改革在增强县级财政自给能力和改善财政状况方面并没有取得明显成效，而且不利于县级财政自给能力的增强，解决县级财政困难的根本途径在于优化财政收支责任安排。[②] 这一结论在相关的实证研究中也得到验证。例如，李猛（2012）的实证分析显示，在"市管县"行政体制不变的情况下，仅依靠财政上"省直管县"，县级财政困境非但没有缓解，反而更甚；在"省直管县"财政改革推广过程中，县域经济增长及其波动的趋势也不确定。[③]

虽然"省直管县"财政改革的直接目标是纾解县乡财政困难，但是从长远来看，更多的是期望增强县市自主发展能力、提高县域经济增长速度和质量，在繁荣县域经济中实现财政解困。这就意味着，评价"省直管县"财政体制改革，不能仅仅关注短期的财政成效，而是需要对改革在促进县域经济发展中的效果进行评估。然而，相关实证研究结论也不一致。例如，贾俊雪等（2013）以1997~2005年县级面板数据的研究表明，"省直管县"财政体制改革显著抑制了县域经济增长。[④] 才国伟、黄亮雄（2010）使用2000~2007年我国县域数据，研究发现，财政上"省直管县"能够使县域当年的经济增长率提高0.08个单位，使下一年的经济增长率提高0.06个单位。从长期来看，"省直管县"财政改革能使人均GDP实际增长率提高0.03个单位。[⑤] 这一结论与毛捷、赵静（2012）的研究结论相似，他们同样使用2000~2007年数据研

[①⑤] 才国伟，黄亮雄. 政府层级改革的影响因素及其经济绩效研究［J］. 管理世界，2010（8）：73-83.

[②] 贾俊雪，郭庆旺，宁静. 财政分权_政府治理结构与县级财政解困［J］. 管理世界，2011（1）：30-39.

[③] 李猛."省直管县"改革的经济影响［J］. 经济学家，2012（3）：55-58.

[④] 贾俊雪，张永杰，郭婧. 省直管县财政体制改革、县域经济增长与财政解困［J］. 中国软科学，2013（6）：22-29.

究发现，一方面，"省直管县"财政改革既促进了县级地区的经济增长，又有利于这些地区的财力增长；另一方面，在不同地区，"省直管县"财政改革的上述促进效应程度存在差异。① 才国伟等（2011）运用1999~2008年我国地级市数据，还估计了"省直管县"财政改革对地级市的效应，研究发现财政"省直管县"虽然降低了城市经济增长速度，却提高了第三产业比重。②

关于"省直管县"财政改革对于县域公共服务提供的影响，王德祥和李建军（2008）利用湖北省县、市层级的面板数据进行的实证研究发现，"省直管县"财政改革使财政层次简化、地方财政关系规范化，促进了县、市两级公共产品供给的改善。③ 陈思霞和卢盛峰（2014）基于财政转移支付的视角研究发现，"省直管县"改革通过以下两种机制扭转了资源的城市偏向性配置：第一，"省直管县"改革提高了县乡经济发展激励，增加了县乡公共服务支出责任并提高了县级地区资金匹配能力，有利于县乡获取更多的财政转移支付。第二，"省直管县"提高了基层政府的财政地位，有效限制了上级政府的资金截留；同时使县辖区公共需求的信息传递渠道更加顺畅。④

1.2.3 关于"省直管县"财政改革对教育财政影响的研究

关于"省直管县"财政体制改革的文献中，多数聚焦于对"省直管县"的改革动因、制度安排及其对省以下财政分权和县域公共服务供给的影响方面，很少具体讨论到教育财政方面。然而，随着"省直管县"财政改革的深入，一些学者开始关注该项改革对实施"以县为主"的农村义务教育财政的影响。

使用全国省级和县级层面数据的研究显示，"省直管县"对于提高农村义务教育生均支出和缩小城乡差距具有正向效果，但不同区域效果存在差异。宗晓华、丁建福（2013）使用1998~2009年省级面板数据，对"以县为主"改革、"新机制"改革和"省直管县"财政改革对城乡义务教育财政投入差距的影响进行了实证分析，发现从全国范围来看，具有分权特征的"省直管县"

---

① 毛捷，赵静．"省直管县"财政改革促进县域经济发展的实证分析［J］．财政研究，2012（1）：38-41．

② 才国伟，张学志，邓卫广．"省直管县"改革会损害地级市的利益吗？［J］．经济研究，2011（7）：65-77．

③ 王德祥，李建军．人口规模、"省直管县"对地方公共品供给的影响——来自湖北省市、县两级数据的经验证据［J］．统计研究，2008（12）：15-21．

④ 陈思霞，卢盛峰．"省直管县"弱化了资源的城市偏向性配置吗？——财政转移支付视角［J］．上海财经大学学报，2014（1）：87-95．

财政改革能够显著地缩小城乡义务教育财政投入的差距。[①] 高蒙蒙（2015）使用 2005 年和 2007 年两年各 1530 个县（县级市）的面板数据，对"省直管县"财政改革对县级小学教育财政支出、城乡小学教育财政支出差异进行分析，研究发现，"省直管县"财政改革提升了义务教育财政支出水平，改革使县级地方小学生均预算内经费增加了 138～191 元；而且，改革使得农村小学生均预算内经费的增加幅度超过城镇，缩小了城乡差距。该研究也发现，改革的效果在不同地区有明显差异，改革使东部地区县级地方小学生均经费显著提升，但未使得西部地区县级地方小学生均经费提升，反之使其有一定程度的下降。[②]

由于不同省份推行的"省直管县"财政改革的具体内容差异很大，因此一些学者采用基于具体省份的案例数据进行研究，结论并不一致。吴彦、张晓玲（2014）用"双重差分"分析方法和固定效应模型对 1998～2007 年间黑龙江和江西两个省内全部共 144 个县和县级市的相关社会经济数据进行测量，发现分权内容和试点模式对地方教育支出比重产生的影响不同：经济强县获得更多经济管理决策权后，会显著压缩地方一般预算中教育支出的比重；经济弱县获得更多财政管理自主权后，可能促进地方教育支出的比重或减缓下降的速度；改革的效果随时间有自我强化的趋势。[③] 王等（2011）利用河南省县级数据，实证分析了 2004 年该省"强县扩权"改革（笔者注：并非"省直管县"财政改革）对县级教育财政支出的影响，发现改革对县级教育财政支出占财政支出的比例产生了显著的负面影响。[④]

然而，上述研究使用的数据多数集中在 2007 年之前。2007 年之后，无论是农村义务教育财政，还是"省直管县"财政改革在各地区的推行深度都发生了较大的变化，基于之前数据的分析是否适用，需要更多的检验。为此，赵海利（2016）利用 2000～2012 年河南省 108 个县（市）面板数据进行实证研究，发现"强县扩权"改革并没有显著增加扩权县的生均义务教育预算内支出，也没有逆转原有的义务教育投入地区差距。她推测，强县扩权改革虽提高

[①] 宗晓华，丁建福．我国义务教育财政制度变革与城乡差距——基于 1999～2009 年省级面板数据的实证分析 [J]．教育发展研究，2013（11）：50–56．

[②] 高蒙蒙．"省直管县"改革对县级地方小学教育财政支出的影响分析 [D]．南京财经大学，2015．

[③] 吴彦，张晓玲．省直管县财政改革对地方教育支出的影响——基于两省县域数据的双重差分分析 [J]．复旦公共行政评论，2014（1）：18–46．

[④] Wang W, Zheng X, Zhao Z. Fiscal Reform and Public Education Spending: A Quasi-natural Experiment of Fiscal Decentralization in China [J]. Publius: The Journal of Federalism, 2012, 42 (2): 334–356.

了扩权县（市）本级财政能力，但扩权县（市）获得了更少的净转移支付额。整体而言，强县扩权改革对义务教育均衡发展并没有起到积极作用。①

由此可见，无论是全国层面的分析，还是对各省份的案例分析，结论都有较大的差异。由于各地区在推行"省直管县"财政体制改革过程中，无论是经济条件、制度环境还是具体的改革政策内容都存在较大的差异，改革的效果还需要进行更深入的分析。如果各地区"省直管县"财政改革对农村义务教育财政的影响存在较大的差异，那么究竟是哪些因素导致了这些差异，造成这些差异的具体机制是什么，都需要更深入的理论和实证研究。

综上所述，已有研究以两条线索展开：一条是以农村义务教育财政体制改革及面临的问题为主题，但没有充分关注到"省直管县"财政改革的影响；另一条是以"省直管县"财政改革对县级财政及其公共服务供给能力的影响为主题，但较少深入对农村义务教育财政产生的影响与契机。部分实证研究关注到了"省直管县"财政改革对县级教育财政支出的影响，但是由于数据的可获得性等原因，基本都局限于对2007年之前的改革效果研究，对于2009年之后大规模开展改革试点的多数省份没有涉及，而且案例研究中也缺乏对西部省份的关注。由于县级政府是负担和管理农村义务教育经费的"轴心"，而"省直管县"财政体制改革又旨在缓解县级财政困境，推进县域经济发展，促进基本公共服务均等化，无论是从理论层面还是现实维度来看，"省直管县"财政改革必然会对农村义务教育财政产生巨大的影响，既可能对农村义务教育财政产生冲击，也有可能为"以县为主"的农村义务教育财政困境的解决提供重大机遇。因此，亟待以农村义务教育财政对"省直管县"财政改革的调适为主题进行深入研究。

1.3 研究的思路与方法

1.3.1 研究的基本思路

为了深度理解"省直管县"财政改革对农村义务教育财政运行造成的影

---

① 赵海利. 强县扩权改革对地区义务教育投入差距的影响——基于河南省的改革实践[J]. 教育发展研究，2016（4）：1-10.

响，并探讨在"省直管县"财政体制下农村义务教育财政体制的调整与改革问题，本书在对相关文献进行评述的基础上，拟从以下几个方面展开分析：

第一，基于制度嵌入性与制度关联演化理论，结合中国式财政分权与垂直治理的体制背景，构建本研究的理论分析框架，将财政层级调整（"省直管县"财政改革）与农村义务教育财政体制之间的关系纳入该理论分析框架，从理论层面上把握两者的关联机制、作用机理，以及外围制度环境和相关历史、资源、技术等影响因素。

第二，追根溯源，从历史维度回顾我国地方政府层级演变，理解地方政府"二级制"与"三级制"治理结构循环更替的矛盾运动，从而把握目前从"市管县"体制向"省直管县"体制过渡的深层次动因、新的发展条件，以及潜在的风险与障碍。在此基础上，对"省直管县"财政改革在全国范围内推进的情况进行梳理，对各地区改革的主要内容进行归类，把握当前改革的总体形势与存在的问题。

第三，从制度嵌入性与制度关联演变角度分析我国义务教育财政从"乡村自给"到"以县为主"体制演变过程，聚焦历次宏观财政改革（"分灶吃饭""分税制""税费改革"）对农村义务教育财政体制安排的影响，从而将"省直管县"财政改革与农村义务教育财政体制变革置于一个统一、连续的改革序列之中，为把握当前农村义务教育财政体制所嵌入的宏观财政体制及其主要矛盾，为理解"省直管县"财政改革给农村义务教育财政体制变革所带来的调整机遇奠定基础。

第四，从全国整体和分省案例两个层面，通过政策文本和制度分析，理清"省直管县"财政改革对农村义务教育财政的影响机制，并提出可供实证检验的研究假设，然后利用全国层面的省级面板数据和案例省份县级面板数据，对"省直管县"财政体制改革对农村义务教育财政的影响进行实证检验，对东、中、西典型省份的改革进行案例深度研究，为因地制宜地推行"省直管县"体制和设计农村义务教育财政调整方案提供思路。

在分省案例样本选取方面，东部选取已全面推行"省直管县"财政改革的江苏省为案例，江苏省经济发达，省级财力较强，改革推进力度较大；中部选取人口和辖县大省河南省和湖南省为案例，其中河南省分两次进行"省直管县"财政改革试点，但试点范围仍然较小，改革阻力较大，湖南省除湘西自治州和长沙两县外，在全省范围内一次性全面铺开，改革较为激进；西部地区选取经济欠发达、省内民族自治地区较多的贵州省作为案例，贵州省分两次进行

"省直管县"财政改革试点,目前试点县已占56%,属于西部改革推进较快的地区。

第五,从构建财政事权与支出责任相匹配、推进基本公共服务均等化的角度,研究进一步深化"省直管县"财政改革的政策思路,以及在"省直管县"财政体制下,农村教育财政政府间分担体制的调适思路。同时,以省级财力较强、省内区域差距显著的江苏省为案例,使用该省详细的县级义务教育经费统计数据,对省对县义务教育转移支付不同方案进行数值模拟,提出加强省级统筹、缩小省内差距的转移支付制度改革建议(见图1-1)。

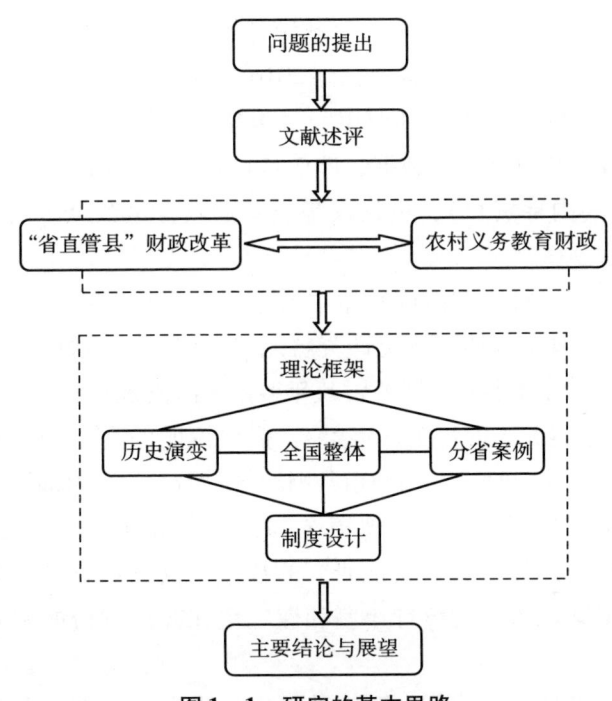

图1-1 研究的基本思路

1.3.2 研究方法与数据

本书综合采用历史分析、文献分析、制度分析、计量分析和数理模拟等研究方法。其中,在分析我国地方政府层级历史沿革与农村义务教育财政体制演变部分,主要采用历史分析方法;在对国家及省级层面的"省直管县"财政改革的目标、内容与配套政策分析部分,主要使用文献分析和制度分析方法,

— 21 —

整理相关政策与文件资料,进行归纳和总结;在对"省直管县"财政改革对农村义务教育财政的影响研究部分,以及在农村义务教育财政体制面临的调整与改革方案研究部分,主要采用制度分析、计量分析和数值模拟三种方法。

本书采用的主要数据将会在各章节进行具体说明,这里集中说明一下主要数据资料的来源:

(1)国家、省级人口、经济、财政、教育等数据主要来自于历年《中国统计年鉴》《中国财政年鉴》《中国教育统计年鉴》《中国教育经费统计年鉴》;其中,地理区划及其变迁数据来自于历年《中华人民共和国行政区划简册》。地方四级财政(省、地级市、县、乡)分级收支明细数据来自于1993~2009年财政部国库司编撰的《地方财政统计资料》。需要说明的是,《地方财政统计资料》为财政系统内部资料,到2016年8月为止,仅出版到2009年的地方四级财政分级收支数据。其他年鉴(包括《中国财政年鉴》在内)都无详细的地方四级财政分级统计数据,即使是财政部预算司编撰的《全国地市县财政统计资料》(内部资料),也仅仅是三级财政分级数据,缺乏乡级财政收支明细。

(2)县级经济、社会和财政数据主要来自于历年《中国县(市)社会经济统计年鉴》《全国地市县财政统计资料》,四个案例省份的县级数据分别来自于历年《江苏统计年鉴》《江苏财政年鉴》《河南统计年鉴》《湖南统计年鉴》《湖南财政年鉴》《贵州统计年鉴》。需要说明的是,2008年及之后年份中,财政部国库司编撰的《全国地市县财政统计资料》(内部资料)不再涵盖县级财政收支明细数据,这使得覆盖全国县级数据的相关实证工作无法开展,仅有的一些全国性的县级实证研究的数据也仅仅截止到2007年。因此,本书只能依赖于案例省份的统计年鉴和课题组在案例省份的调研数据来进行分省研究。

(3)地方分级教育财政收支明细数据主要来自于教育部财务司"全国教育经费统计系统"中的分省相关数据,其中案例省份县级教育财政收支明细数据来自于本课题组2012年和2014年在案例省份实地调研过程中搜集的数据。

1.3.3 研究的主要创新

当前省以下财政体制正在进行从"市管县"到"省直管县"财政体制调整。此项改革对农村义务教育财政的影响如何,以及在新的财政体制框架下,农村义务教育财政体制面临哪些挑战、需要作出何种调整,目前学界的研究仍然处于起步阶段，较为系统的理论、实证与政策研究仍然十分缺乏。本书希望根据最新的改革动态与数据材料来推进这个领域的研究，主要的创新可能体现在以下四个方面：

第一，借鉴嵌入性理论和制度关联演变理论构建分析框架，为从理论上把握"省直管县"财政体制与农村义务教育财政体制提供一个清晰的逻辑思路。同时，依据制度变迁的路径依赖原理，对我国政府间的行政发包制传统与地方治理的郡县制传统进行挖掘和提炼，为理解我国财政分权与义务教育财政体制的形成、运行及其存在的问题提供更为本土的理解，避免机械照搬西方"财政联邦主义"理论视角可能产生的"误读"。

第二，从分税制后财政纵向失衡的角度，将"省直管县"财政改革与农村义务教育财政体制变革置于一个统一、连续的改革序列之中，通过整理历史文献资料，搜集各省政策文件，并对相关财政数据进行分析，更为系统地阐释了省以下财政体制和农村义务教育财政体制的关联变迁过程及其动因，为把握当前"省直管县"财政改革对农村义务教育财政体制的影响，以及在该体制下农村义务教育财政体制的改革方向提供新的视角。

第三，使用全国省级面板数据和东、中、西三大区域四个代表性省份的县级面板数据，对"省直管县"财政改革对农村义务教育投入水平与投入努力程度的影响进行实证研究，数据涵盖年份较长、指标较全，最近县级数据更新到2014年。同时，在分省的实证分析中，采用了"准实验"设计中的双重差分模型（DID）作为计量模型，为全面、科学地评估"省直管县"财政改革对农村义务教育财政的影响提供相对坚实的数据资料和技术支撑。而且，分区域的案例比较分析也为理解改革在不同区域和条件下的推进程度、作用机制及其效果差异提供更为具体的线索。

第四，提出在"省直管县"财政体制下农村义务教育财政事权与支出责任的划分与改革思路。根据外溢性、信息复杂性和激励兼容原则，提出建立以省级财政为中心的"中层集权"型农村义务教育财政体制，其主要改革思路是：继续适度加大中央财政直接负担份额，但改变直接负担的方式；将不需要太多决策信息的教师基本工资和岗位津贴负担主体上升为省级财政，需要更多决策信息的绩效工资由县级财政负担；将校舍安全和维修改造项目划入地方事权，建立由"省、县分担，以县为主"的分担机制；强化省级财政对省内义务教育发展的均衡职责，依据因素法建立更为完善的省对县义务教育转移支付制度。

第 2 章

制度关联演变与中国式财政分权：理论视角

如何从理论上来认识"省直管县"财政改革与农村义务教育财政体制之间的关系，这是本章要解决的核心问题。无论是"省直管县"财政体制，还是农村义务教育财政体制，本质上都是一种制度安排。这里借鉴比较制度分析中的"制度嵌入性"范畴来理解两者之间的关系，并以"制度关联演变"理论来理解前者对后者的影响及其作用机制。然而，作为具体的制度安排，两者关系及其作用机制并非在真空中运行，而必须置于中国特殊的政府间分权关系背景下，才能够得到更充分的理解。中国行政逐级发包的传统体制与基于目标责任制的垂直控制体制，使得中国式财政分权及其运行机制与西方联邦主义原则下构建的财政分权体制具有显著的差异。这也预示着我们不能简单地照搬西方财政分权理论来理解我国的财政分权体制与农村义务教育财政实践。

2.1 制度嵌入性、关联演变与制度间调适

2.1.1 作为博弈均衡的制度与制度关联

（1）制度。

诺贝尔经济学奖获得者、新制度经济学的代表人诺斯（North, 1990）强调，制度应被视为博弈规则，而不是参与博弈的人或组织。他在其开创性著作《制度、制度变迁与经济绩效》一书中开宗明义："制度是社会的博弈规则，

或者更严格地说，是人为设计的制约人类相互行为的约束条件……用经济学的术语说，制度定义和限制了个人的决策集合。"① 诺斯进一步将制度分为正式制度和非正式制度，前者包括有意识设计或规定的正式规则，如宪法、经济规则和合同等，后者包括社会规范、惯例、习俗、道德准则等。

赫维茨（Hurwicz，1993，1996）对制度的博弈规则观点给出了更为技术性的定义。他更关注博弈规则的实施问题。他认为，博弈规则可以由参与人能够选择的行动集合（即决策集），以及参与人每个行动集合所对应的支付结果（即后果函数）来描述，这一对设定又可称为"机制"或"博弈形式"（game form）。在他看来，规则必须是可实施或者可执行的。如果一种机制为了达到某种社会目标被设计出来但却无法自我实施，即与参与人的动机不能激励兼容，那就必须额外附加实施机制，添加新的行动集合的实施者（如法庭、警察、纪委、督学等）。然而，这也给机制设计造成困境，即"谁来监督监督者"的问题。当赫维茨考虑实施者自身的激励问题时，实际上他已经接近了第三章的观点，即制度的博弈均衡观。

博弈均衡制度观可以分为两支：进化博弈论（Evolutionary game approach）和重复博弈论（Repeated game approach）。前者的代表人物是萨格登（Sugden，1989）、② 杨（Young，1993）③ 和鲍尔斯（Bowles，2004）④。进化博弈论继承了休谟的传统，认为参与人的行为习惯可以自我形成，不需要第三方实施或人为设计，惯例最终会以清晰的文字表述固定下来，形成法律条文等正式制度。

第二种博弈均衡制度观主要由格雷夫（Greif，1989，1994）、米尔格罗姆、诺斯、温加斯特（Milgrom，North & Weingast，1990）以及格雷夫等（1994）提出，他们运用了重复性囚徒困境博弈中的子博弈精炼均衡（Subgame perfect equilibrium）。格雷夫从博弈均衡角度给制度做出界定："制度是非技术因素决定的约束，它通过影响社会互动和提供激励来维持行为的常规化……它是内生的结果和自我可实施的，不依赖外在的实施机制。"⑤

---

① North D C. Institutions, institutional change and economic performance [M]. Cambridge: Cambridge University Press, 1990: 3.
② Sugden R. Spontaneous Order [J]. The Journal of Economic Perspectives, 1989, 3 (4): 85 – 97.
③ Young H P. The Evolution of Conventions [J]. Econometrica, 1993, 61 (1): 57 – 84.
④ Bowles, S. Microeconomics: Behavior, Institutions, and Evolution [M]. Princeton: Princeton University Press, 2004.
⑤ Greif A. Historical and Comparative Institutional Analysis [J]. The American Economic Review, 1998, 88 (2): 80 – 84.

青木昌彦（2001）在其经典著作《比较制度分析》中，将制度纳入博弈论的分析框架，强调制度的自我可实施性。他对制度的定义是："制度是关于博弈如何进行的共有信念的一个自我维系系统。制度的本质是对均衡博弈路径显著和固定特征的一种浓缩性表征，该表征被相关域几乎所有参与人所感知，认为是与他们策略决策相关的。这样，制度就以一种自我实施的方式制约着参与人的策略互动，并反过来又被他们在连续变化的环境下的实际决策不断再生产出来。"[1]

青木昌彦对制度的定义有五个内在的规定性：①内生性：包括自我维持、自我实施、不断再生产三个方面。②表征性：包括对决策规则的信息浓缩性表征。③稳定性：对环境连续性变化和微小动荡的刚性，均衡路径显著和固定的特征，被所有参与者所感知，以及在连续变化的环境不断再生产出来。④普遍性：与相关域几乎所有参与人相关的普遍性（共享的、制约着参与人策略互动的方式和被所有的参与人所感知）。⑤多重性：静态上制度之间存在相互重叠和交叉，动态上制度因为参与人策略决策的关联性而跨域关联演化。

根据青木昌彦在2007年《内生化制度与制度变迁》一文的总结，制度定义的构件与特征可以用博弈过程的结构图来表示（如图2-1所示）。

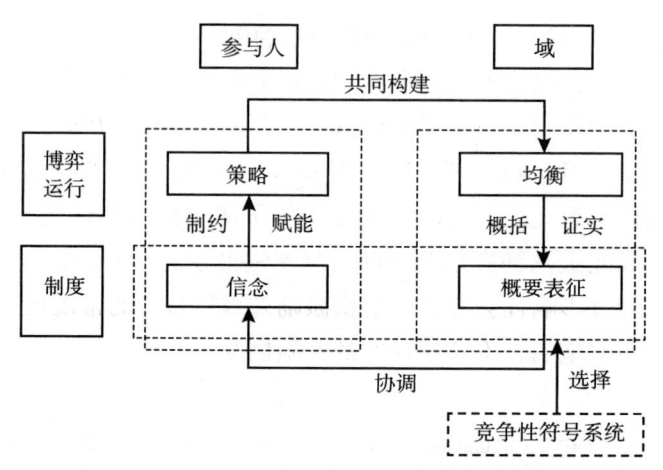

图2-1 作为共有信念和均衡概要表征的制度[2]

---

[1] Aoki M. Toward a Comparative Institutional Analysis [M]. Cambridge: The MIT Press, 2001. 10.
[2] Aoki M. Endogenizing institutions and institutional changes [J]. Journal of Institutional Economics, 2007, 3 (1): 1.

(2) 制度关联。

制度系统中各项具体制度之间存在着一定的关联，这些关联关系可分为共时关联和历时关联；其中，共时关联又可分为横向关联和纵向分层。为了对制度之间的层次关系和互补关系理解得更加具体，可以通过一个简单的模型来解释。从制度均衡角度提出的一个博弈模型，可以将制度的层次性和互补性置于一个统一的分析框架中。

假定有两个域，一个是 E（可以是教育域），另一个是其他相关域 F（可以是财政域），参与人的集合分别是 S 和 T，这两个域之间的关系是，一个域里实行的制度通过改变其他域的环境参数而影响着该域中参与人的决策以及该域中作为博弈均衡的制度。假定教育域 E 中参与人面临的决策规则是 $\sum^*$ 或者 $\sum^{**}$，另一个域 F 的参与人面临的决策规则是 Λ^* 和 Λ^{**}。

假定在每个域之内，参与人的报酬函数完全相同，$u_i = u$，其中 $i \in S$，$v_j = v$，其中 $j \in T$。域 E 参与人的报酬函数定义在其二元决策集合 $\{\sum^*; \sum^{**}\}$ 上，域 F 参与人的报酬函数定义在其二元决策集合 $\{\Lambda^*; \Lambda^{**}\}$ 上，其中每个域的参与人将其他域的决策集合视为参数。如果一个域内某个决策规则被选定为均衡决策规则时，即可视为该域内的一种制度。

①互补关系。

假定对于所有的 i 和 j，存在以下条件：

$$u(\sum^*; \Lambda^*) - u(\sum^{**}; \Lambda^*) > u(\sum^*; \Lambda^{**}) - u(\sum^{**}; \Lambda^{**}) \tag{2-1}$$

$$v(\Lambda^{**}; \sum^{**}) - v(\Lambda^*; \sum^{**}) > v(\Lambda^{**}; \sum^*) - v(\Lambda^*; \sum^*) \tag{2-2}$$

式（2-1）是指，在另一个域的制度为 Λ^* 的情况下，域 E 的参与者选择 $\sum^*$ 与选择 $\sum^{**}$ 之间的报酬之差，高于在 Λ^{**} 的情况下选择 $\sum^*$ 与选择 $\sum^{**}$ 间的报酬之差。也就是说，域 E 的参与者面临的制度环境是 Λ^* 而不是 Λ^{**} 时，选择 $\sum^*$ 而不是 $\sum^{**}$ 时边际收益将会增加。式（2-2）是指，域 F 的参与者在制度环境是 $\sum^{**}$ 而不是 $\sum^*$ 的情况下，选择 Λ^{**} 而非 Λ^* 的边际收益会增加。根据以上两个条件，涵盖域 E 和域 F 的制度系统将存在两种纳什均衡，即 $(\sum^*, \Lambda^*)$ 和 $(\sum^{**}, \Lambda^{**})$，则认为 $\sum^*$ 与 Λ^* 之间具有互补关系，$\sum^{**}$ 和 Λ^{**} 之间具有互补关系。

制度的互补性是指，当任何一个域的博弈中没有绝对占优策略，即没有一种规则的报酬严格高于另一个规则，那么这个域中的参与者将必须考虑另一个域中哪种规则被选择，也就是说这两个域中的制度是相互影响的。制度互补性反映了制度之间相互依存的关系，即"两项制度对于同一行为主体的行为约束互相配合，使得行为主体的行为比没有这种配合时能更好地实现这两项制度的需求者（可能就是行为主体本身）的目标。"[①] 互补性的存在使得整体性制度安排具有很强的稳定性。互补关系又可以分为强互补和弱互补；其中，强互补关系是指一项制度的变化将导致与它有互补关系的其他制度无法运行，说明此项制度是其他制度运行的必要条件，不可或缺；弱互补关系是指一项制度的变化将会对其他制度的运行效果产生负面影响，但不会完全失效。在现实生活中，交通规则系统内部具体规则之间多是一种强互补关系。

②独立关系。

假定对于所有的 i 和 j，存在如下条件：

$$u(\sum\nolimits^{*}; \Lambda^{*}) - u(\sum\nolimits^{**}; \Lambda^{*}) = u(\sum\nolimits^{*}; \Lambda^{**}) - u(\sum\nolimits^{**}; \Lambda^{*}) \quad (2-3)$$

$$v(\Lambda^{**}; \sum\nolimits^{**}) - v(\Lambda^{*}; \sum\nolimits^{**}) = v(\Lambda^{**}; \sum\nolimits^{*}) - v(\Lambda^{*}; \sum\nolimits^{*}) \quad (2-4)$$

式（2-3）是指，在另一个域的制度为 Λ^{*} 的情况下，域 E 的参与者选择 $\sum^{*}$ 与选择 $\sum^{**}$ 之间的报酬之差，与在 Λ^{**} 的情况下选择 $\sum^{*}$ 与选择 $\sum^{**}$ 之间的报酬之差相等，没有任何差别。也就是说，域 E 的制度选择不受域 F 中制度选择的影响。同样道理，式（2-4）说明，域 F 的制度选择不受域 E 中制度选择的影响。可以认为，两个域中的制度是相互独立的。

③互斥关系。

假定对于所有的 i 和 j，存在如下条件：

$$u(\sum\nolimits^{*}; \Lambda^{*}) - u(\sum\nolimits^{**}; \Lambda^{*}) < u(\sum\nolimits^{*}; \Lambda^{**}) - u(\sum\nolimits^{**}; \Lambda^{**}) \quad (2-5)$$

$$v(\Lambda^{**}; \sum\nolimits^{**}) - v(\Lambda^{*}; \sum\nolimits^{**}) < v(\Lambda^{**}; \sum\nolimits^{*}) - v(\Lambda^{*}; \sum\nolimits^{*}) \quad (2-6)$$

式（2-5）是指，在域 F 的制度为 Λ^{*} 的情况下，域 E 的参与者选择

---

① 张旭昆. 制度系统的关联性特征 [J]. 浙江社会科学，2004 (3)：79-84.

$\sum^*$ 与选择 $\sum^{**}$ 之间的报酬之差，低于与在 Λ^{**} 的情况下选择 $\sum^*$ 与选择 $\sum^{**}$ 之间的报酬之差。同理，式（2-6）是指，在域 E 的制度为 $\sum^{**}$ 而不是 $\sum^*$ 的情况下，域 F 的参与者选择 Λ^{**} 而非 Λ^* 的边际收益会下降。在这种情况下，则认为 $\sum^*$ 与 Λ^* 之间、$\sum^{**}$ 和 Λ^{**} 之间具有互斥关系。互补关系和互斥关系实质上是一种对偶状态。

以上模型虽然假设两个域中的参与人不同，但是也可以将应用到两个域中的参与人相同但支付函数是分离的情况。如果参与人总体较大，每个参与人的决策影响不大，那么参与人将不会将两个域中的决策协调考虑，而是将每个域中的既有制度视为给定的制度环境。在这种情况下，有可能会出现帕累托次优的整体制度安排。

④衍生关系。

制度层次关系是指，在一个域中，存在一种决策规则，其报酬严格高于另一种决策规则的报酬，也就是博弈中存在一个重复剔除的严格占优策略。在这个域中，有一种规则将会被自动选择，有一个制度将会被自动实施，而不受其他域的影响。反过来，这个域中的制度将会被视为给定的，其他域中参与人根据以制度环境为参数选择本域内的规则和制度。前者可视为基础制度，后者可视为派生制度，或者前者可称为制度环境，后者为制度安排，两者处在不同的层次，存在着一种衍生关系。根据戴维斯和诺斯（1991）的定义：制度环境是指"一系列用来建立生产、交换与分配基础的基本的政治、社会和法律基础规则"；制度安排指"支配经济单位之间可能合作与竞争的方式的一种安排"。[①] 对于制度环境，青木昌彦给出了一个更加技术化的解释，"在某个域流行的制度从其他域的参与人的角度看，只要他们把它们看作参数，超出自己控制的范围，他们就构成一种制度环境。"[②] 比如产权制度可能是一种原生制度，它是人类社会最古老的制度之一，是一种自发演化生成的习俗和传统，其后形成的交换经济制度可能是在产权制度基础上的一种衍生制度。

可以用图论中的有向树作为工具，对制度的衍生和层次关系进行刻画。如图 2-2 所示，图中的每个圈代表一项制度或制度子系统，连线代表两项制度

[①] 戴维斯，诺斯. 制度变迁的理论：概念与原因 [A]. 财产权利与制度变迁 [C]. 上海：上海三联书店，1991：270-271.

[②] 青木昌彦. 比较制度分析 [M]. 上海：上海远东出版社，2001：228.

或制度子系统之间的关系。由于制度之间具有一定的层次性，可以用"基础度"来度量每项制度在制度系统中的基础程度。X_{ij}来表示一项具体的制度，其中i表示制度的基础度，j为该制度的编号。根据图2-2可知，X_{11}为一个制度系统中的最基础制度，如《教育法》中所确立的基本教育制度，X_{21}和X_{22}为X_{11}的衍生制度，例如《义务教育法》《高等教育法》中所确立的不同层级的教育制度。X_{31}和X_{32}为X_{21}的衍生制度，如"以县为主"的农村义务教育管理体制①和"义务教育学校管理标准"②。X_{33}是X_{22}的衍生制度，例如《普通高等学校设置暂行条例》中所确立的规则制度。

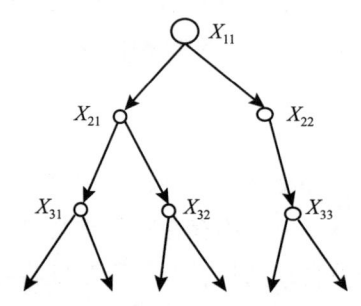

图2-2 制度的衍生与层次关系

基本制度一般为一些抽象的原则，由这些基本原则可以派生出多项制度。很多时候，即使基础制度维持不变，派生制度可以随着外在环境参数的变化而改变。从这个角度来讲，一项派生制度的制度根源可能并非一个。例如，教育财政制度往往是由教育制度和财政制度两个系统共同派生。但是，基础制度变化必然会导致派生制度的变化。

2.1.2 嵌入性：制度纵横关联的复合结构

（1）嵌入性。

嵌入性（Embeddedness）是制度关联的一种形式，它表现为跨域制度之间

---

① 这一体制由2011年《国务院关于基础教育改革与发展的决定》（国发〔2001〕21号）和2002年《国务院办公厅关于完善农村义务教育管理体制的通知》（国办发〔2002〕28号）正式确定并在全国实施。

② 该标准由2014年《教育部关于印发〈义务教育学校管理标准（试行）〉的通知》（教基一〔2014〕10号）正式确立。

横向与纵向的交织关联。该概念最初由波兰尼（Polanyi，1944）提出，后经格兰诺威特（Granovetter，1985）等学者的发展，目前已经广泛应用到制度分析之中。

波兰尼并没有对嵌入性进行规定性定义，而是在其名著《大转型：我们时代的政治与经济起源》的论述中直接使用。从他使用的方式来看，这一概念具有两方面的含义：第一，嵌入性是对经济在社会系统中的位置的一种理论观点，认为经济与社会系统的其他构件是紧密交织在一起的。市场所需要的关键要素和环境离不开国家权力的运作。只有国家权力干预，才能使劳动力、土地和货币实现商品化。"自律市场"本身受到诸多制度结构和意识形态的支撑，本质上是嵌入社会的。第二，嵌入性是社会分析的一种方法论原则，只有通过整体主义的方法，考察经济及其与社会系统的勾连方式，才能获得对经济和社会的正确理解。[1] 在他看来，新古典经济学将经济等同于理性与效用最大化行为的领域，将经济生活简化为市场组织形态，扭曲了经济和市场的本质特征，缺乏比较视野和历史深度。

但是，波兰尼认为，经济制度嵌入于社会系统之中，却并没有挤占社会的空间，社会通过对抗自我调节的市场系统及其负面效应而进行自我保护，即对人类自身的保护。[2] 之所以会出现这种反向运动，是因为"脱嵌"的、自发调节的市场力量残酷无情，它试图将人类及其赖以生存的自然环境都转变为商品，最终必然导致人类与自然环境的毁灭。

波兰尼所提出的嵌入性概念及理论主张，从制度关联角度解读，可以用图2-3直观地表示。其中，D_s 表示社会交换域，D_e 表示经济交换域，上标0和1表示两期时间序列。D_e 在 D_s 之内表示经济交换域嵌入在社会交换域之中，即"经济体系嵌入于社会关系之中"。随着市场经济及其触角的逐步扩展，尤其劳动力市场的成熟、金本位的确立和自由贸易的兴起，自我调节的经济体系似乎要"脱嵌"社会关系网络。实则不然，社会抵制性和保护性的反向运动迫使经济体系重新嵌入于社会结构之中。虚线标示的 D_e^1（脱嵌的经济交换域）实际上并不存在，即"完全脱嵌和自我调节的市场经济不过是乌托邦想象"。[3]

---

[1] Gemici K. Karl Polanyi and the antinomies of embeddedness [J]. Socio – Economic Review，2007，6(1)：5-33.
[2] Polanyi, Karl. The Great Transformation [M]. Boston：Beason Press；2001，80.
[3] 符平．"嵌入性"：两种取向及其分歧 [J]．社会学研究，2009，(05)：141-164.

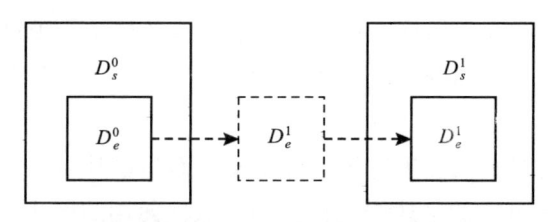

图 2-3　嵌入社会系统的经济制度

波兰尼提出的"嵌入性"概念并未立即引起学界的重视。1985 年格兰诺维特发表了《经济行动与社会结构嵌入性问题》一文，对嵌入性进行重新阐述，扩展了嵌入性理论研究的内涵与应用范围。在该文中，格兰诺维特首先对新制度经济学关于经济组织治理结构，对以威廉姆森为代表的新制度经济学关于经济组织治理结构的解释模型进行了批判。他指出，"我们研究的组织及其行为受到社会关系的制约，把它们作为独立的个体进行分析是一个严重的误解"。[1] 1990 年格兰诺维特又发表《旧新经济社会学：历史与议题》一文，提出经济制度的形成源于社会构建的命题，从而引申出制度的嵌入是"一个宏大、多重因素交织在一起的、整体性的构造。"[2]

(2) 制度嵌入性。

由于嵌入性概念最初源于社会学研究，因此新制度主义中的社会学制度主义十分强调制度嵌入性（Embeddedness of institution）。具体文献可以分为三个方面，包括对生产过程及其组织的制度嵌入性研究，对社会制度的制度嵌入性研究，以及对组织与其制度环境之间的嵌合关系研究。[3] 虽然具体的研究主题和内容具有一定的差异，但三个方面的文献有一个共同特征，即强调社会子系统中的制度（如经济或社会运行机制及其组织）如何嵌合于更大的制度、经济、政治、社会和文化结构之中，并因此而呈现出多样性的现象（Hollingsworth & Boyer, 1998）。[4]

---

[1] Granovetter M. Economic Action and Social Structure: The Problem of Embeddedness [J]. American Journal of Sociology, 1985, 91 (3): 481 - 510.

[2] Granovetter M. The Old and the New Economic Sociology: A History and An Agenda [A]. Friedland R O, Robertson A F. Beyond the Marketplace: Rethinking Economy and Society [M]. 1990: 89 - 109.

[3] 顾昕, 方黎明. 自愿性与强制性之间——中国农村合作医疗的制度嵌入性与可持续性发展分析 [J]. 社会学研究, 2004, (5): 1 - 18.

[4] Hollingsworth J R, Boyer R. Contemparory Capitalism: the Embeddedness of Institutions [M]. Cambridge: Cambridge University Press, 1997.

根据上文关于制度关联的理论分析，新经济社会学所提出的制度嵌入性可以理解为某域中的制度与其他域中的制度相互嵌入，或者一项制度嵌合在基础度更上位的、涉及范围更广的制度结构之中。

制度嵌入性实质上是制度横向关联与层级关联相互嵌套的一种复合结构。这里用图 2-4 为例分析制度之间的嵌入关系。与图 2-4 符号意义相同，每个圈代表一项制度或制度子系统，连线代表两项制度或制度子系统之间的关系。X_{ij} 来表示一项具体的制度，其中 i 表示制度的基础度，j 为该制度的编号。假设 X_{11} 为宏观财政制度系统，X_{12} 为宏观教育制度系统，两者的交叉重叠部分 X_{22} 为教育财政制度系统。教育财政制度按教育层级和类别又分为不同的子系统，比如，X_{32} 为义务教育财政制度，X_{33} 为高等教育财政制度。以 X_{32} 为例，作为义务教育财政制度，它既嵌合于教育制度系统之中，又嵌合于财政制度系统之中。而且，宏观财政制度不仅通过 X_{22} 影响 X_{32}，而且也会通过下位财政制度 X_{21} 影响 X_{32}。从连线的密度来看，义务教育财政制度受财政制度系统的制约更为广泛和深刻。在这种情况下，即使（X_{11}、X_{12}）—X_{22}—X_{32} 这条线上的制度安排不变，但是如果 X_{21}（如政府间财政体制）发生了变化，X_{32} 也将不可避免地受到冲击。

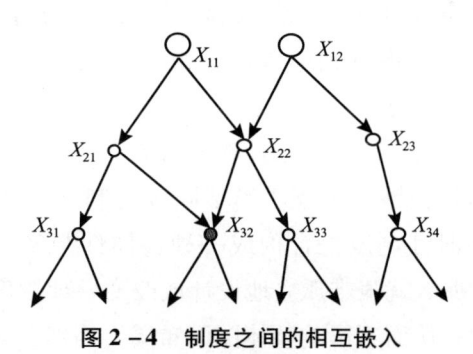

图 2-4　制度之间的相互嵌入

注：X_{11} 为宏观财政制度系统，X_{12} 为宏观教育制度系统，两者的交叉重叠部分 X_{22} 为教育财政制度系统，X_{32} 为义务教育财政体制，X_{21} 为政府间财政分权体制。

制度嵌入性不仅是一种理论观点，更具有方法论方面的意义。由于制度之间存在嵌入关系，如果孤立地分析单一制度安排，不理解该项制度运行的内在机制与外在关联，就无法预测该项制度安排是否能够实现预期的目标与效果。从实践角度来看，如果不理解制度运行的嵌合结构，即使设计出在单个域或单一制度层级看似合理的制度安排，在实际运行中也会出现扭曲，难以达到预期的目标,甚至会造成预想不到的后果。

2.1.3 制度变迁的关联机制与制度间调适

(1) 制度耐久性。

制度一旦形成,就会产生较强的耐久性和惰性。导致制度耐久性的主要原因可大致分为三类:

第一,制度化和参与人能力发展之间的反馈机制将强化制度的耐久性。制度以特定的方式根据参与人的物质和人力资产情况而赋予他们不同的内在价值。作为反应,参与人沿着增加其价值的方向积累资产和发展潜能,反过来又支持了制度的扩大再生产。

第二,制度根据参与人的政治权力及相应能力赋值,从现存制度获益较多的参与人拥有维持现状的资源和能力,而在潜在的制度创新下,可能获益的参与人也许缺乏实现这种潜在利益的资源和能力,也缺乏必要的政治和经济资源进行有效抵制。例如,在"市管县"体制的长期实施,地级市政府及其官员积累了大量的政治和经济资源,盘剥县域的经济与财政资源,而县级政府由于缺乏必要的政治和经济资源而难以进行有效的抵制。即使省政府强制推行"省直管县"改革,地级市政府可能也会抵制,从而使"省直管县"改革的内涵和效果大打折扣。这种情况在河南省商丘市(地级市)和永城市(县级市)之间博弈中表现得十分充分。[①]

第三,制度一旦形成,网络外在性将使得制度变得稳固。博弈的关联方式可以由其自身创造的外在性所维系。当不同域的制度之间存在复杂的关联结构,从而使跨域的共时性制度集合构成一种整体性制度安排(Overall institutional arrangement),那么就很难孤立地设计或改变一项制度。这就类似于拼板游戏,很难替换其中一块而不影响整体图面布局。当然,从另一个方面看,这种制度关联或互补对制度发生系统变化也具有显著意义,例如一个域中制度的变化,可能通过互补关系引发关联域中连锁反应,从而推动新制度的产生。其他制度化的关联,如社会嵌入性、封闭关联和捆绑,也会为跨越联结域的现存制度增加耐久性和惰性。[②]

[①] 程东升. 河南永城市闹"独立"冲动地、县财权博弈升级 [N]. 21 世纪经济报道, 2004 - 07 - 10.

[②] Aoki M. Toward a Comparative Institutional Analysis [M]. Cambridge: The MIT Press, 2001. 233.

(2) 制度变迁及其机制。

虽然多种因素导致制度具有耐久性，但是制度演变总要发生。从博弈均衡的制度观来看，制度演变可以理解为"制度从一种均衡（序列）到另一种均衡（序列）的移动过程，其中伴随着参与人行动决策规则和他们对于制度共同认知表征（信念）的系统性变化。"①

在新制度经济学派中，诺斯是关注制度动态演化的代表性人物。他认为，当自然环境、人口规模与结构、知识与技术条件、文化与价值观念等变化时，会造成新的获利机会，从而使人们产生变更制度的需求，即原有制度出现失衡。新的制度可由分散化的自发制度创新行为来实现，即诱致性制度演变，也可以通过政府设计并强制推行来满足，即强制性制度演变。强制性制度演变只是博弈外生规则的变化，这种变化是否能够达到预期效果，则很大程度上取决于它是否能够引起参与人认知及行动策略的变化。

青木昌彦将制度演变的动因分为外部冲击和内部积累性影响两个方面：②

第一，外部冲击。①新的技术创新扩展了参与人的策略集合，例如通信技术和电子政务的发展，以及高速公路、高速铁路等交通设施的快速发展，使得"省直管县"变得可行；②新的市场扩展了原有封闭经济的市场交换域；③后果函数的政策参数发生了巨大变化；④外部冲击导致的危机，损害了原有制度的合法性，动摇了人们原有的信念；⑤互补性较强的临近域出现大规模的制度变迁。从发生学或链式反应的角度来看，前三项外部冲击的客观因素，包括新的技术、市场、结果反馈导致了人们主观信念的改变，从而使某一域的制度发生了变迁，而在单个域中发生的制度变迁，通过制度关联结构，传导至其他领域，最终导致关联度较强的临近域发生制度变迁。

第二，内部积累性影响。①在一定的外生和内生规则下重复博弈的累积性后果已经导致了资产、权力和社会角色分配的不平等，这些规则的合法性在域内受到普遍质疑，并超过了临界规模。例如，"市管县"体制实施之后，市级政府利用其凌驾于县（市）的权力，大量汲取和集中县域经济财政资源，并进行城市偏向的公共投资，最终造成了城、乡经济、社会发展的巨大差距，造成了社会和公共服务的城乡不公平，社会普遍对"市刮县""市卡县"和"市

---

① Aoki M. Toward a Comparative Institutional Analysis [M]. Cambridge：The MIT Press，2001. 235.
② Aoki M. Toward a Comparative Institutional Analysis [M]. Cambridge：The MIT Press，2001. 240 – 241.

压县"产生不满,并质疑"市管县"体制的合法性;②对于现存制度安排属于中性或略微缺乏效率的变异者数目以及变异者的能力在域内部已经积累到显著程度。从 2000 年以来,很多省份为了缓解县乡财政困境,开始自发地向成功的"变异者"(浙江省和海南省)仿效学习,探索实施"省直管县"财政体制。开展试点的省份积累到了一定数目,财政部于是在 2009 年颁布《关于推进省直接管理县财政改革的意见》(财预〔2009〕78 号),推行强制性制度变迁,要求"2012 年年底前,力争全国除民族自治地区外全面推进省直接管理县财政改革"。

外部冲击本身不足以引发制度变迁过程,在缺乏变化因素的内生性积累的情况下,相关域的参与人并不一定能够做出应激性的策略反应。最差的情况是,在没有任何变异机会的协助,当经济社会体系面对严重的外部冲击时,社会成员无法产生有效的策略应对,最终导致普遍的制度危机。例如,如果没有有效的制度变革以缩小日益扩大的城乡差距和社会不平等,将导致人们对整个政治制度的质疑,这应当是要极力避免的。

(3) 制度关联演变与制度调适。

从广义上来看,制度关联结构不仅包括互补性等横向关联性,还包括具有纵向上的基础性制度与次级制度、制度与制度运行环境之间的纵向关联性,[①]以及上文所界定的纵向关联与横向关联的复合结构——制度嵌入性。如果制度之间存在关联结构,那么一项制度的变迁必将通过关联机制传导到关联域,形成对关联域内制度运行的冲击,引起关联域的制度调整,当关联性非常强从而冲击力足够大时,将会引起关联域的制度变迁。后者就是青木昌彦界定的制度变迁的外部动因之一,即互补性较强的临近域出现大规模的制度变迁。

制度关联演变是指由关联制度变迁所引起的制度调整、适应与变迁过程。关联制度的变迁并不必然导致本域制度的变迁,但会改变本域制度运行的环境参数。当一项制度嵌合于互补性较强临近域或基础度更高的上位制度结构之中时,其所嵌入的制度结构发生变迁,该制度与构成其制度环境的兼容性必然会发生改变,制度运行的效率与效果必然会受到冲击。这种外部冲击既有可能是正向的也有可能是负向的,或者兼而有之,但都要求该制度进行适应性的调整与改变。

---

① 景维民,白千文. 俄罗斯经济"V 型"增长的原因:基于"广义制度关联性"的解释 [J]. 俄罗斯中亚东欧研究, 2009 (03): 39-43.

从这个角度来看，制度调适就是指具有嵌合结构的制度环境发生变迁，嵌入于其中的制度所发生的调整、适应与变迁的过程。从词源学来看，"调适"一词主要意指调节、调整、适应、适合的状态或过程。袁方主编的《社会学百科辞典》中，"调适"的解释是："人与人之间，不同的群体之间或不同的文化之间互相配合、互相适应的过程。经过调适，产生彼此和谐的关系。人们可以通过调适，即部分地改变自己的行为方式或生活习惯，更好地适应环境变化。"① 《中国百科大辞典》对"调适"的界定是："社会互动形式之一。交往双方之间相互配合，调整关系，消弭矛盾，适应环境变化的过程。是不协调互动转向协调性互动的重要形式。按矛盾是否彻底解决可分为两类：一类是和解、顺应；另一类是妥协、容忍、屈从、权变。"② 《现代汉语大词典·上册》认为，"调适"包含三层意思："①协调。蔡元培《国文之将来》：'专重形式的美术，在乎支配均齐，节奏调适。'②适合。郭沫若《孔墨的批判》：'在主观的努力与客观的世运相调适的时候，他是主张顺应的。'③通过调整使互相适应。"③ 与"调适"含义比较接近的英文词汇是 adjustment 和 accommodation，即对新的或冲突的情境加以适应的状态或过程。

本书认为，农村义务教育财政体制内嵌入于政府间财政分权体制之中，其固有的嵌入属性要求其必须随着国家整体财政体制改革而不断地进行调适，以达到与刚性的宏观财政体制兼容，保证自身运转效率与职能实现。政府间财政分权体制的变革，例如"分灶吃饭""分税制""省直管县"等，必然会对农村义务教育财政体制产生冲击，而农村义务教育财政体制的历次调整与变革都与其所嵌入的政府间财政分权体制变革具有密切关系。环境的变化将促使制度进行适应性变迁，但是从原有制度出现非均衡到新的制度均衡形成，需要很长的试错和调适过程。例如，"1994年分税制改革已经打破了农村义务教育'乡村自给'的制度均衡，只是这种非均衡状态在随后的数年中才逐渐暴露出来。后来进行的'税费改革''以县为主'和'新机制'改革都内生于分税制改革，是中央政府试图建立新的制度均衡的努力，而且这种努力直到目前仍未结束。"④

---

① 袁方. 社会学百科辞典 [M]. 北京：中国广播电视出版社，1990.13.
② 袁世全，冯涛. 中国百科大辞典 [M]. 北京：华夏出版社，1990.272.
③ 阮智富，郭忠新. 现代汉语大词典·上册 [M]. 上海：上海辞书出版社，2009.553.
④ 陈静漪，宗晓华. 中国农村义务教育供给机制变革及其效应分析——基于"悬浮型"有益品的视角 [J]. 江海学刊，2012 (4)：226-233.

2.2 中国式财政分权与公共产品供给

2.2.1 财政分权与财政联邦主义理论演变

关于分权的研究是公共财政领域的重要议题。从广义的角度理解，分权体现为四种形式：政治分权、行政分权、财政分权与市场分权。财政分权理论根据研究历程和核心命题的不同，可以分为第一代财政分权理论（First Generation Fiscal Federalism，FGFF）和第二代财政分权理论（Second Generation Fiscal Federalism）。

最初的公共财政理论，并不区分中央政府和地方政府，例如萨缪尔森（Samuelson，1954）《关于公共支出的纯理论》一文中，给出了公共产品（集体消费物品）的形式化定义，并认为由于存在信息不对称和"搭便车"行为，即使理论上存在按照公共产品的边际受益而征税的可能性，但现实中却"没有一种分散的定价体系能够用于决定集体消费物品的最优水平"。[①] 该模型隐含一个前提假设，即公共产品由单一层级政府（中央政府）提供，每个人都平等地享有该单一层级政府所提供的"集体消费物品"。萨缪尔森在1955年的文章中承认，教育、法庭、公共防卫、高速公路、警察和消防等，都存在受益上的可变因素（Element of variability），个人消费的公共产品数量并非都是相等的。[②] 但是，他仍然认为，并不存在类似私人市场的偏好显示机制来决定公共产品的最优水平。

这个问题到1956年蒂布特（Tiebout）发表《地方支出的纯理论》一文提出地方公共产品竞争的一般均衡模型后，才在理论上得以解决。[③] 蒂布特（1956）认为，萨缪尔森模型仅仅适用于对中央政府支出的理论分析，并不适

[①] Samuelson P A. The Pure Theory of Public Expenditure [J]. Review of Economics and Statistics. 1954, 36 (4): 387–389.

[②] Samuelson, Paul. A., Diagrammatic exposition of a theory of Public Expenditure [J]. Review of Economics and Statistics, Nov., 1955, (4): 350–356.

[③] Tiebout C M. A Pure Theory of Local Expenditures [J]. Journal of Political Economy. 1956, 64 (5): 416–424.

用于地方政府支出理论。为此，他提出了一个地方政府支出理论模型，其核心思想是，公共品由地方政府提供，居民不仅可以"以手投票"，而且可以"以脚投票"，即根据地方政府提供的"税收—公共产品"组合和个人偏好，在不同地区之间自由迁移。这种"以脚投票"机制一方面保证了居民的真实偏好显示，另一方面居民跨地区的自由迁移对地方政府形成一种竞争压力，从而保证地方政府供给产品提高效率。这个思想后来得到诸多经济学家的认同和发展。奥茨（Oates，1969）概括了地方政府在提供公共产品上的两个比较优势：一方面，地方政府更接近民众，更了解辖区内的居民偏好，对本地公共产品需求更能作出迅速的反应；另一方面，不同的地方政府可以提供差异化的公共产品组合，中央政府统一供给无法满足不同地区异质性的需求。①

据此，奥茨（1972）提出了著名的"分权定理"（The Decentralization Theorem）："对某种公共品来说，如果对其消费涉及全部地域的所有人口的子集，并且关于该公共品的单位供给成本对中央政府和地方政府都相同，那么让地方政府将一个帕累托有效的产出量提供给他们各自的选民，则总是要比中央政府向全体选民提供的任何特定的且一致的产出量有效率得多。"② 也就是说，如果不考虑公共产品的区域外溢性，不考虑规模经济效应，相比于中央政府提供均质的公共产品，地方政府提供公共产品更有效率。该定理后来被引申为，政府辖区边界应该与公共产品的空间外溢范围相一致，没有外部性的政府结构是最有效率的政府结构。

然而，公共产品的收益外溢范围很难与某一层级地方政府的辖区边界相一致，例如教育，受过教育的人会在全国流动，受益的边界随其流动的范围而变化。对于这些公共产品，问题的关键不在于由哪一级政府提供，而是如何由多级政府联合提供（Mushkin & Adams，1966）。③ 实际上，即使是地方政府，一般也并非只有一个层级。世界范围内，地方政府只有一个层级的国家占比为24.4%，有两个层级的占比为42.4%，三个层级的占比为23.5%，四级及以上的占比为3.7%（如表2-1所示）。

---

① Oates W E. The Theory of Public Finance in a Federal System [J]. Canadian Journal of Economics/revue Canadienne. 1968，1（1）：37-54.
② Oates，Wallace E. Fiscal Federalism [M]. Brookfield：Ashgate Publishing Company，1993，35.
③ Mushkin J S，Adams F R. Emerging Patterns of Federalism [J]. 1966，19（3）：225-247.

表 2-1　　　　　　　　世界各国地方行政层级统计表

地区	无		一级制		二级制		三级制		四级以上		缺	小计
	个	%	个	%	个	%	个	%	个	%	个	个
亚洲	1	2.1	8	16.7	16	33.3	18	37.5	5	10.4	1	49
欧洲	1	2.6	5	12.8	22	56.4	11	28.2	0	0.0	5	44
非洲	3	5.4	6	10.7	26	46.4	18	32.1	3	5.4	0	56
大洋洲	4	16.7	14	58.3	6	25.0	0	0.0	0	0.0	0	24
北美洲	4	10.8	19	51.4	13	35.1	1	2.7	0	0.0	0	37
南美洲	0	0.0	1	7.7	9	69.2	3	23.1	0	0.0	0	13
全球	13	6.0	53	24.4	92	42.4	51	23.5	8	3.7	6	223

注：表中数据大多为20世纪90年代的，个别是80年代或21世纪的；层级按最多的统计，如二、三级并存的统计为三级制；百分比按有资料的数据计算；"无"表示不划分政区，"缺"表示缺少资料。
资料来源：浦善新. 中国行政区划改革研究 [M]. 北京：商务印书馆，2006：265.

与第一代分权理论关注公共产品供给不同，第二代分权理论更关注地方政府行为与经济增长。麦金农（Mckinnon）和钱颖一等学者利用委托—代理理论和公共选择理论等，强调分权对于经济发展的三个优势：第一，在分权体制下，经济要素（资本、劳动）的跨区域流动，迫使地方政府创造更有利于商业活动的市场经济环境，提高政府自身运转效率，从而促进经济增长；[①] 第二，在分权体制下，地方财政收入与其支出挂钩，为地方政府发展本地区的经济、培植税基提供激励。金、钱和韦戈斯特（Jin, Qian & Weignast, 2005）指出，中国地方政府扶持乡镇企业发展，实际上与乡镇企业创造的利税留在地方政府有关；[②] 第三，财政分权有助于硬化地方政府的预算，在硬化预算的约束下，地方政府没有动力去援助绩效低下的国有企业，甚至积极推动国有企业的民营化和重组。[③]

奥茨（2005）和韦戈斯特（2006）总结到，第一代分权理论基本上都是规范性的，一般假设政府及其官员是社会福利最大化者，主要关注最优政策的确定；而第二代分权理论认为，地方政府具有自身的利益，对地方政府的

[①] Mckinnon, Ronald. Market-preserving fiscal federalism in the American monetary union [A]. Tanzi, Vito., Ter-Minassian, Teresa. Macroeconomic Dimensions of Public Finance [M]. Routledge, 1997. 67-93.

[②] Jin H, Qian Y, Weingast B R. Regional decentralization and fiscal incentives: Federalism, Chinese style [J]. Journal of Public Economics. 2005, 89 (9-10): 1719-1742.

[③] Qian Y, Weingast B. Federalism as a Commitment to Preserving Market Incentives [J]. The Journal of Economic Perspectives. 1997, 11 (4): 83-92.

激励机制是限制政府的"有形之手"、维护市场、促进经济增长的重要因素。

2.2.2 中国式分权:"M型"结构与目标责任制

(1) 中国的"M型"政府组织结构。

第二代财政联邦主义理论的最初灵感来源于对中国和苏联市场化改革绩效差异的解释。钱颖一和许成钢(1993)认为,早在改革前的计划经济时代,中国和苏联的区域经济组织结构就存在很大的不同,苏联的计划经济接近于一个"U形"结构,即以职能和专业化"条条"原则为基础的单一组织形式,其计划管理是纵向垂直的,各地区经济专业化分工非常细致;而中国在计划经济阶段,区域经济的组织结构接近"M型"结构,即以"块块"原则为基础的、结构和功能相似的、多层次、多地区的组织结构,每个地方都拥有自己相对独立的经济体系。[1] 中国地方政府所控制的计划指标和地方工业规模要远远大于苏联的计划体制。[2][3] "M型"结构清晰地说明,中国计划经济时代,在高度集权的行政体制下仍维持了地方经济的相对独立性。

改革开放之后,中国将工作重心向经济建设转移的同时,进一步加强了地方分权的力度和广度,并实现了经济持续性的高速增长,与苏联和东欧转型国家经济大幅度下滑形成了鲜明的对比。钱颖一、韦戈斯特等学者据此提出了"中国式的市场维护型联邦主义"(Market–Preserving Federalism, Chinese Style),其主要思想是:第一,改革开放以来,中央政府将很多经济管理权力下放到地方,使得地方能够调动辖区内的经济资源,拥有更多相对自主的经济决策权;第二,以财政包干为内容的财政分权改革,使得地方可以与中央分享财政收入,财政收入越高,地方的留存就越多,预算外收入几乎全部留存地方使用,这为地方政府维护市场、推动地方经济增长提供了很强的激励;第三,经济管理权限和财权的下放,在解放地方政府发展经济"手脚"的同时,也加强了地方之间的经济竞争,硬化地方政府的预算约束,使其没有动力去"救援"经济绩效不佳的国有企业,促进了国有部门之外经济的发展和繁荣。[4] 金

---

[1] Qian Y, Xu C. Why China's economic reforms differ: the M-form hierarchy and entry/expansion of the non-state sector [J]. Economics of Transition, 1993, 1 (2): 135–170.

[2] Shirk S. The Political Logic of Economic Reforms in China [M]. Berleley and Los Angeles: University of California Press, 1993: 13.

[3] Burns, J. P. China's Nomenklatura System [J]. Problems of Communism, 1987, 36 (5): 36–51.

[4] Qian Y, Weingast B R. China's Transition to Markets: Market–Preserving Federalism, Chinese Style [J]. The Journal of Policy Reform, 1996, 1 (2): 149–185.

(2005) 的经验研究为该理论提供了一些有力的证据支持。①

"市场维护型联邦主义"理论将地方政府视为一个组织整体,认为以"分灶吃饭"为特征的财政分权改革有效地保障了地方政府对财政收入"留成"权力,经济要素的跨区域流动又强化了地方政府之间的竞争,从而激励地方政府发展市场经济。② 然而,改革开放过程中的很多事实并不支持这些理论推演。20世纪80年代开始,中央和地方开始"分灶吃饭",建立行政性分权的"财政包干"体制,其要点是"划分收支,分级包干",并根据不同地区的情况采取不同形式,包括收入递增包干、总额分成、总额分成加增长分成、上解额递增包干、定额上解、定额补助。财政包干制实施之初,中央和地方政府签订"财政包干"合同,即完成核定的上缴中央财政任务之后,地方政府对财政收入"剩余"的支配权,激励地方政府"多劳多得"。

与预期相反,中央政府频繁地更改"财政包干"合同,索取地方政府财政收入的"剩余"。例如,1980年中央与各省签订了财政包干合同,合同期限是五年。然而由于中央财政收不抵支,不得不于1981年和1982年持续向地方财政"借款"。1982年,除了广东和福建两省之外,中央对其他省份都重新修订了最初的财政包干合同,原来中央向地方的"借款"不仅不再归还,而且被永久性地纳入上缴中央的基数写进财政包干合同之中。1982年修订刚结束不久,1985年中央政府又通过"利改税"重新对中央和地方之间的财政收入进行了调整。1987年,中央财政又收不抵支,开始向各省"借款"。1988年中央又重新调整了财政包干合同。同时,财政部开始酝酿实施"分税制"改革,以替代财政包干合同。1992年,"分税制"改革先在天津、辽宁、沈阳等地进行试点。最终,通过逐省谈判和磋商,1993年年底终于颁布了"分税制"方案,并于1994年实施。"分税制"改革是一次集权改革,极大地提高了中央财政收入占比,使得中央财政收入占国家财政收入的比例从改革前的22%骤升至56%,而且伴随着财权集中的同时,大量的公共事务下放,给地方基层财政造成巨大压力。2002年,由于企业和个人所得税增长幅度较大,国务院颁发《关于印发所得税收入分享改革方案的通知》(国发〔2001〕37号),将企业和个人所得税纳为共享税种,分享比例按中央分享60%、地方分享40%执行。

---

① Jin H, Qian Y, Weingast B R. Regional decentralization and fiscal incentives: Federalism, Chinese style [J]. Journal of Public Economics, 2005, 89 (9-10): 1719-1742.

② Qian Y, Weingast B R. Federalism as a Commitment to Perserving Market Incentives [J]. Journal of Economic Perspectives, 1997.

对于预算外资金，中央政府在财政困难时，也想方设法获取地方预算外资金的使用。例如，20世纪80年代中期"能源交通基金"、1989年的"预算调节基金"都是对预算外资金征收的基金，目的是维持中央财政运转。自20世纪90年代开始中央加速推进预算外账户的改革，目的是将预算外资金最终全部纳入正规预算，使预算外资金的收支更加透明，置于中央政府的监督与控制之下。

可以说，作为中央与地方分权可信的承诺，即稳定、长期的财政分权合同并不存在。虽然分税制改革以来，中央和地方的税收分成相对稳定，原本希望通过深化省以下财政体制改革，逐步在省以下建立合理稳定的分税体制，但是由于地方政府层级（四级）过多，改革成效并不明显，省以下财政体制仍然十分混乱。一个明显的趋势是：中央和高层地方政府通过上位的行政权力，不断调整财政制度安排，使得财力逐步向上集中，事权逐步下移，最终造成基层政府财政压力巨大。因此，"市场维护型联邦主义"理论所假设的稳定而有保障的财政分权合同并不存在。这也说明，即使追求财政"剩余"是地方政府发展市场经济的激励因素，但它绝不是最主要或者唯一的"激励"因素。在这个因素之外，肯定有更基础性的制度安排来激励地方政府伸出"帮助之手"，发展市场经济，追求经济绩效。

（2）目标责任体制与垂直控制体系。

显然，"市场维护型联邦主义"理论关注到了中国式财政分权对地方政府的激励，但却忽视了中国政府管理体制的另一个重要特征，即基于目标责任制的垂直控制体系。正是基于这套垂直控制体系，基于经济竞争的官员晋升"锦标赛"制度才得以形成，成为推动地方发展经济的更重要激励因素。

与第二代财政联邦主义理论不同，周黎安、崔（Tsui）等学者更强调中国政府间的集权垂直管理的一面，将分析从地方政府经济激励扩展到对地方官员晋升激励层面。[①] 崔和王（2004）认为，1980年以来的中国财政体制改革虽然以财政分权为主要特征，但在分权的同时，中央政府通过目标责任制（Target Responsibility System，TRS）建立起了一套垂直化的官僚控制体系。[②]

目标责任制本质上是一种评估地方官员完成上级政府布置的任务及相应目标的情况，这些目标借助"下管一级"的人事管理制度在政府间层层渗透，

---

① 周黎安. 中国地方官员的晋升锦标赛模式研究[J]. 经济研究，2007，42（7）：36–50.
② Tsui K, Wang Y. Between Separate Stoves and a Single Menu: Fiscal Decentralization in China[J]. The China Quarterly, 2004, 177: 71–90.

通过责任书的形式逐级分解给下级政府、部门以及官员个人，根据目标完成情况对官员实施奖惩，从而将中央的政策意图贯彻到地方直至最基层政府。从实践来看，一般是将上级组织所确立的总目标逐次进行分解、细化甚至层层加码，形成一套可量化的目标和指标体系，以此作为各级组织进行考评、奖惩、晋升等的依据，并以书面"责任书"的形式在上下级之间进行层层签订。荣敬本、崔之元在《从压力型体制向民主合作体制的转变：县乡两级政治体制改革》一书中指出，中国各级政府所普遍实施的目标责任制，实际上是中国所特有的"压力型体制"的一种实施手段，具体表现为：上级政府通过将确定的经济发展和政治任务等"硬性指标"层层下达，由县至乡再由乡至村，最终由村将每项指标落实到农户。在指标下达的过程中，上级还辅以"一票否决"为代表的"压力型"惩罚措施。例如，计划生育指标、地方稳定指标等。[①] 正是在这种"压力型体制"下，基层在政策执行中存在的问题和负面信息是很难向上反馈的。

政府责任制和部门责任制构成了目标责任制的基本框架，图2-5是对目标责任制实施结构的一个简要概括，现实中的目标责任制要更为复杂。

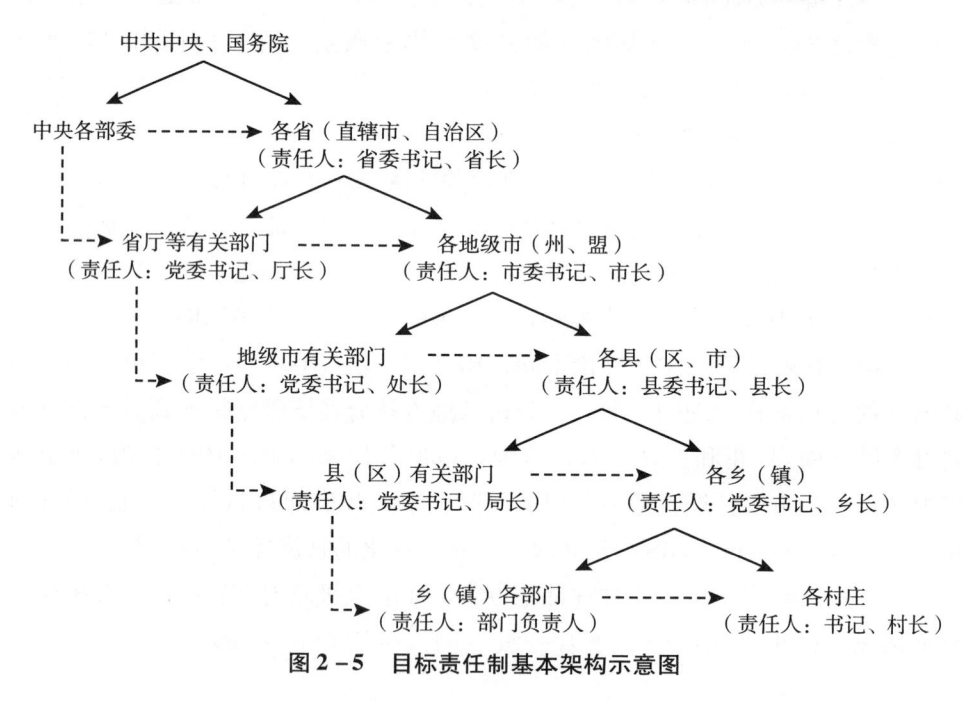

图2-5 目标责任制基本架构示意图

---

① 王汉生，王一鸽. 目标管理责任制：农村基层政权的实践逻辑 [J]. 社会学研究，2009 (02)：61-92.

在实践中，目标责任制以构建目标体系和实施考评奖惩作为其运作的核心。根据中组部在1995年的一份文件，地方干部的绩效考核主要可以分为经济建设、社会发展与精神文明建设、党的建设三项，每项又分为更多的子项，其中，社会发展任务中的第10项含有教育事业发展任务。具体如表2-2所示。

表2-2　　　　　　　　　　目标责任制考核的主要内容

经济建设	社会发展、精神文明和公民建设	政党建设
1. 经济总量、增长率及人均水平 2. 国家税收和地方财政能力 3. 城乡生活水平 4. 农业生产和农业发展 5. 国有资产管理 6. 企业运营和发展 7. 基础设施建设（包括交通、能源、通信、城市建设、水利工程）	8. 人口和计划生育 9. 社会稳定 10. 教育、科技、文化、体育 11. 环境保护和生态条件	12. 意识形态和政治建设 13. 领导队伍建设 14. 民主集中制建设 15. 党的基层组织建设

资料来源：Tsui K, Wang Y. Between Separate Stoves and a Single Menu: Fiscal Decentralization in China [J]. The China Quarterly. 2004, 177: 71-90.

虽然在经济发展的不同阶段和不同地方，目标责任的各个维度权重有所不同，但绩效指标的优先顺序非常明显，其中经济建设被视为"硬指标"，权重往往在60%以上，而精神文明和社会发展等被视为"软指标"，权重一般较低，要求也相对宽松。例如，怀廷在20世纪80年代末对上海地区的一个县的调研发现，目标责任书的一级指标包括：乡镇企业发展，权重33%，涵盖工业产值增加幅度、工业利润增长幅度、工业利润率增长幅度、出口增长幅度；农业，权重30%，涵盖粮食和蔬菜销售额、生猪销售额、油料作物销售额、皮革与棉花销售额；党的建设，权重21%，涵盖党组织建设、党的精神与纪律建设、党员教育；教育，权重9%，涵盖义务教育完成率、工人培训参与率、教育经费投入规模；计划生育，权重7%，涵盖计划生育执行率。可见，当时更多的权重赋给乡镇企业和农业增长这样的经济指标，而教育投入指标权重则很低。[①] 2002年湖北省S市下辖M县的政府绩效考核指标体系，其中县经济发展（60分）、农村工作（20分）、党的建设（6分）、

[①] Chien S. Economic Freedom and Political Control in Post Mao China A Perspective of Upward Accountability and Asymmetric Decentralization [J]. Asian Journal of Political Science, 2010, 18 (1): 69-89.

平安社会（14分）。① 2005年四川省S市对下辖县的政府目标考核指标中一级指标包括2个：经济工作（70%）和保障工作（30%）；其中，经济工作包括5个二级指标：地区生产总值（20%）、地方财政一般性收入（20%）、城乡发展（10%）、对内对外开放招商引资（10%）、人口与环境（10%）；保障工作包括3个二级指标：重大决策落实情况（6%）、党建及相关工作（16%）、统一战线工作与社会稳定（8%）。②

这种以经济绩效为中心的考核体系是激发各级官员发展经济热情的重要制度因素。根据目标责任制，官员的绩效就可以被量化，并在同级之间、前后任之间进行对比，利用这种相对绩效，上级政府可以奖惩下级官员，决定其升迁前景。由于中国实行"M型"的"块块"行政管理体制，同级行政官员之间的绩效可比性比较强，所以这种"晋升锦标赛"制度得以在政府的不同层级中普遍推行。例如，如果在省级官员中开展以GDP为核心的锦标赛竞争，省级官员会利用"下管一级"的人事权力在地级市一级推行以GDP为核心的锦标赛竞争，而市一级又会在县一级推行，直至乡镇甚至村庄。而且为了完成目标，在相对绩效的竞争中出人头地，各级政府都会层层加码，提高下级官员责任书中的目标值，以求超额完成任务，结果必然造成基层政府和官员负担沉重。

以经济绩效为核心的目标责任制是否真的会影响官员的仕途？很多实证研究对此提供了证据支持。李和周（Li，zhou，2005）③ 用中国改革以来的省级水平的数据，发现地方官员晋升与地方经济绩效存在显著的关联，省级官员的升迁概率与省区GDP的增长率呈显著的正相关关系，而且中央在考核地方官员的绩效时理性地运用相对绩效评估的方法来减少绩效考核的误差。

以经济绩效为核心的考核在很多地方扭曲为以GDP及其增长率为中心的考核，导致地方政府过多地关注经济建设，而忽视了统筹社会发展，造成了重复建设、产能过剩、环境污染、忽视民生等一系列经济和社会问题，以至于中组部不得不在2013年出台《关于改进地方党政领导班子和领导干部政绩考核工作的通知》，规定今后对地方党政领导班子和领导干部的各类考核考察，不能仅仅把地区生产总值及增长率作为政绩评价的主要指标，不能搞地区生产总

---

① 靳永翥，姜美琳. 从"与民争利"到"服务于民"——我国县级政府绩效考核指标体系研究 [J]. 行政科学论坛，2016（04）：22-34.

② 杨运江. 以和谐社会为目标的S市县级政府绩效考核体系研究 [D]. 电子科技大学，2007.6.

③ Li H, Zhou L. Political turnover and economic performance: the incentive role of personnel control in China [J]. Journal of Public Economics, 2005, 89 (9-10): 1743-1762.

值及增长率排名，中央有关部门不能单纯依此衡量各省的发展成效。

可以说，目标责任制和基于经济绩效的"晋升锦标赛"是中国式财政分权的重要组成部分。这套垂直控制体系与经济性分权相结合，使得我国的分权体制与联邦体制有很大的不同。正如傅勇和张晏（2007）所指出的那样，"中国式财政体制的核心内涵是经济分权与垂直的政治治理体制的紧密结合。"[①]"晋升锦标赛"的实施是以行政和人事集权为前提条件，通过"晋升锦标赛"将关心仕途的地方官员置于高强度的激励之下，从而控制下级政府对于财政资源的分配和使用，保证上级政策偏好逐级贯彻到最基层。在这种行政治理体制下，以上级直接控制的财税多少来衡量集权的程度，显然会低估上级政府的真正动员和控制能力。

2.2.3 公共产品供给：行政发包与职责同构

以目标责任制为基础的管理体制并非完全是计划经济的遗留物，而是根植于我国传统行政管理体制之中，即属地化的行政发包体制。周黎安曾敏锐地指出，我国政府间的关系实质上是一种行政发包关系，上级政府向下级政府授权，同时也把行政事务和公共产品的供给职责发包给下级政府，并一级一级地传递。这种行政发包关系是建立在属地化管理基础之上，是我国自秦朝以来行政管理体制的重要特征。其中，属地化管理源于商鞅变法所确立的"五户一保、十户一甲"的户籍制度。户籍制度将农户限定在基于土地的地缘范围上，"流民"被视为对社会稳定的威胁而加以限制。[②]

在属地化管理下，平民百姓的日常事务如户口登记、纳税、诉讼、灾荒救济等，只和户籍所在地的当地基层政府发生联系，造成与百姓相关信息的属地化。同时，地域之间各自为政，上级政府也不鼓励甚至忌讳属地之间自发的横向联系。自秦朝推行郡县制、建立中央集权制以来，一切权力和政令来自中央，地方政府负责具体实施和监督执行。隋唐时期，中央设置吏、户、礼、兵、刑、工六部，分管各种事务，但是具体实施各种政令的只有州县一级政府，

---

① 傅勇，张晏．中国式分权与财政支出结构偏向：为增长而竞争的代价［J］．管理世界，2007（03）：4–12．

② 据《史记·商鞅列传》记载："商君亡至关下，欲舍客舍。客人不知其是商君也，曰：'商君之法，舍人无验者坐之。'商君喟然叹曰：'嗟乎，为法之敝一至此哉！'"。作为"保甲制"户籍制度的创始人，商鞅自己在最终逃亡过程中，因没有相关户籍证件，而无法住店，由此可见古代属地化管理的严格程度。

其他中间层级的政府都属于"治官之官",而只有县级政府属于"治民之官"。县级政府作为最基层的政权最为稳定,历代县级政府的职权也大致相同,主要包括征敛赋税、维护县乡治安、倡导教化、主持司法、兴修地方公共工程等。中央首先将行政和经济管理的具体事务发包给省一级政府,然后省级政府再往下逐级发包,一直到县级政府。行政指令和政策要求的职责可以看作对发包内容的规定和要求,行政事务的逐级"转包"过程就是政府职责向下转移的过程,中间"转包方"一方面要对上级政府负责,另一方面又对下级政府负监督职责。①

在行政发包制下,上级和下级政府的事权不是分工关系,而是层层发包和监督、职责高度重叠和覆盖的关系。由于信息不对称所导致的监督的困难,中央对下级政府的监督是逐级下降的,对于最基层政府来说,很多方面的自由裁量权力更大。就发包的具体内容而言,对于比较容易通过数字管理的任务,如赋税数量等"硬指标",容易进行监督和控制;对于难以量化的内容,比如道德教化、司法公正等,属于"软指标",监督和控制都较为困难,地方政府的裁量权就相当大。

中国古代政府间逐级发包的行政管理传统对现代中国政府间关系仍存在较大影响,上文所述的我国政府广泛实施的"目标责任制"本质上是政府间行政发包的当代翻版。行政逐级发包传统是导致我国政府间职责高度同构、事权难以清晰划分的重要文化与制度原因。② 国际上比较公认的政府间事权划分原则是受益原则、行动原则和技术原则。根据这三项原则,政府间的事权能够进行较为清晰、明确的划分,并与相应的财权配置和转移支付相结合,使各级政府的事权与财力大致匹配,保证在公共产品的供给上政府间不相互推诿。③ 然而,我国改革开放以来,虽然进行了多次政府间财政收入划分,但是在政府间事权方面一直没有清晰的划分,而是延续了政府间逐级发包的行政治理传统。也就是说,改革开放以来,数次财政改革主要是收入划分改革,而非事权划分改革。

行政发包制导致了政府间职责纵向配置上高度同构。职责同构是指不同层级的政府在纵向间职能、职责和机构设置上的高度一致,每一层级政府都管理着大体相同的事情。我国宪法和地方组织法④对中央、省级、县级、乡镇四级

---

① 周黎安. 转型中的地方政府:官员激励与治理[M]. 上海:格致出版社,2008:57-59.
② 朱光磊,张志红. "职责同构"批判[J]. 北京大学学报(哲学社会科学版),2005(1):101-112.
③ 平新乔. 财政原理与比较财政制度[M]. 上海:上海人民出版社、上海三联书店,1995.362.
④ 地方组织法是《地方各级人民代表大会和地方各级人民政府组织法》的简称,由第五届全国人民代表大会第二次会议于1979年,现行版本为2015年修订版。

政府的党政组织和政区设置规定基本同构，同时对政府纵向职责规定也高度统一（见表2-3）。中国政府间职责高度同构既与西方发达国家"职责异构"不同，也与苏联高度统一的中央集权相异，是政府间行政发包制运行的一个结果。地方组织法第五十九条（县级以上地方政府职责清单）和第六十一条（乡镇政府职责清单）规定的最后一项都是"办理上级国家行政机关交办的其他事项"，这种"发包—承包"关系将所有对内职责潜在地贯穿在整个政府体系中。朱光磊（2005）曾形象地指出，"中央政府派人到地方查卫生，县委书记也想管银行"。

表2-3　　　　　　　　　　　纵向政府间职责同构事项

		中央政府	县级以上地方政府	乡镇政府
特有职权	国防、外交等中央特有职权	央（二）央（九）央（十）央（十二）央（十五）央（十六）央（十八）	—	—
共有职权	议行合一的政府行政	央（一）	地（一）	乡（一）
	社会管理	央（五）央（六）央（七）央（八）	地（五）	乡（二）
	民族事务	央（十一）	地（八）	乡（五）
相邻两级以上共有职权	行政领导	央（三）、央（四）	地（二）	—
	人事任免	央（十七）	地（四）	—
	监督	央（十三）央（十四）	地（三）	—
	财产保护	—	地（六）	乡（三）
	经济组织	—	地（七）	乡（四）
	人权保护	—	地（九）	乡（六）
	上级交办事务	—	地（十）	乡（七）

注：表中的央（一）是指宪法第89条规定的国务院职权的第一项，依此类推；地（一）是指地方组织法第59条规定的县级以上地方政府职权的第一项，依此类推；乡（一）是指地方政府组织法第61条规定的乡镇政府职权的第一项，依此类推。中央特有的七项职权主要是外交、国防、特别职权等政府对外职能的履行。

资料来源：朱光磊，张志红．"职责同构"批判[J]．北京大学学报（哲学社会科学版）．2005（1）：101-112．

政府间逐级发包体制在造成了政府间职责高度同构、事权难以清晰划分的同时，还使上级政府能够借助于目标责任制的垂直管理手段，将公共支出责任下移给下级政府，造成了事权层层下移，基层政府的公共支出负担日益沉重，财政压力越来越大。

表 2-4 是我国地方政府分级财政支出明细。从横向来看,对于公共支出的各个项目,每一级地方政府都有相应支出,即使像国防、外交等属于中央政府的事务,地方各级政府都有相应的财政开支,反映了政府间在事权责任方面的高度同构;从纵向来看,很多具有再分配性质或者外溢性较强的公共服务,例如社会保障、教育、医疗卫生等,理论上需要地方高层政府承担更多责任的公共支出,但在现实中则主要由县乡基层政府提供,基层财政支出责任最大。县乡两级政府承担了地方财政支出的50.11%的比例,但是其财政收入仅占地方财政收入的43.84%。其中,县级财政支出为26876.47亿元,本级财政收入仅为10781.37亿元,财政自给度仅为40.11%。这也反映了行政发包制下,基层政府承担了繁重的公共产品供给职责,财政压力巨大。

表 2-4　　　　　　　　地方财政支出分级表　　　　　单位:亿元

	合计	省级	地级	县级	乡镇级
一般公共服务	8080.00	1672.13	1945.77	3339.54	1122.56
外交	1.23	0.91	0.22	0.08	0.02
国防	126.09	46.44	47.72	30.95	0.98
公共安全	3898.30	884.06	1352.91	1619.05	42.29
教育	9869.92	1487.67	1917.30	5815.16	649.79
科学技术	1310.70	488.15	425.90	369.07	27.58
文化体育与传媒	1238.32	406.87	441.05	352.44	37.95
社会保障与就业	7851.85	1715.34	2244.96	3505.46	386.09
医疗卫生	3930.69	613.15	977.32	2242.26	97.95
环境保护	1896.13	427.98	489.40	922.74	56.01
城乡社区事务	5103.76	365.78	2401.99	2018.27	317.72
农林水事务	6401.71	1722.79	952.54	3094.99	631.39
交通运输	3578.37	1892.66	862.47	803.33	19.91
采掘电力信息等事务	2370.89	464.41	1051.42	736.47	118.59
粮油物资储备管理事务	1437.19	640.22	266.05	493.62	37.30
金融监管支出	133.15	58.78	57.18	17.10	0.08
地震灾后恢复重建支出	1043.85	268.92	126.11	607.12	41.70

续表

	合计	省级	地级	县级	乡镇级
国债还本付息支出	170.58	52.38	92.09	25.66	0.45
其他支出	2601.42	739.29	854.09	883.17	124.88
支出合计	61044.14	13947.93	16506.49	26876.47	3713.24
附：本年财政收入合计	32602.59	7651.30	10657.18	10781.37	3512.74

资料来源：《地方财政统计资料》(2009)。

2.3 分权体制下的农村义务教育财政制度

我国的行政发包体制决定了政府间职责高度同构，公共事务的决策权往往集中在中央或地方高层政府，但具体公共产品提供职责则主要由基层政府负担。基层政府提供上级所发包的公共服务，并接受上级政府基于目标责任制的监督和考核。这与西方基于公共产品受益范围等原则构建的政府间纵向职责配置体系具有完全不同的逻辑。因此，在理解我国教育财政制度安排时，必须将其置于中国式财政分权的背景之中，并从行政逐级发包和目标责任制的框架下来透视教育财政运行中存在的问题及其根源。

从中国政治集权和经济分权角度来理解农村义务教育财政制度安排与运行机制，需要把握两点：一是我国农村义务教育财政是在行政逐级发包下构建起来的，基层政府承担最主要的经费供给责任，表现出"过度分权"的倾向，而且基层政府供给教育服务主要是对上负责而非对下负责；二是基于目标责任制的"晋升锦标赛"制度系统地影响地方各级政府的支出偏好，进而决定了基层政府提供教育服务的激励；当经济绩效成为考核重点而且易于测量时，地方各级政府都将会系统地偏向生产建设性支出，而相对忽视民生福利性支出。

2.3.1 行政逐级发包下的农村义务教育财政

我国并没有专门的教育财政投入的法律，[①] 国家对各级政府在义务教育财政上的责任规定虽然很笼统，但实践中基层政府的教育财政责任却非常清晰，

---

① 20世纪80年代末，国务院某副秘书长曾组织写作班子草拟教育投入法，但是并没有获准进入人大讨论。

体现出非常强的行政发包特征。1985年中共中央发布了《关于教育体制改革的决定》明确规定:"基础教育管理权属于地方。省、市(地)、县、乡分级管理的职责如何划分,由省、自治区、直辖市决定。为了保证地方发展教育事业,除了国家拨款以外,地方机动财力中应有适当比例用于教育,乡财政收入应主要用于教育。地方可以征收教育费附加,此项收入首先用于改善基础教育的教学设施,不得挪作他用。"这个文件规定虽然都是原则性的,并没有明确省、市、县、乡在义务教育财政上的具体职责,但从行政发包制角度来解读这个文件的精神,我国农村义务教育财政体制的基本框架已经非常清晰。

首先,基础教育管理权属于地方,实际上是将决策权和管理权进行了分离,中央政府保留对义务教育发展的宏观决策权力,同时将义务教育的管理责任下放到地方,相应地将筹资责任也"发包"给地方,并对省级政府进行明确授权,即"省、市(地)、县、乡分级管理的职责如何划分,由省、自治区、直辖市决定"。"普九"任务由中央作出决策,由地方政府执行完成,正是体现了这种决策权和管理权(执行)在中央和地方政府之间的配置。这属于中央对地方的"一级发包"。

其次,对于省以下政府如何分担义务教育财政经费,该文件也做了原则性的指导,即"除了国家拨款以外,地方机动财力中应有适当比例用于教育,乡财政收入应主要用于教育。"这里并没有讲清楚"适当比例"究竟是多少,但却明确了乡财政主要用于教育,实际上已经为地方政府逐级发包到最基层政府提供了政策依据。这属于地方政府内部的"二级发包"。

最后,以当时的条件,对于普及义务教育的艰巨任务来说,乡财政收入不足以负担是显而易见的。这是我国政府间行政发包经常遇到的问题,即"承包方"缺乏足够的财力完成任务。对这类问题通常的解决思路是,上级政府不给经费,就必须给收费或创收政策,否则基层政府无法完成任务。因此,该文件中又规定:"地方可以征收教育费附加,此项收入首先用于改善基础教育的教学设施,不得挪作他用。"这是明确授权给地方政府,如果财力不足,可以在辖区内征收教育费附加,用于发展义务教育。由于教育费附加的征收比例有明确的上限,经费仍不够用,之后又授权乡镇政府"可以在本行政区域内集资办学",授权实施义务教育的学校"可收取杂费"。这属于明确授权基层政府和学校向社会和居民转嫁财政责任的"三级发包"。

在这种行政逐级发包的过程中,我国最终建立起了高度分权的农村义务教育财政体制。由于国家并未公布义务教育财政经费的分级数据,这里仅以总体上的政府间教育财政支出分级数据来透视行政发包制下基层政府所面临的财政压力,也可以从一个侧面说明我国农村义务教育经费一直短缺的客观原因(见图2-6至图2-8)。

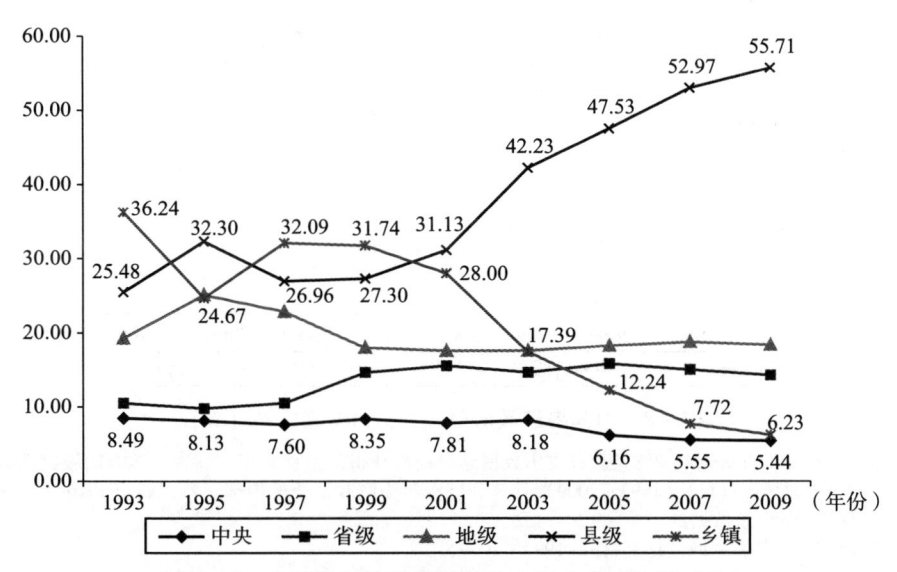

图2-6 中国各级政府教育财政支出占全国比例(%)

资料来源:《地方财政统计资料》(1993~2009)。

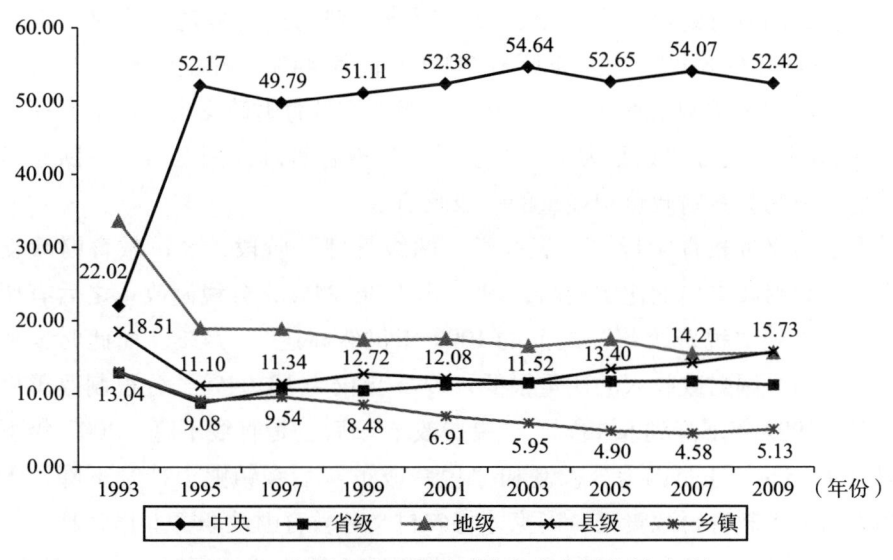

图2-7 中国各级政府财政收入占全国比例(%)

资料来源:《地方财政统计资料》(1993~2009)。

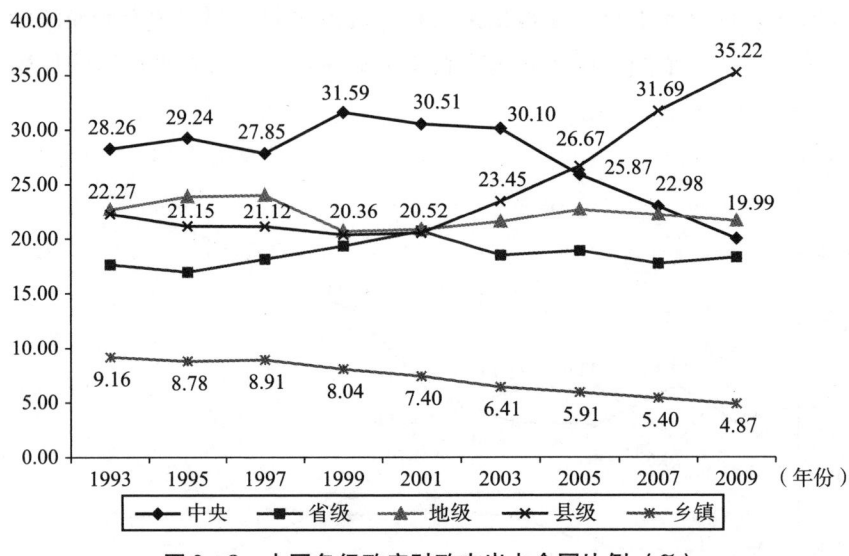

图 2-8 中国各级政府财政支出占全国比例（%）

注：2009 年的五级财政收支及教育支出数据是目前能获得的最新数据。其中，地方四级财政数据根据《地方财政统计资料》（1993~2009）计算，该资料为财政系统的内部资料，截至 2016 年 8 月仅出版到 2009 年的财政数据。

资料来源：《地方财政统计资料》（1993~2009）。

从中国五级财政收支及教育支出分别占全国的比例变化来看，我国中央政府直接负担的教育财政支出占全国教育财政经费的比例呈现出明显的下降趋势，从 1993 年的 8.49% 一直下降到 2009 年的 5.44%。相应地地方政府负担的教育财政支出比例则不断上升，其中县级政府教育财政支出占比上升速度最快，在 2001 年实行"以县为主"的农村义务教育管理体制之后，一跃超过乡镇政府，成为教育财政负担最重的一级政府。

在农村义务教育实行"三级办学、两级管理"阶段，乡镇教育财政支出占全国教育财政支出的比例最高，1993 年为 36.24%；分税制改革之后有所下降，但是直到"税费改革"之前的 1999 年仍然高达 31.74%。而此时，乡镇财政收入占全国财政收入的比重很低，1993 年仅为 13.04%，分税制改革后大幅下降，1999 年下降到 8.48%，"税费改革"后更是直线下降，2007 年下降到只有 4.58%。正是因为分税制和"税费改革"后乡镇财力持续下降，无力承担农村义务教育财政责任，国家才将农村义务教育财政职责上移到县。

2000 年之后，随着乡镇财政虚化，县级政府逐步成为行政发包的最末端，承担起大部分公共服务职责，其财政支出迅速膨胀，从占全国财政支出的

20.52%迅速上升到2009年的35.22%。由于2001年"以县为主"体制的推行，县级财政负担的教育支出占全国教育财政支出的比例也迅速上升，从2001年的31.13%迅速上升到2009年的55.71%。也就是说，县级政府负担的教育财政支出占到了全国的一半以上。相比而言，同时期县级财政收入的增幅却十分有限，县本级财政收入占全国财政收入的比例仅从2001年的12.8%提高到2009年的15.73%，财政自给度仅为40.11%，县级财政收支缺口巨大。这也说明，分税制改革之后，从中央到地方各级政府在层层集中财力的同时，也在通过行政发包制逐层下移公共支出责任，加剧了本已失衡的政府间财力与教育支出责任配置结构：财力越强的政府层级承担教育财政责任越小，财力越弱的政府层级承担的教育财政责任越大。这种结构性失衡是教育财政经费长期不足的一个体制因素。[①]

由于制度变迁存在很强的路径依赖，虽然农村义务教育财政体制几经变革，但是其内在的运行与发展逻辑却并未有实质性的改变。在义务教育近三十年的发展历程中，农民教育负担沉重、乱收费、"普九"欠债、"撤点并校"、城乡与地区差距等一系列问题，都能从最初建立的高度分权的农村义务教育财政体制中找到根源。

2.3.2 晋升锦标赛中的财政支出结构偏向

仅从各级政府的教育支出分担与财政收支分配结构，仍不足以完全理解农村义务教育财政制度的运行机制。在政府间行政发包制下，由基层政府负担农村义务教育财政的主要职责虽然明确，但却不能确定基层政府是否能够按照上级所期望的那样履行职责。必须提出的一个问题是：上级是否能够监控基层政府的教育财政行为，并通过适当的奖惩机制来激励基层政府提供教育？

首先，需要澄清一个事实，目标责任制下的政绩考核内容并非没有教育这一项，也不完全是因为教育这一项在考核指标体系中权重比较低，从而导致地方政府尤其是基层政府不重视教育。从中组部公开发布的地方党政干部绩效考核内容来看，社会发展指标中包含教育事业发展内容（见表2-2）。中组部最新发布的《关于改进地方党政领导班子和领导干部政绩考核工作的通知》中，也强调不能仅仅把地区生产总值及增长率作为考核评价政绩的主要指标，要"更加重视科技创新、教育文化、劳动就业、居民收入、社会保障、人民健康状况的考核。"

---

① 宗晓华，陈静漪."新常态"下中国教育财政投入的可持续性与制度转型[J].复旦教育论坛，2015（6）：5-11.

从对一些地方出台的党政领导班子和干部政绩考核的指标体系及操作细则来看，基本上在社会发展维度也都设置有教育事业发展的指标。例如，2012年《湖北省市（州）党政领导班子和领导干部年度考核评价办法实施细则》中对直辖市的年度工作目标考核指标体系，一级指标中包括经济发展、社会发展、人民生活、资源环境、文化建设和党的建设6个指标组。在社会发展指标中含有11个二级指标，其中有2个二级指标是关于教育的，即义务教育普及程度、高中阶段教育毛入学率。然而，义务教育早在2000年左右已实现普及，毛入学率也早已达到甚至超过100%，对督促地方的教育投入和教育事业发展的实际意义不大。高中教育的毛入学率更多地受各地招生政策的调控，而且高中阶段可以收取学杂费转嫁财政责任，入学率与当地居民收入、高等教育规模等因素也有很大关系。这种考核指标实际上是"软指标"，并不能提高地方政府教育财政投入的努力程度。

为什么不直接把教育财政投入的"两个比例、三个增长"纳入各级政府的考核指标体系？① 的确，很多时候地方政府并不把教育投入的比例或者生均经费的增长幅度纳入党政干部政绩考核"责任书"，原因可能有三个方面：首先，上级政府并不清楚什么样的教育财政投入比例或增值幅度对于各个地区是"合适"的。对于富裕地区，如著名的全国百强县昆山市，其财政收入是苏北地区的很多经济薄弱县的7~8倍；2013年昆山市教育财政支出占财政支出的比例为13.87%，已经非常充裕，而苏北徐州地区的睢宁县、邳州市、沛县的教育财政支出占财政支出比例分别为31.18%、26.34%、25.21%，但教育经费仍十分匮乏，办学条件和教师工资待遇等与苏南相差甚远。其次，教育财政投入监控也十分困难，根据本课题组对湖南、河南等省的调研发现，县级财政部门拨付的教育经费，教育行政部门往往并不清楚，一些虚列的教育经费并不会真正拨付到学校或归学校支配使用。最后，教育财政投入只是一种投入、一种手段，经费投入是否能够带来更高素质的教师、更为完善的办学条件、更高入学率和毕业率、更优质的教育教学质量，才是需要重点考察和关注的方面，更何况经费投入的增加并不必然会带来教育服务质量的提高。

---

① 1993年中共中央、国务院发布实施《中国教育改革和发展纲要》和1995年颁布实施的《中华人民共和国教育法》（以下简称《教育法》），对教育经费投入提出了明确要求，通常归纳为"三个增长"和"两个比例"。"三个增长"是指：各级人民政府教育财政拨款的增长应当高于财政经常性收入的增长；在校学生人数平均的教育费用逐步增长，教师工资和学生人均公用经费逐步增长。"两个比例"是指国家财政性教育经费支出占国民生产总值的比例在20世纪末达到4%和各级财政支出中教育经费所占比例随国民经济发展逐步提高。

当然，作为法定的教育支出责任，"两个比例、三个增长"虽然在很多时候并未真正落实，但并不意味着对地方政府没有约束效力。据审计署 2012 年对全国 54 个县财政资金审计结果，在这些县的财政支出中，有 77.23% 的支出是为了满足国家有关农业、教育、科技等法定支出的增长要求和中央有关部门出台的达标增支政策安排的支出，县级政府自主安排的财政资金占比已不是很多。在底线之外弹性相当大，因为生均经费、教师工资、生均公用经费增长的幅度并无严格规定，"一个比例"中的分母——财政经常性收入的统计口径留有一定的活动余地。①

然而，当中央政府将教育财政经费占 GDP "4%"的目标作为一种政治任务时，"4%"的任务通过目标责任制在政府间逐级分解，一直落实到最基层政府，此时该任务对地方财政则是一种非常强的约束。2011 年国务院《关于进一步加大财政教育投入的意见》要求各级政府"压缩一般性支出，新增财力要着力向教育倾斜，优先保障教育支出"。为落实中央设定的任务，各地也制定了相应的投入政策。例如，江苏省要求各地"确保财政教育支出占一般预算支出比例明显提高并达到或超过省核定要求，确保到 2011 年全省这一比例超过 17.5%、2012 年超过 18%"，结果该省于 2012 年超额完成任务，仅预算内教育经费占财政支出的比例就达到了 19.2%。正是将"4%目标"作为一项政治任务在政府间层层分解和加码，2012 年国家财政性教育经费占 GDP 的比例达到了 4.28%。然而，政府间财力分配与教育财政责任的失衡格局并未逆转，目标的实现更多的是基于目标的逐级分解、层层加码以及高强度的压力型动员机制，甚至是以压缩其他公共开支为代价的，因此是不可持续的。之后两年教育财政支出占财政支出的比例持续下降，从 2012 年的 16.13% 下降到 2013 年的 15.27% 和 2014 年的 14.87%，教育财政经费占 GDP 的比例也从 2012 年的 4.28% 下降到 2013 年的 4.16% 和 2014 年的 4.15%。②

---

① 根据《财政部关于统一界定地方财政经常性收入口径的意见》（财预〔2004〕20 号）的规定，各级预算安排的教育、科技、农业支出的增长幅度，应高于财政经常性收入的增长。其中，财政经常性收入原则上包括以下三个方面：第一，地方一般预算收入（剔除城市维护建设税、罚没收入、专项收入及国有资产经营收益等一次性收入）；第二，中央核定的增值税及消费税税收返还、所得税基数返还及出口退税基数返还；第三，中央通过所得税分享改革增加的一般性转移支付收入。由于各地"收支两条线"改革进度不一致，行政事业性收费是否纳入地方财政经常性收入范围，由各地财政部门与人大有关部门商定。

② 宗晓华，陈静漪."新常态"下中国教育财政投入的可持续性与制度转型［J］. 复旦教育论坛，2015（6）：5-11.

从多任务代理角度来看，当地方政府代理多项上级委托的任务时，地方政府在各项任务上分配的资源和努力取决于两个方面：激励的强度和可测量的程度。根据上文分析，在通常的政府绩效考核中，教育属于上级政府委托的外生任务，教育投入与产出之间的不确定性比较高，一些衡量教育发展统计的指标往往属于"软指标"，约束力不强。不同的教育发展阶段，同一教育发展指标的约束力也是不一样的。在20世纪90年代，义务教育基本普及（毛入学率达到85%）这一目标对很多农村地区来说是一个非常紧的约束，只是实现这一目标，乡镇政府可以通过集资、收费、举债等手段，而不一定要用财政支出。

从权重分配来看，经济绩效的权重在每一级的考核指标体系中都占有绝对优势，而且发展经济的效果显示度较高，容易测量；同时，经济发展能够带来较高的税收收入，与地方政府及其官员有直接相关的利益，因此有更强烈的激励。也就是说，经济建设任务不仅是上级委托和监督的外生任务，而且与自身利益相关，在很大程度上也是地方政府的内生目标。

以经济绩效为核心的考核晋升机制促使地方政府开展激烈的经济竞争。与西方不同，我国的地方政府间竞争并不满足蒂布特机制的两个重要条件，即"以手投票"和"以脚投票"。自从人力资本理论产生以来，教育支出作为一种生产性投资，对经济增长的效果已被反复证明，[1] 但是问题在于：第一，教育投资的周期非常长，远远超过任期越来越短的地方尤其是基层政府官员。据2011年针对全国县委书记和县长的调查显示，县委书记和县长任现职时间平均为3.25年，61.2%的官员任现职3年及以下，71.8%的人任现职时间在4年及以下，任现职5年以上的只有14.5%。[2] 在如此短的任期和以经济绩效为核心的晋升体制下，地方政府官员的目标将会短期化，会更加偏向追求立竿见影的经济绩效，而忽视其他长期的社会目标。

第二，教育投资的区域外溢性非常强。对于属地化管理的基层政府而言，通过教育培养的人才并不一定会留在本地，而且经济越落后的地区，由于当地就业机会有限，就业质量不高，教育发展越好，人才流失越严重，因此也越不愿意投资教育。宗晓华（2010）的实证研究显示，在控制其他因素的情况下，

---

[1] Barro R J. Education and Economic Growth [J]. Annals of Economic and Finance, 2013, 14 (2): 301 - 328.

[2] 褚朝新，罗婷. 县委书记和县长眼中的基层官场 [N]. 南方周末, 2011 - 10 - 18.

一个地区的外流人口越多，地方政府越不愿投资于义务教育。①

第三，由于资本的流动性要显著高于户籍制度下的居民流动性，而且个人所得税在地方政府财政收入中无足轻重，因此政府在要素竞争中更多地偏向"招商引资"，通过生产建设性财政支出，改善基础设施，但会系统地忽视直接关涉居民福利的教育、医疗、卫生等公共产品的供给。傅勇和张晏（2007）、郑磊（2008）、宗晓华（2010）的实证研究显示，中国式财政分权与基于政绩考核的晋升竞争会导致地方政府公共支出结构发生"重基本建设、轻人力资本投资和公共服务"的明显扭曲，即"为增长而竞争的代价"。②③④

---

① 宗晓华. 财政分权、人口外流与地方政府义务教育投资的实证检验[J]. 统计与决策，2010（15）：86-88.

② 傅勇，张晏. 中国式分权与财政支出结构偏向：为增长而竞争的代价[J]. 管理世界，2007（03）：4-12.

③ 郑磊. 财政分权、政府竞争与公共支出结构——政府教育支出比重的影响因素分析[J]. 经济科学，2008，（1）：28-40.

④ 宗晓华. 多任务代理、财政外溢与地方公共服务提供——以教育为例[J]. 地方财政研究，2009（08）：9-14.

第 3 章

"省直管县"财政改革的历史背景与现实进程

正如第 2 章理论分析所揭示的那样,西方发达国家财政级次及其分工制度体现出很强的财政联邦主义原则,而我国作为单一制集权大国,中央和地方之间的分权管理体制具有源远流长的中国传统特色,在财政分权改革过程中一直保留了政治和人事上的集权体制,并依此构建起基于目标责任制的垂直控制系统。在这套垂直控制系统下,中央通过逐级发包方式将公共产品的供给职责下放到基层政府,农村义务教育财政责任的安排是一个非常典型的例子。因此,对于理解我国财政体制安排及其制度原型,西方财政联邦主义的经验与传统难以提供太多的线索;相比较而言,由于制度变迁具有很强的路径依赖,中国自古以来的政府层级与财政体制安排的丰富经验必然能提供深刻的借鉴经验。

"疑今者,察之古;不知来者,视之往。"本章首先从地方政府二级制和三级制的矛盾运动入手,对自秦以来的历代地方行政和财政层级进行简要回顾,试图从历史经验的提炼中把握当前"省直管县"财政改革的历史背景与时代特色。在此基础上对全国层面及各地"省直管县"财政改革的目标、内容与进度进行系统梳理和归纳总结,把握当前我国地方政府财政制度安排的基本情况与运行中存在的问题,为透视该项财政改革对农村义务教育财政体制的影响奠定基础。

3.1 地方治理结构：郡县制传统及其演变机制

3.1.1 "内外相权"与"轻重相维"的治理逻辑

自秦朝以来，我国国家结构与权力体系演变一直是以单一制为目标，中央与地方的关系被形象地视为"内"与"外"的关系。"内"是指中央政府，外是指地方政府。当中央政府强大而地方政府弱小的时候便是"内重外轻"，反之，便是"外重内轻"。① 秦朝革除分封制、推行郡县制的根本动因是要消除权力分散、诸侯割据的弊端，通过建立垂直控制的地方行政管理体制，加强以中央政府为政治中心的权威地位，达到"海内为郡县，法令由一统"的理想政治局面。历代统治者都希望通过郡县制及其配套制度的建设，构建起一套既能充分维护中央集权又能使地方政府灵活处理辖区行政事务的组织体系，把握好"内外相权""轻重相维"这个"度"，然而由于历史背景的局限，郡县制所固有的矛盾导致历代不是陷入"外重内轻"就是陷入"内重外轻"的失衡局面。②

郡县制最直观的含义是地方行政层级只有郡、县两级，郡守县令由中央政府任免，代表国家对辖区进行治理。在郡县制推行的两千多年中，县是最稳定的基层政府。作为一级地方行政区域，县最早出现在春秋时期。公元前 688 年，秦最早开始设县，同年楚文王灭申后置申县，这种灭国置县而不再分封的做法后被各诸侯国所采用。③ 直到今天，我国大部分县的设置仍可追溯千年之前。然而，作为统县政区，郡这一级政府名称与辖区变化很大，例如直接统县的政区，在秦汉称为郡，在唐宋称为州，在明清称为府。

为了管理、军事和监控等需要，很多朝代在统县政区之上再设立地方高层政府，使郡县二级制变为三级制或多级制。地方高层政府名称各异，东汉时以州统郡、以郡统县，唐朝中后期以道（方镇）统州（府）、以州（府）统县。

---

① 周振鹤. 中国地方行政制度史 [M]. 上海：上海人民出版社，2005. 250 – 251.
② 宋亚平. 论中国古代"内重外轻"与"外重内轻"的博弈——以郡县制为视阈 [J]. 华中师范大学学报（人文社会科学版），2012（6）：120 – 130.
③ 李晓玉. 中国市管县体制变迁与制度创新研究 [D]. 华中师范大学，2008. 16.

宋朝以路统州、以州统县。① 元朝建立了多级地方政府，地方最高层政府称为行省，从此省制作为地方高层政府一直延续下来。明朝承袭和简化元制，将行省改称为布政使司，清代沿袭明制，以省统府、以府统县。民国时期裁府撤州，实行虚三级制，实质上是恢复到以省统县的二级制。

为什么地方政府会出现三级制？对于中国这样一个疆域辽阔的大国而言，古代的郡县两级制实际运行中存在着难以克服的矛盾，那就是中央直接管理统县政区时，管理幅度过大，难以形成有效监控，同时由于统县政区辖区较小，无力应对战乱。当在中央和统县政区之间建立更高层次的地方政府时，高层地方政府由于管控区域过大、权力资源集中，往往会演变为地方割据势力，威胁中央统治。例如，汉代有100多个郡，唐代有300多个州，由中央直接管理这么多统县政区，负担沉重，效率低下。据记载，唐太宗为了直接管理统县政区，不得不将各州刺史名字及其为政事迹书于屏风，日日观看，才能记住。②

为了降低管理幅度，或者处理战乱，很多时候不得不在统县政区之上又建立更高层次的地方政府，并赋予便宜行事的各种权利，最终演变成为"尾大不掉"的地方割据势力，导致王朝覆灭。当前朝因为藩镇割据而灭亡时，新建政权往往汲取教训，精简地方层级，重新实行二级制。但随着疆域拓展、人口增加和经济繁荣，县的数量和统县政区的数量亦会随之增加，从而导致建立地方高层政府的需求加剧，最终又陷入"外重内轻"与"内重外轻"的危机循环。

3.1.2 "二级制"与"三级制"的循环变迁轨迹

简要回顾一下历代地方政府层级变迁可以更好地理解"二级制"和"三级制"循环运动的内在动因。对两千年地方行政层级纷繁复杂的变化，任何概括都会显得过于简化或有失偏颇。这里仅从本研究的实际需要出发，重点关注县、统县政区和高层政区三个层次的地方行政主干变化。③ 依此看来，秦代至民国初年，地方政府层级历史变迁可大致分为三个阶段：第一阶段是秦汉魏晋

---

① 刘晓路. 郡县制传统及其在政府间财政关系改革中的现实意义 [J]. 财贸经济，2011 (12): 30 – 36.

② 《资治通鉴·唐纪·唐纪九》记载："上曰：'为朕养民者，唯在都督、刺史，朕常疏其名于屏风，坐卧观之，得其在官善恶之迹，皆注于名下，以备黜陟'"。

③ 相对于本节的研究任务而言，本人的历史知识十分有限，好在从20世纪90年代开始，史学界对中国历代的地方行政制度与政区变迁史研究有重大进展，许多相关著作和论文提供了翔实的资料和严谨的论证。例如，周振鹤先生的《中华文化通志·地方行政制度志》，[日] 真水康树的《明清地方行政制度研究》，严耕望的《中国地方行政制度史》、刘君德等编著的《中国政区地理》等。

南北朝时期，地方政府层级由二级制变为三级制；第二阶段是隋唐五代宋辽金时期，重复了由二级制变成三级制的过程；第三阶段是元明清时期及民国初年，地方政府层级由多级制逐步简化至三级制以及短暂的二级制。

（1）秦汉魏晋南北朝时期，从二级制向三级制的演变。

秦汉时期主要实行郡—县二级制。公元前221年，嬴政统一六国建立秦朝之后，废除分封制，实行郡县制，将整个国家的地方政府分为郡和县两个层级。秦始皇"分天下以为三十六郡"，加上内史（即首都周围特区），一共37个郡级政区。后来由于扩大疆域，设置新郡，同时将内地某些郡一分为二，因此秦代增至四十九郡。秦朝县数没有文献记载，推测总数在一千个左右。

西汉一方面沿袭秦代郡县制，另一方面又在部分地区恢复分封制。汉景帝之后，王国的地位与郡相同，地方政府层级基本沿袭秦制，中央政府为了加强对地方政府的监察，在郡以上增设了州一级政府，但只有监察权。西汉末年，郡国达到103个，共统辖1587个县级政区，平均每个郡的管理幅度为15个县。[①] 东汉大部分时期，州一直是以监察区域的形式存在。两汉的地方政府层级就是"实二虚三"的结构，被学界认为是在"内外相权"和"轻重相维"把握得比较好的时期。正如钱穆先生所指出的那样："中国历史上讲到地方行政，一向推崇汉朝，所谓两汉吏治，永为后世称美。"[②]

然而，东汉末年黄巾起义之后，州牧普遍设置，割据势力也以州牧自任，州自然成为郡以上的一级行政区划，地方政府层级由二级制转变为三级制。最终在镇压黄巾起义过程中，各州群雄并起，成为三国割据势力，并引发魏晋南北朝的长期战乱（见图3-1）。

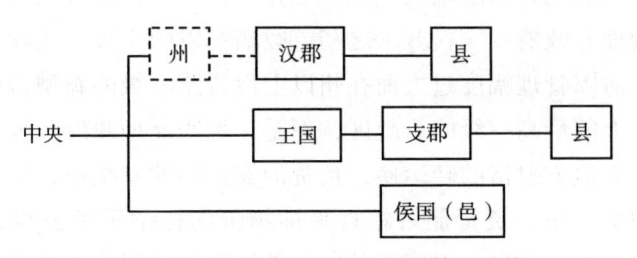

图3-1 汉代郡县制与分封制并行结构

---

① 周振鹤. 中央地方关系史的一个侧面（上）——两千年地方政府层级变迁的分析 [J]. 复旦学报（社会科学版），1995（03）：151-157.

② 钱穆. 中国历代政治得失 [M]. 北京：生活·读书·新知三联书店，2001：10.

魏晋南北朝时期主要实行州—郡—县三级制。三级制实行之初，以十数州辖百来郡，一千余县，州、郡、县三级都能正常发挥作用。西晋时期实行郡县制和分封制并行的行政制度，西晋的郡县制属于"实二虚三"级制，据《晋书·地理志》记载，西晋时期有19个州，344个郡以及1232个县。东晋以来，南北分裂，战乱不断，战争的封赏之物则是刺史、郡太守的职位，为了提供这些职位，只得把州、郡进一步分割。南北朝时期，共有220个州，999个郡，跟西晋相比，州郡数量膨胀了十多倍。这意味着中央政府对地方政权已经失控，而地方权力也接近解体。

（2）隋唐五代宋辽金时期，重新由二级制向三级制演变。

隋代及唐前期实行州（郡）—县二级制。隋朝重新统一中国之后，为了强化中央集权，在全国推行州—县二级制。隋大业三年，隋炀帝大举裁撤州县，同时又改州为郡。改革之后，全国仅存190个郡，1255个县。唐代开国以后，郡被易名为州，同时州的数目又膨胀起来。到唐贞观年间，有州358个，县1551个。由于管理幅度过大，中央政府向地方派遣监察官员已是势在必行。唐代监察官员的分区是按基本交通路线来划分的，所以称为道。① 唐玄宗年间，正式设置监察区来保证监察工作的执行。但是监察区一经固定，迁延时日，最终实体化为正式的行政区。

唐玄宗为了边防需要，在边境设置了十个节度使辖区（即方镇或藩镇），即形成道—方镇—州的体制，与之对应的官员层次是采访使—节度使—刺史。唐后期，将观察使（采访使）与节度使合称为观察节度使。道（方镇）实际上已经成为一级政区，最终演变成地方割据势力，导致五代十国纷争不止。

由于唐代后期地方高层政府演变成地方割据势力，宋代吸取教训，力求恢复州县两级的地方政府。宋代开国之初，收诸州以归中央，实际上暂时形成了州县二级制。后因管理幅度过大而在州以上设置路一级的新型行政区划。路并不是严格意义上的最高一级的行政区，而是一种职能型政府，根据职能需要而设置，例如转输地方财富的转运使，负责治安边防的安抚使，负责检查、司法之职的提点刑狱公事，负责储备粮食平抑物价的提举平常公事，各有自己的路，辖区并不一致。路一级因职能单一，掌控资源有限，不能蓄积成为割据势力。宋代这种强干弱枝的行政区划设置导致了"内重外轻"的格局，路级官员权力过于分散，州县权力过小，抗御外侮能力极差，以至于宋朝内忧外患不

---

① 华林甫. 隋唐五代政区研究述评 [J]. 中国史研究动态，2008（8）：15 - 25.

第3章 "省直管县"财政改革的历史背景与现实进程

断,北宋亡于金人之手,南宋亡于蒙古铁骑。① 故民族英雄文天祥感叹道:"今天下大患,在于无兵,而无兵之患,以郡县之制弊也。州县之事力有限,守令之权势素微,虏至一城则一城创残,至一邑则一邑荡溃"②(见图3-2)。

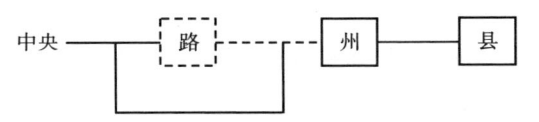

图3-2 宋代虚三级制地方行政体制

辽金时期,前者效仿唐朝,分五道,下辖州县;后者效仿宋朝,设二十余路,下辖各州县。而后,金朝为蒙古铁骑所灭,后者建立蒙元帝国,混合采用了不同政权的各种制度,形成一套复杂的多级制体系。

(3)元明清时期及民国初年,由多级制逐步简化至三级制以及短暂的二级制。

元代地方政府实行多级复合制,有两大特点:一是层级多,二是层级之间存在着复式的统辖关系。元代是少数民族统治,内部不稳的压力一直存在,为了缩短层级间的距离以便监察,元朝一开始就设置了行省这一次高级政府,其下年再设置路、府、州、县等级次,导致地方政府体系极为复杂。某些地区的政府层级可达五级之多,即省—路—府—州—县,而有的地方政府层级只有两级,普遍实行的则是三级或四级。元代复式的行政体制是继承辽代而来,其路、府两级除直辖县之外,也可通过属州再辖县。同时元代由于行省区域过于辽阔,在远离行省政治中心的地区还设有道一级区划来管辖路府州县。据《元史》记载,元代各级政府的数量情况为:省12个,路185个,府33个,州359个,军4个,安抚司15个,县1127个。然而,省一级军政大权过于集中,必然产生割据危险,因此元代后期削弱了行省的权力,而且在行省的区划方面实行犬牙交错的策略,以相互钳制③(见图3-3)。

---

① 周振鹤. 中央地方关系史的一个侧面(上)——两千年地方政府层级变迁的分析[J]. 复旦学报(社会科学版),1995(03):151-157.
② 此语出自文天祥在1259年《己未上皇帝书》。详见文天祥. 文天祥全集[M]. 南昌:江西人民出版社,1987.88.
③ 周振鹤. 中央地方关系史的一个侧面(下)——两千年地方政府层级变迁的分析[J]. 复旦学报(社会科学版),1995(04):53-56.

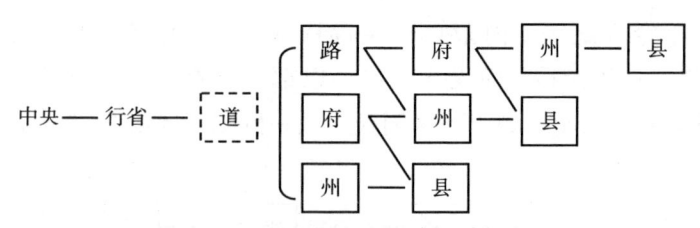

图 3-3 元代多级复合地方行政体制

明朝对元朝复杂烦琐的政区体制进行了逐步简化,这一时期地方政府层级构成为"布政使司(直隶)—府(直隶州、安抚司等)—县(属州)"的实三级制,一些州下辖有县,则为四级制。这种简化有利于提高行政管理效率。据《明史》记载,明朝各级政府的数量情况为:布政使司13个,直隶2个;府161个,直隶州20个,安抚司7个;县1405个,其中属州238个[①](见图3-4)。

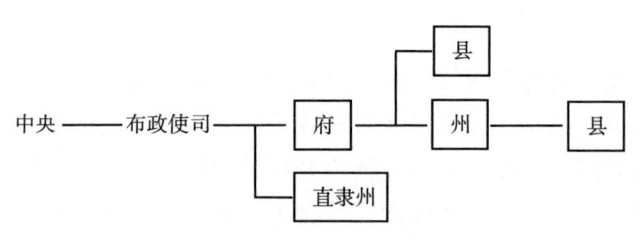

图 3-4 明代地方行政体制

清朝逐步将明朝复式的三、四级政区层次完全简化为单一的"省—府—县"三级制,其中与府同级的有直隶州和直隶厅,与县同级的有散州和散厅。由于清代是统一的多民族国家,地广人多,所以使得政府层级不可能再进一步简化,同时三级制的管理幅度仍然过大。因此,中央在省以下分设巡道和守道,以分管诸府直隶州。据《清史稿》记载,清朝共有省级政府26个,道28个,府215个,直隶州76个,属州48个,县1358个。我国两千余年的行政区划历次调整,通过清代的政区改革,基本形成了较为完整和稳定的行政区划体系,奠定了近现代政区体系的直接基础。[②]

民国建立之后,裁府撤州,形成"省—道—县"的三级制,民国初年其

[①] 陈庆海. 我国历史上九个朝代的地方政府层级变迁及管辖情况研究 [J]. 大庆师范学院学报,2011 (2): 97-101.

[②] 林涓. 清代行政区划变迁研究 [D]. 复旦大学, 2004.

实只是省与县之间的公文承转机构,并未真正起到行政区划的作用。在南京国民政府成立之后,按《建国大纲》省、县二级制的精神,道一级即被取消,形成了"省—县"二级制。后来由于各省管理幅度过大以及政治需要,逐步形成了"省—专区—县"的虚三级制,但专区始终不被当成一级正式的政区。①

纵观我国王朝时代地方政权层级变化的过程,地方政府层级结构的创设和变迁虽然受到疆域、人口、经济、民族等多种因素影响,但首先要服从于政治目的和政治需要,因此两千年来地方组织和行政区划诸要素也就随着中央地方关系的变化而变化。②

(4) 新中国成立以来,由虚三级制向实三级制演变。

新中国成立以来,地方行政层级几经调整,与王朝时代相比,地方政府层级下沉至乡镇一级,打破"皇权不下乡"传统。这里暂不讨论乡镇一级政府,主要集中分析县级以上地方政府级次设置。新中国成立初,我国曾短暂实行"大区—省—(专区)—县"地方管理体制,设立华北、东北、华东、西北、中南、西南六大行政区作为地方高层政区,下辖53个省、直辖市和自治区。为了避免历代地方高层政区演变为"藩镇割据"问题,1954年撤销了大区这一行政层级;同时为了降低管理幅度,将省级政区合并减少至31个,由中央直接管辖。省以下由省直接统县,或派出专区统县,并在大城市地区设立了一些市,但市与县在建制上是平级。1958年推行人民公社化运动,扩大了县的规模,先后撤销了400多个县,专区也相应地进行了撤并。但一些地区的经济、自然条件很难满足省直接领导县的体制运行,1961年又恢复和新增了一些专区和县。虽几经调整,但基本上延续"省管县""地、市并存"的格局。③ 因此,若暂不考虑乡镇层级,新中国成立以来地方行政层级主要实行虚三级制或实二级制,专区仅为省级政府派出机构。

改革开放之后,作为省派出机构,地区逐渐由"虚"坐"实",通过地市合并、地改市、县级市升级等方式建立起的"地级市"成为正式的一级地方政府层级,以省统市、以市统县体制逐步确立,县以上地方政府层级变成了实三级制。我国各时期的政区层级如表3-1所示。

---

① 郑宝恒. 民国时期行政区划变迁述略(1912~1949年)[J]. 湖北大学学报(哲学社会科学版),2000 (2):88-92.
② 李砚忠. 中国历代地方政府层级设置的变迁分析[J]. 公共行政,2007,(6):95.
③ 李金龙,邓春生. 新中国行政区划六十年回顾与展望[J]. 经济地理,2009 (12):1952-1956.

表 3-1　　　　　　　　　我国各时期的政区层级

时期	高层政区	统县政区	县级政区	县辖政区
秦	郡	—	县、道	乡
西汉	郡、王国	—	县、道、邑、侯国	乡
东汉、三国	州	郡、王国	县、道、邑、侯国	乡
晋、南北朝	州	郡、王国	县、侯国	乡
隋	州（郡）	—	县	乡
唐前期	府、州（郡）	—	县	乡
唐中后期、五代	道（方镇）	府、州	县	—
辽	道	府、节度州 ｜ 州	—	
宋	路	府、州、军、监	县、军、监	
金	路	府、州	县	
元	省	路 ｜ 府 ｜ 州	县	
明	布政使司（省）	府、直隶州 ｜ 州	县	
清	省	府、直隶州、直隶厅	县、散州、散厅	—
清末	省	府、直隶州、直隶厅	县、散州、散厅	区（区）—乡
民国北洋时期	省	道	县、设治局	（区）—乡、镇
南京国民政府	省、特别市（院辖市）	（行政督察区）	县、市	区（区）—乡、镇
新中国 初期	大行政区（1954年前） ｜ 省、自治区、直辖市、行署区	自治州、[专（地）区、盟]	县、市、自治县、市辖区、旗等	区（区）—乡、镇、民族乡
新中国 20世纪80年代以来	省、自治区、直辖市、特别行政区	市、自治州、[专（地）区、盟]	县、市、自治县、市辖区、旗等	乡、镇、民族乡

注：(1) 小括号内外名称为互称或对称，中括号表示准行政区，空白表示没有此级政区。(2) 同一层级政区栏隔开表示存在上下统辖关系，线左辖右；县辖政区栏"—"隔开表示存在上下统辖关系，左辖右。(3) 秦、西汉及隋、唐前期在县以上实行二级制，其郡、王国、州、府等既是高层政区，又直接统辖县级政区。(4) 当前中国县下还有很少部分是（区）—乡、镇，但撤区已成为大势所趋，且到目前全国只剩下 3 个县辖区，故此栏未列区。资料来源：贺曲夫，《中国当代省制改革展望》，中国经济出版社 2011 年版，第 8~9 页。

3.2 "市制""市管县"体制与市县财政分权

3.2.1 城乡分治原则下的"市制"及其发展

"市制"是一种城镇型地方行政建制，是国家为加强城市管理，依据城乡分治原则，在城市地区设置的专门性地方行政建制。城市古已有之，但是作为一种行政建制的"市"近代才出现。与城市概念不同，"市"是一个政治概念，是国家的一种地方行政单位。城市是否设"市"，以及"市"定为何种行政级别，主要取决于国家政治和经济社会发展的需要。在传统郡县制的地域型政区网络中，城市是地方行政体系中的节点，与乡村社会统合于同一行政机构的管辖之下，城乡之间没有明确的界限。施坚雅曾形象地描述："中国城市只是在同一张网里用同一料子织的结子，质地虽较致密，但并非附属于网上的异物。"[①] 作为中央或地方政府的治所所在地，我国古代的城市因为有筑城的需要和资格，往往被称为"城"，城内有军事、民政司署，也有公立、私立教育机关，同时城中设"市"，以满足商贸的需要。"尽管镇的规模与重要性都迥非寻常，但却未取得政治职能，并非有城的县治，而仍不过是镇而已。"[②] 隋唐时期，县级政府组织中设有市政主管官员，即市令，掌握交通、市场、贸易等事务，并没有独立出来形成一级政府建制。

随着工商业的发展，近代城市迅速扩张，为了管理这种特殊的区域，国家根据一定的条件，通过立法和行政手段建立起"市"一级行政级别。中国最早的建制市可追溯至1909年清政府颁布的《城镇乡自治章程》，该章程规定府、厅、州、县的治所城厢设"城"，城厢外的市镇、屯集、村庄等人口满5万者设"镇"，不足5万者设"乡"。城、镇、乡分别设置自治公所，在县级政府的监督之下实行地方自治。这是首次以法律的形式在城乡分别设置不同的行政建制，实行"城乡分治"，但"城""乡"平级，都是县以下的基层行政建制。辛亥革命之后，江苏省临时参议会通过了《江苏暂行市乡制》，将"市"定为"城""镇"的行政建制名称，之后市作为城镇型地方行政建制的

[①] 施坚雅. 中华帝国晚期的城市 [M]. 北京：中华书局，2000. 117.
[②] 施坚雅. 中华帝国晚期的城市 [M]. 北京：中华书局，2000. 120.

专名，为各地所普遍采用。

1921年，当时的中央政府颁布了《市自治制》，1922年又颁布《市自治制施行细则》，规定了设市的标准：从首都、省会、商埠、县治城乡以致满万人以上人口的城镇区域均可设市。按照城镇的不同定位，将市划分为特别市和普通市，特别市与县平级，普通市仍由县管辖。1928年，南京国民政府在形式上统一中国后，颁布《特别市组织法》和《普通市组织法》，将市定为行政体建制单位。1930年，国民政府将这两个组织法合并为《市组织法》，规定市的地位分为"直隶于行政院"与"隶属于省政府"两种。①

新中国成立之后，利用东北和华东沿海等发达地区的优势，在原有城市的基础上设置了一批建制市。1952年年底，全国共有建制市151个。"一五"期间，结合工业重点建设项目的选址，国家又发展了一些新型工矿城市，到1957年建制市数量扩展到176个。受"大跃进"影响，1961年建制市扩展到208个。由于国民经济严重失调，中央决定调整城市工业项目，缩减城市人口，陆续撤销了40个建制市，1965年建制市的数量缩减至168个。"文革"期间，建制市的数量有所恢复，1978年为193个。改革开放之后，经济迅速发展，建制市的数量也快速扩张。截至2014年年底，全国共有656个市，含4个直辖市，283个地级市，369个县级市。

然而，新中国成立后很长一段时期，我国根据城乡分治的原则，实行一般区域型地方政府和城镇型建制政府两套管理体制，城市的居民和城市以外的居民（农民）在户籍上界限分明。除直辖市之外，市级建制一般和县平级，都受省级政府统辖。后来随着国家推行"市管县"体制，市级建制发生了质的变化，从城镇型建制演变成一级地域型建制，不仅管辖"城镇"区域，也管辖广大"县乡"农村地区。城乡分治的管理体制逐步被城乡行政一体化的管理体制所取代。②

---

① 从1927年5月起至1947年6月底止，先后有宁波、杭州、安庆、苏州、重庆、济南、沈阳、成都、汕头、包头、长沙、厦门、昆明、武昌、南昌、连云、开封、桂林、贵阳、兰州、自贡、西安、衡阳、陕坝、湛江、迪化、归绥、银川、台北、基隆、新竹、台中、彰化、台南、嘉义、高雄、屏东、徐州、威海卫、西宁、福州、柳州、梧州、南宁、烟台、张家口、蚌埠、太原、唐山、石门、锦州、营口、鞍山、旅顺、本溪、抚顺、通化、安东、四平、吉林、长春、牡丹江、延吉、佳木斯、北安、齐齐哈尔、海拉尔等60余座城市设置过普通市（省辖市）。详见郑宝恒.民国时期行政区划变迁述略（1912～1949年）[J].湖北大学学报（哲学社会科学版），2000（02）：88－92.

② 姜爱明.从城乡合治走向城乡分治[J].中国方域：行政区划与地名，1999（3）：14－16.

3.2.2 "以城统乡"思路下的"市管县"体制

新中国成立之初,除直辖市外,市县在建制上一般平级,市并不辖县,两者均由省级政府直接管辖。随着城市型政区的发展,市领导县的地区开始出现,主要是为了解决大城市蔬菜、副食品基地建设问题。这时的市领导县仅算一种地方管理体制安排的特殊情况。随着"大跃进"和"人民公社"的盛行,为了最大限度地发挥中心城市的聚拢效应,利用农业剩余来发展重工业,我国开始大规模地实行"市管县"体制,并被认为是城乡一体化的合理行政组织形式。但这次改革具有很大的不稳定性,很快又陷入低谷。改革开放初期,随着计划经济向市场经济的转轨,为了打破城乡二元体系分割,促进生产要素和资源的流动,推动城乡一体化,国家又一次大规模实施"市管县"体制。20世纪90年代后,为了减少行政层次,避免重复设置,以政府机构改革为背景,在全国范围内撤销地区建制,通过地、市合并和撤地建市等途径,推行省—地级市—县管理体制,但在具体操作过程中也出现了一些变异。

(1)"市管县"体制的发展历程。

第一次大规模地实施"市管县"体制发生在20世纪50年代末60年代初,主要方式是划县入市。1950年旅大行署改为旅大市,为东北行政区直辖市,下辖旅顺市和金县、长山县,这是我国"市管县"的开端。1958年,河北省作出了撤销天津地区的决定,并且把天津地区所辖的武清、静海等12个县一并划出,由已改为省辖市的天津市接收,开创了省辖地级市可以领导县的先例。同年,国务院在北京市、天津市、上海市三市和辽宁省地区全部实行市领导县体制,并逐渐在一些经济比较发达的地区试点推广。1959年,第二届全国人大第九次会议通过了《关于直辖市和较大的市可以领导县、自治县的决定》,对实行"市管县"体制的目标进行了明确的说明,即为了"密切城市和农村的经济关系,促进工农业的相互支援,便利劳动力的调配",实质上是以行政上的上下级领导关系来统筹城乡发展,主要是满足工业积累和城市发展的需要。至此,"市管县"作为一种正式的行政体制,得到了法律的认可。

经过几年的积累与发展,"市管县"的制度进一步走向全国,1960年有52个市领导了243个县,约占全国县建制总数的1/8。20世纪60年代初随着经济调整和整顿的开始,"市管县"体制停止了发展,大量县市又恢复了原有体制,特别是河北省,恢复了全部专区和专员公署。至1966年,全国领导县的市下降到25个,领导县的数量不到1%。① 这一系列的进程,就是市管县体制自产生以后的第一次大规模的起落。

第二次大规模实行"市管县"体制始于20世纪80年代,主要方式是地、市合并。改革开放后,为了加快城乡一体化进程,国务院提出实行地市合并,打破城乡分离,形成城市带动农村发展的局面。1982中共中央在《关于改革地区体制、实行市管县的通知》中提出要全面改革地区体制,实行市管县体制。各个地区开始将地市合并,提升城市的行政级别,将建立市管县体制作为行政改革的方向。

1983年中共中央、国务院颁布《关于地市州党政机关机构改革若干问题的通知》,肯定了20世纪60年代辽宁省等地区实行市管县体制的经验,并认为市、县分立和城乡分治体制,"人为地造成城乡分割、条块分割的局面,工作中互相矛盾,抵消力量;严重地阻碍着城乡的相互支援,束缚着经济、文化事业的协调发展。"这次改革的基本目标和要求是:"以经济发达的城市为中心,以广大农村为基础,逐步实行市领导县的体制,使城市和农村紧密地结合起来,充分发挥两方面的优势"。改革的主要办法是"实行地、市合并,由市领导县。"改革要求还重点强调,实行地、市合并,市领导县的体制后,既要管好城市,又要管好农村。从此,"市管县"体制在全国开始全面实行,并从东部发达地区向西部和部分欠发达省份扩散。

第三次加速实施"市管县"体制,发生在20世纪90年代,改革的主要政策背景是政府机构精简改革,因此采取的主要方式是地、市合并和撤地建市。

1993年,中央《政府工作报告》提出"地区机构改革要同调整行政区划相结合。各级派出机构要大力精简。地和地级市并存一地的,原则上要合并"。"地市合并"导致市管县体制得到了大范围推广。此外,"地改市"模式和切块建市模式也在继续推行。全国211个地级市领导和管理了1186个县级行政区,约占全国县级政区单位总数的56%。

1999年国务院颁发的《关于地方政府机构改革的意见》认可了这种做法。这份文件除了提出并存的地、市实行合并方式之外,还进一步明确:"与县级市并存的地区,所在市(县)达到地级市标准的,撤销地区建制,设立地级市,实行市领导县体制"然而,很多地方在实施过程中,并没有考虑地区所在市(县)是否达到了地级市的标准,直接撤地建市。具体做法是,对于地区

---

① 王英津. 市管县体制的利弊分析及改革思路 [J]. 理论学刊, 2005 (2): 84 – 87.

与地级市不在同一城市的地方,将一地区的治所所在地如县级市或城关镇升级为地级市,然后再实行地、市合并,由市统县。原来地区治所所在的城市或县镇往往经济并不发达,"弱市"升级为地级市后对县的带动和辐射能力十分有限,俗称"小马拉大车"。这一举措显然扭曲了"市管县"的本质。

市管县体制一路飞速发展,到 2001 年年底,全国地级行政建制共 332 个,其中地级市 265 个,占到了地级行政建制数量的 80%。地级市管县的数量占全国地级市总数的 70%,人口占总人口的 80% 以上。[①] 这是一个非常庞大的数字。甚至在 2005 年年底,除了 30 个自治州、3 个盟、17 个地区外,全国共有 283 个地级市领导了 1546 个县级政区,约占全国县级政区单位总数的 76.91%,人口占总人口数的 80% 以上。[②] 至此,市管县体制走向了高潮,中国地区行政也沿着市管县的趋势前进。地方行政管理层次由原来的"省—县—乡"三级,变成"省—地级市—县(县级市)—乡(镇)"四级。目前,地级行政建制的数量及其构成基本上趋于稳定,2013 年全国有 333 个地级建制单位,其中地级市 285 个,地区 15 个,自治州 30 个,盟 3 个。"市管县"体制的历史沿革如表 3-2 所示。

表 3-2　　　　　　　　　"市管县"体制的历史沿革

时间	内容
20 世纪 50 年代	第一次大规模地实施"市管县"体制
1950 年	旅大行署改为旅大市,为东北行政区直辖市,下辖旅顺市和金县、长山县。
1958 年	1958 年,河北省撤销天津地区,将其所辖的武清、静海等 12 个县划归已改为省辖市的天津市领导。此后,无锡、常州、北京、上海等大、中城市跟进,到 1958 年年底,全国已有 29 个市,管线 120 个县级单位。
1959 年	1959 年,第二届全国人大常委会通过了《关于直辖市和较大的市可以领导县、自治县的决定》,"市管县"体制得到了法律上的承认,直接推动了"市管县"体制的发展。仅一年时间,全国已有 52 个市领导 243 个县,约占全国建制县数的 1/8。
1960 年	辽宁省撤销了全部专区,由 10 个地级市领导 43 个县和 1 个县级市;河北省撤销了全部专区,由 7 个地级市领导合并后的 64 个县和 3 个县级市,以专区为基础实行"市管县"体制。该年年底,全国共有 50 个省辖市(约占全国的 75%)实行了市管县,共辖县 237 个(约占全国总数的 1/7),只有宁夏、广西两个自治区没有实行"市管县"体制。

---

① 王英津. 市管县体制的利弊分析及改革思路 [J]. 理论学刊, 2005 (2): 84-87.

② 叶涯剑,孟珈蒂. 市管县体制的形成及其对中国城市体系的影响 [J]. 老区建设, 2015 (6): 17-18.

续表

时间	内容
1961 年	随着经济调整和整顿的开始,"市管县"体制停止了发展,大量县市又恢复了原有体制,特别是河北省,恢复了全部专区和专员公署。至 1966 年,全国领导县的市下降到 25 个,领导县的数量不到 1%。
20 世纪 80 年代	**第二次大规模实施"市管县"体制**
1982 年	1982 年辽宁省率先试点"市管县"体制。同年,中共中央第 51 号文件《关于改革地区体制、实行市管县的通知》作出"改革地区体制,推行市领导县体制"的决定,并以江苏为试点,撤销江苏所有地区,地区所辖各县划归 11 个市领导。提出改变作为省政府派出机构的地区(专区)体制,积极试行地、市合并,逐步实行市领导县体制。
1983 年	1983 年 2 月,国务院颁发《关于地市州党政机关机构改革若干问题的通知》,指出改革的"主要办法是试行地、市合并;除此之外,还可以采取扩大大中城市郊区,让它多带几个县;把新兴工矿区或镇改为市,管辖一部分农村;县、市(镇)合并,以及其他适当办法"。同年,国务院相继发出同意浙江省、河南省、河北省等实行"市管县"的批复,从此"市管县"体制在全国迅速普及。
1988 年	截至 1988 年年底,全国已有 164 个地级市领导 739 个县,领导县的市占地级市总数的 90.1%,受市领导的县占县总数的 38.1%。
20 世纪 90 年代	**第三轮实施"市管县"体制,在全国范围全面推广**
1993 年	中央《政府工作报告》提出"地区机构改革要同调整行政区划相结合。各级派出机构要大力精简。地和地级市并存一地的,原则上要合并。"
1998 年	除广西外,全国其余地区都实行了地、市合并。此外,地改市模式和切块建市模式也在继续推行。全国 211 个地级市领导和管理了 1186 个县级行政区,约占全国县级政区单位总数的 56%。
1999 年	国务院颁发《关于地方政府机构改革的意见》中进一步明确地、市合并与撤地建市的政策。地方行政管理层次由原来的"省—县—乡"三级,变成"省—地级市—县(县级市)—乡(镇)"四级。
2002 年	2002 年,江苏、辽宁、广东、河北、浙江、山东、福建、安徽、江西、河南、陕西、宁夏以及北京、天津、上海、重庆四直辖市共 16 个省市区全部实行"市管县"体制,仅有 9 省区保留着共 24 个地区行署。以撤销行署和地市合并构建起来的"市管县"体制逐步成为全国主导模式。
2006 年	全国共有 333 个地级行政机构,其中地级市 283 个,"市管县"体制已经成为我国当前政区管理的基本体制。20 世纪 90 年代"市管县"体制推行,仍然主要是通过行政命令进行区划调整,但是政策推行的外在环境已经发生重大变化,中央和地方分权已经从行政性分权走向经济性分权,社会主义市场经济体制已经确立并逐步完善,对这一体制的质疑和批评逐步增多。

资料来源:李晓玉. 中国市管县体制变迁与制度创新研究 [D]. 华中师范大学,2008:37 - 45.;缪匡华. 福建"省直管县"体制改革实践与探索 [M]. 厦门:厦门大学出版社,2013:2 - 4.

(2)"市管县"体制形成的三种主要模式。

对于"市管县"体制的实践模式，大致可以分为以下三种。第一，地市合并。这里合并的两个单位分别是该地区行政公署与该行署驻地的地级市政府，由合并后的新的单位来领导周围的县，这就是新的地级市。地市合并被视为市管县改革的主要模式，如浙江温州地区与温州市的合并，湖南岳阳地区与岳阳市的合并。第二，划县入市，即将周围地区的县划归地级市领导。实行这个模式的地级市，需要具有一定的规模，经济发展比较繁荣，但不是地区行政公署的驻地。如长沙、武汉、南京、无锡、常州等市原来并没有领导县级行政单位，后将一些周围的县划归其领导和管辖。第三，"撤地建市"，即将地区行署机关撤销，由某一个县级市升格为地级市，或者在行署机关的基础上建立地级市政府机关，并且由这个新建的地级市政府领导周围各县。例如，江苏省1983年撤销淮阴地区专员公署，设置淮阴市，将淮阴、洪泽等11县划归其管辖。同年，江苏省撤销盐城地区和盐城县，设立地级盐城市，管辖响水、滨海、阜宁、射阳、建湖、大丰、东台等7个县2个区，共有750万人口。[①] 与划县入市模式不同的是，这类城市规模都比较小，工商业欠发达。

无论是采用何种模式，最终的结果是地区一级省级政权派出机构逐步被市取代，市逐步发展成为介于省县之间的实权政府。县及其所辖的广大农村地区被具有高级行政级别的地级市所管辖，以县为代表的农村和以市为代表的城市从原来的行政平级变成了上下隶属关系，"城乡分治"的行政体制最终被"以城统乡"的行政体制所取代。

学界对"市管县"体制下城乡行政关系的描述一般使用"城乡合治"或"城乡一体化"范畴。例如，马彦琳（2006）认为，随着地、市合并和"市管县"体制的推行，"城市型政区的发展开始进入'城乡合治'时期，市政府不再是纯城市政府，而是演变成区域型政府。'城乡分治'的城市型政区已演变成'城乡合治'的地域型政区"。[②] 这种描述比较准确地把握了"市管县"体制改革的政策本意，然而改革的实际推进逐渐偏离了这种政策的本意，以城带乡的效果并没有充分发挥出来。

"市管县"体制的初衷是要借助行政手段推进城乡一体化，通过发挥中心

---

① 王英津. 市管县体制的利弊分析及改革思路［J］. 理论学刊，2005（2）：84-87.
② 马彦琳. 城乡分治与城乡合治——中国大陆城市型政区发展的回顾与展望［J］. 华中科技大学学报（社会科学版），2006（3）：54-58.

城市的辐射带动作用，拉动县域农村的经济社会发展，在从计划经济向市场经济过渡过程中起到了一定的积极作用。但随着国家经济与财政分配格局的调整，地级市靠凌驾于县乡之上的行政权力集中资源，强化了地级市政府所在中心城市地区的极化效应，最终导致城乡结构的二元对立态势日益强化。① 因此，从对城乡关系的影响来看，"市管县"体制并没有建立起城乡平等的合治体系，而是创建了一套"以城统乡"行政权力配置结构，客观上造成了"市压县""市卡县""市刮县"的局面，不仅没有消除城乡分割，反而强化了城乡对立、扩大了城乡差距。②

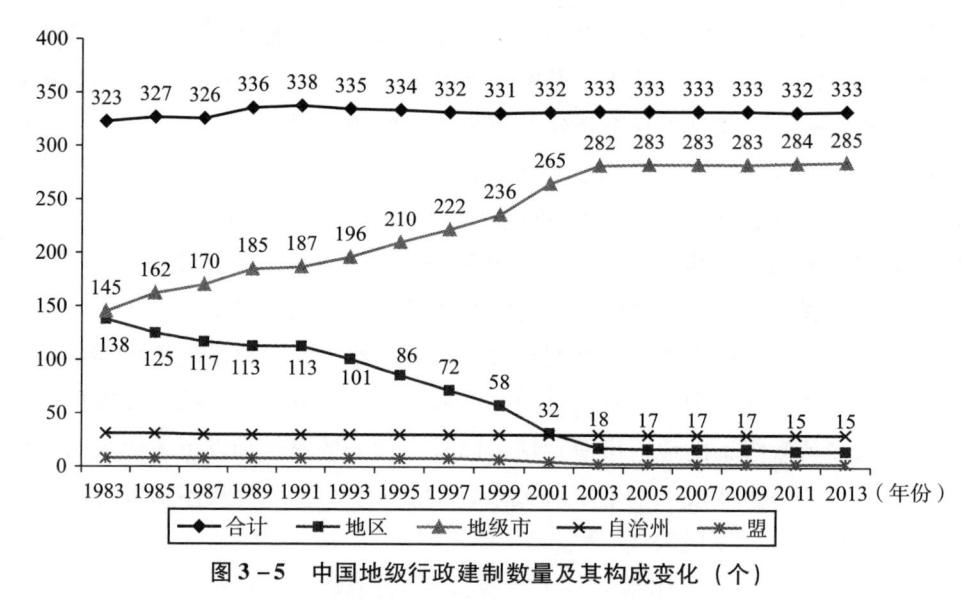

图3-5 中国地级行政建制数量及其构成变化（个）

3.2.3 "市管县"体制下的市、县财政分权

根据"一级政府、一级财政"的原则，实行地、市合并、"市管县"体制之后，各省都逐步建立与"市管县"行政体制相一致的"市管县"财政体制。但"市管县"财政体制的建立具有一定的滞后性，一些地方"市管县"体制确立之后，财政上仍在很长一段时间施行"省管县"体制。建立"市管县"财政体制之后，每次中央与地方之间的财政体制变革都会逐级传递，通过省与

---

① 王玲. 城乡关系变迁与地方行政体制改革——基于中国传统与转型社会的考量 [J]. 西华大学学报（哲学社会科学版），2014（5）：95-99.

② 周一星，胡大鹏. 市带县体制对辖县经济影响的问卷调查分析 [J]. 经济地理，1992（1）：8-14.

地级市之间的财政体制变革,进而传导到市与县、县与乡财政体制的变革。因此,"市管县"财政体制的变化基本上是与国家宏观财政体制改革相同步,但各个省的具体制度安排之间存在较大的差异。"市管县"财政体制的具体安排可大致分为以下三个阶段。①

第一,"统收统支、分级管理"阶段。这个模式实行于1980年以前,在那个时期,中央对地方的财政体制是一年一定的,出于一致性的考量,地级市对县级市的财政体制都是按照省对地级市的财政体制来确定的。1971年之前主要实行"总额分成、一年一变"管理体制;1971~1975年主要实行"定收定支、收支包干"管理体制;1976~1979年则主要实行"收支挂钩、总额分成"管理体制。

第二,分级包干阶段。主要是在1980~1993年,这一时期,中央采取了多种样式的包干方法。例如,在大规模推广"市管县"体制的1983年,实行"划分税种、分级包干",改革后县级政府的固定收入有:县级国营企业和集体企业的所得税、农牧业税、集市交易税、契税、尚未开征的土地使用税、房产税、车船使用税,以及县级包干企业收入等。1988年后财政包干体制采取逐县谈判方式确定,因此市、县的财政体制也呈现出多样化,具体实行了收入递增包干、总额分成、总额分成加增长分成、上解额递增包干、定额上解、定额补助6种不同的财政包干体制。

第三,分税制与分成制并存阶段。主要是从1994年分税制改革至今。2002年所得税改革后,随着省对市财政收入划分的改革,很多市也对市与辖县之间财政收入划分进行了调整。分税制改革对中央和地方之间的税收划分进行了明确的界定,但省以下的财政关系由各省自行决定。各省基本上也仿效中央,仅对省级与地级市之间财政收入划分进行了界定,市、县之间财政体制则交由市级政府来决定。例如,安徽省政府1994年颁布的《关于实行分税制财政管理体制改革的决定》规定:"省对地市财政体制管理只到地市一级。各地市要根据本决定研究制定对所属县(市)的财政管理体制,并报省政府备案。"湖南省政府颁布的《关于实行分税制财政管理体制的通知》规定:"省只确定地州市一级的财政管理体制;县市一级的财政管理体制由各地州、市参照原省对县市的体制和分税制的原则要求自行确定。"

---

① 马昊,庞力.中国县级财政制度的历史变迁与改革思路[J].湖南师范大学社会科学学报,2010,(5):108-111.

在分税制改革过程中，市县分税制财政管理体制形式多样，但大多数采用分税制和包干制并行的分配方式。这里以河北省邢台市的市、县财政分权体制和湖南省益阳市财政分权体制为案例进行分析。前者属于"适度集中"类型，即在税种划分中包含有市、县共享税种，也就是说，对于县级收入范围的税种，地级市也要参与分成；后者属于"一分到底"类型，没有市、县共享税种。在分税的基础上，两个地区都在分税制的基础上保持原来的收入递增包干制度；其中，邢台市规定，实行分税制以后，原财政体制核定的收入上解县（市、区）仍执行原定上解基数（定额）和递增比例；益阳市规定的更为明确，即1994年各区、县（市）定额上解市财政180万元，并从1995年起，每年递增6%。

（1）河北省邢台市"市管县"财政管理体制。

1993年，国务院批准，邢台地区与邢台市合并为邢台市，下辖15个县。① 1994年邢台市政府颁布《关于实行分税制财政管理体制的决定》，主要从市与县的收入划分、支出划分、税收返还、原体制补助与上解4个方面对市、县财政管理体制进行了界定。在财政收入划分方面，市与县（市、区）的收入划分如表3-3所示。

表3-3　　　　　　河北省邢台市市、县财政收入划分

	税种	收入范围	中央	省级	市	县
中央、地方共享税种	增值税	省级收入范围	75%	25%		
		市级收入范围	75%		25%	
		县级收入范围	75%			25%
省、市、县共享税种	土地使用税	市级收入范围		50%	50%	
		县级收入范围		50%		50%
	资源税	市级收入范围		50%	50%	
		县级收入范围		50%		50%
市、县共享税种	耕地占用税	市级收入范围			40%	60%
	农业税	县级收入范围			15%	85%

---

① 1993年，邢台市下辖桥东、桥西、隆尧、内邱、任县、邢台、巨鹿、临城、柏乡、南和、平乡、广宗、宁晋、新河、广宗、清河、威县、临西18县。截至2015年，邢台市辖区2个，辖县15个，另设邢台经济开发区、邢台滏阳经济开发区、大曹庄管理区，代管2个县级市。

续表

税种		收入范围	中央	省级	市	县
按收入范围独享税种	营业税、企业所得税、企业上缴利润	省级收入范围		100%		
		市级收入范围			100%	
		县级收入范围				100%
	个人所得税、城市维护建设税、固定资产投资方向调节税、房产税、车船使用税、印花税、屠宰税、契税、遗产税和赠予税、土地增值税、其他收入	市级收入范围			100%	
		县级收入范围				100%

注：中央和地方共享税中，海洋石油资源税全部为中央收入，证券交易税，中央与省各分享50%。对于这两项税种，由于市、县不参与分成，因此本表没有详细列出。

资料来源：根据国务院《关于实行分税制财政管理体制的决定》、河北省政府《关于实行分税制财政管理体制的决定》、邢台市政府《关于实行分税制财政管理体制的决定》文件整理。

市级收入范围包括：增值税的25%（省级和县级收入范围除外），营业税（省、县级收入范围除外），企业所得税（除中央及省属企业和原体制县级征收企业外），市属企业上缴利润，除县级收入范围外的个人所得税、城市维护建设税、固定资产投资方向调节税、房产税、车船使用税、印花税、屠宰税、契税、遗产税和赠予税、土地增值税，农业税的15%，耕地占用税的40%，土地使用税的50%（县级收入范围除外），资源税的50%（县级收入范围除外），其他收入。

县（市、区）级收入范围包括：增值税的25%（省、市级收入范围除外），营业税（省、市级收入范围除外），企业所得税（税中央及省属企业和原八进制市征收企业外），县（市、区）属企业上缴利润，除市级收入范围外的个人所得税、城市维护建设税、固定资产投资方向调节税、房产税、车船使用税、印花税、屠宰税、契税、遗产税和赠予税、土地增值税，土地使用税的50%（市级收入范围除外），资源税的50%（市级收入范围除外），农业税的85%，农林特产税，耕地占用税的60%，其他收入。

在市财政对县（市、区）税收返还方面的主要规定是：市财政对县（市、区）税收返还数额以1993年为基期年核定。按照1993年县（市、区）实际收入以及税制改革和各级财政收入划分情况，核定1993年各县（市、区）上划中央、省市的收入数额，以此作为市财政对县（市、区）税收返还基数。从1994年起，对中央地方共享税和县（市、区）实行增量比例分成办法，市级分成40%，县（市、区）分成60%。

(2) 湖南省益阳市"市管县"财政管理体制。

1994年,国务院批准撤销益阳地区,设立地级益阳市,下辖3县(南县、桃江、安化)、1市(沅江市)、2区(赫山、资阳)、5大国营农场(大通湖、北洲子、金盘、千山红、茶盘洲)和大通湖渔场。同年,益阳市政府颁布《关于实行分税制财政管理体制的通知》。在财政收入划分方面,市与县(市、区)的收入划分如表3-4所示。

表3-4　　　　　　　　湖南省益阳市市、县财政收入划分

	税种	收入范围	中央	省级	市	县
中央、地方共享税种	增值税	省级收入范围	75%	25%		
		市级收入范围	75%		25%	
		县级收入范围	75%			25%
省、市共享税种	城镇土地使用税	市级收入范围			50%	50%
	资源税(不含原盐税改征的资源税)	县级收入范围			50%	50%
按收入范围独享税种	营业税、企业所得税、企业上缴利润	省级收入范围		100%		
		市级收入范围			100%	
		县级收入范围				100%
	个人所得税,固定资产投资方向调节税,城市维护建设税,房产税,车船税,印花税,屠宰税,遗产和赠予税;农业税:农业特产税,耕地占用税,契税、其他收入	市级收入范围			100%	
		县级收入范围				100%

注:证券交易税,中央与省各分享50%,由于市、县不参与分成,因此本表没有详细列出。
资料来源:根据国务院《关于实行分税制财政管理体制的决定》、湖南省政府办公厅《关于实行分税制财政管理体制的通知》、益阳市政府《关于实行分税制财政管理体制的通知》文件整理。

市级收入包括:原地属企业上交的所得税和利润;市属六大农渔场的工商税收和农业税;增值税25%的部分,营业税(不含省级营业税),个人所得税,固定资产投资方向调节税,城市维护建设税,房产税,车船税,印花税,屠宰税,遗产和赠予税、农业特产税,耕地占用税,契税;属市级的其他收入(含公安、工商、国土、城建、物价等部分的其他收入)。

县(市、区)级收入包括:区、县(市)级企业所得税和利润;区、县(市)的工商税收:增值税的25%部分(即原属区、县(市),税制改革后仍留归地方部分,不含原属中央、省级的部分),营业税(不含省级营业税),

个人所得税,屠宰税,城市维护建设税,房产税,车船税,印花税,固定资产投资方向调节税,遗产和赠予税;农业税:农业特产税,耕地占用税,契税;区、县(市)的其他收入。

在市与区、县(市)分成收入方面规定,实行递增包干的办法。1994年各区、县(市)定额上解市财政180万元,并从1995年起,每年递增6%。

在市财政对区、县(市)税收返还数额的确定方面,市财政对区、县(市)税收返还数额以1993年为基期年核定,按照1993年各区、县(市)实际收入以及税制改革后各级财政收入划分情况,核定1993年中央、省、市从区、县(市)净上划的收入数额,以此为基数全额返还。市对区、县(市)税收返还亦与区、县(市)上划消费税和增值税的完成情况挂钩,增长率按1∶0.15的系数确定,另0.05部分由市财政集中调剂使用。

3.2.4 市、县之间利益冲突与县乡财政困境

客观来看,在20世纪80年代,我国实行"市管县"财政管理模式具有相当强的历史合理性和现实可行性,主要体现在以下四个方面:(1)这一体制打破了自新中国成立以来城乡二分、工农业分离的经济格局,在一定程度上实现了城乡生产要素的合理配置。(2)凸显了中心城市在经济发展中的带动作用,加快了城市化的步伐。(3)实现了城市和农村的优势互补,有助于政府的行政力量的发挥,有效地推动城乡经济改革。(4)地级市作为省与县之间的中间层,更贴近基层,能更加及时准确地反映和解决社会问题,从而有效地降低了省政府的行政管理负担。

市管县财政体制经过了多年实践的检验,它的缺陷也随即显现出来,主要表现为以下两个方面:

(1)市县之间存在经济利益冲突,在一定程度上限制了县域经济发展。

虽然"市管县"体制实现了"城乡合治"的行政结构,但是在实践中,地级市政府一般主要着眼于自身所在的城市发展与城市财政,忽略县域的经济发展和基层财政问题。从上文分析中可以看出,市、县财政的收入范围是相互独立的,增值税(地方25%部分)、营业税、企业所得税及上缴利润、车船使用税、房产税、印花税等主要税种按隶属关系而非按固定比例进行分享。市级财政收入主要来自于城市地区经济与市属企业,而县级财政收入主要来自于县域经济与县属企业,这就造成了市、县缺乏财政利益纽带,在很多时候会造成

竞争与冲突。[①]

根据20世纪90年代一项针对54个统县地级市、59个市辖县领导人的问卷调查，有88%县反映市、县之间存在争原料、争投资、争项目、重复建厂等情况，其中24%的县反映这种冲突情况还特别严重。市对辖县工业企业不仅支持很少，很多时候还有消极作用，有1/3的辖县反映，市政府将利税丰厚的县属企业划归市属，其中11%的辖县反映这种情况非常严重。对于中心城市的经济实力与带县范围问题，有51%的县认为"市的经济实力太弱"，不足以对县域和农村经济起到带动作用，另有19%的县认为市带县的范围过大。例如，河北省的保定市下辖20多个县，自身经济实力有限，根本无力带动县域经济发展，属于典型的"小马拉大车"情况。很多县领导对"市管县"体制的消极影响颇有微词，例如一些县领导认为，"城市缺乏精力领导农村，且都是实体，互相争利严重"；"市的地方主义严重，怕好的县发展了独立出去，对县有抑制思想"；"市里经济实力不强，对县起不到辐射作用"；"市起的作用少，市里向县筹资太多"等。[②]

由此可见，市县虽名为从属关系，但大部分市县利益并不一致，而是两个相互竞争的政区。地级市利用凌驾于县之上的行政权力与县进行争夺，产生了相当多的负面影响。

(2) 加剧了县乡财政困难，造成农村公共产品供给严重不足。

在财政收入方面，市级财政集中县级财力，同时截留上级转移支付，造成县乡财力增长缓慢、入不敷出。分税制改革后，市与县在实行分税制的基础上，仍保留财政收入包干体制，通过上解县级财政收入来集中财力。例如，上文分析的河北省邢台市，在实行分税制以后，对原财政体制核定的收入上解县（市、区）仍执行原定上解基数（定额）和递增比例；益阳市在市与区、县（市）分成收入方面规定，实行递增包干的办法，1994年各区、县（市）定额上解市财政180万元，并从1995年起，每年递增6%。

此外，由于中央通过"两税"（消费税、增值税）集中了大量的财政收入，并通过税收返还形式再返还给地方，地方各级财力中税收返还占份额较大。税收返还一般会逐级"截留"。地级市对税收返还的"截留"比例在各个

[①] 罗湘衡. 对"市管县"和"省管县"体制的若干思考 [J]. 地方财政研究, 2009 (4): 43-48.

[②] 周一星, 胡大鹏. 市带县体制对辖县经济影响的问卷调查分析 [J]. 经济地理, 1992 (1): 8-14.

地方存在差异。例如，上文所分析的河北省邢台市对上级对县级"两税"的税收返还，市级分成40%，县（市、区）分成60%；湖北省益阳市对区、县（市）税收返还亦与区、县（市）上划消费税和增值税的完成情况挂钩，增长率按1：0.15的系数确定，另0.05部分由市财政集中调剂使用，即市财政分成25%，县财政分成75%。其他很多上级政府转移支付，地级市政府也"雁过拔毛"，形成了被普遍诟病的"财政漏斗"，成为县乡困难的重要原因之一。

在财政支出方面，分税制改革后，在逐级集中财力的情况下，事权划分方面基本还维持原来的格局，但很多实质性的支出负担却下放给下级政府。例如，虽然分税制规定了中央财政必须负担中央属教育机构的事业费支出，但是在随后的改革中，中央属高校大量下放给地方，中央属高校数量从1988年的352所下降到2012年的111所，占高校总量的比例已不足1/20。地方政府也大力的将财政负担逐级下移，以缓解本级财政的压力。另外，为了加快城市化步伐和加大中心城市的建设力度，地级市大量的经济和财政资源都投向了中心城市建设方面，而且还从县级收入中集中财力，更不用说支援县级财政了。根据孙学玉和伍开昌（2004）的粗略估算，"市管县"体制实施前的1980年，全国流向农村的财政净值为380亿元，而在大规模实施"市管县"体制之后，其数值变成了负数，而且逐年增大，到1999年负值高达1169亿元。[①]

3.3 "省直管县"财政改革的进程与主要模式

在过去近30年中，"市管县"体制在一定程度上发挥了城乡合治、以市带县的功能，但随着时间的推移和县域经济的发展，它的制约作用也日益显现出来。尤其是分税制改革以来，政府内部逐级集中财力、下移事权，县乡政府作为最基层的地方政府，其财政入不敷出，面临着前所未有的困难。然而，一直实行"省直管县"财政体制的浙江省却没有出现类似的问题。与全国很多地方形成鲜明对比，浙江省的县域经济发展迅速，财政状况较好。在浙江省得成功案例的示范下，一场大规模的"省管县"财政体制改革成为热潮，在各省火热开展。

[①] 孙学玉，伍开昌. 构建省直接管理县市的公共行政体制——一项关于市管县体制改革的实证研究 [J]. 政治学研究，2004（1）：35–43.

3.3.1 "省直管县"财政体制的内涵和依据

在我国各级地方建制中,县是一种非常稳定的行政单元,是中国历史上最重要和最稳定的政府级次。从财政运行的整体情况来看,县乡财政是财政运行能力的最低政府级次,同时也是财政收入的最初端和财政支出的最末端。

"省直管县",即省级政府不再通过地级市对县进行管理,而是直接对县进行管理,现在这一阶段主要推行的是财政上的省对县直接管理。[①] 财政方面的"省直管县",并不是说县级财政的一切收支都要交由省财政来管理和支配,而是在分税制这一财政体制框架下,理顺省以下财政管理体制,对省以下的财政进行规范化管理,保持地方各级财政的相对独立性。[②]

"省直管县"财政体制主要是指在政府间的收支划分、转移支付、资金往来等方面,逐步实现省级财政与市、县财政的直接联系,并开展相关业务工作。"省直管县"财政体制改革在重新调整省、市、县财政关系上意义重大,能直接增强基层政府的公共服务能力,并能相对缓解落后的县财力不足的问题。作为一种在省、市、县三级政府之间财政分权的模式,其实质在于通过"扩权强县"增加县级政府的财政自主权。这种省以下各级政府的财政分权模式通常被认为有利于促进经济,特别是县域经济的增长。因此,"省直管县"财政体制对深化财税体制改革、推进地方政府机构改革都具有十分重要的作用。

概括起来,实行"省直管县"财政体制,具有三个方面的依据。

第一,法律依据。根据中华人民共和国《宪法》第三十条规定,我国行政区域可以划分如下:全国分为省、自治区、直辖市;省、自治区分为市、自治州、县、自治县;县、自治县分为乡、民族乡、镇。我国省以下的行政划分为省—县、市—乡镇。准确来讲,在法律层面上,"市管县"并不符合法律意义上的管辖。因此,"省直管县"体制的出现,是依法行政的体现,同时也是回归到《宪法》的轨道上来的重要举措。

第二,国际经验依据。根据国际实践的经验,行政管理扁平化目前是国际大趋势,世界上大多数国家现在实施的行政管理模式是少层级、大幅度的结构,而反观我国目前存在的五级制,是行政层级最多的。这既不符合现代大信

[①] 马昊,庞力.中国县级财政制度的历史变迁与改革思路[J].湖南师范大学社会科学学报,2010(5):108-111.

[②] 林建设.关于"省直管县"改革的文献综述与思考[J].当代世界与社会主义,2011(4):187-189.

息时代的要求,也不符合国际经验。

第三,经济与技术依据。"省直管县"对于各省的经济实力和信息化水平要求甚高。以江苏省为例,2006 年,江苏省可用财力超过 700 亿元,这为推行"省直管县"财政改革奠定了强大的经济基础。随着互联网的快速发展,政务信息化也大幅度提高了政府工作的透明度和行政管理效率,现在任何需要上情下达或下情上传的问题都可以通过信息网络传递。

3.3.2 "省直管县"财政改革的进程与分布

由于在过去 30 年的实践中,"市管县"体制暴露出来的问题越来越多,引起了中央的高度重视。2005 年农村税费改革工作会议上,"省直管县"被提上议程,温家宝明确提出"具备条件的地方,可以推进'省直管县'试点"。之后我国在《中共中央关于制定国民经济和社会发展第十一个五年规划的建议》中明确提出,在未来五年(2006~2010 年),"减少行政层级","理顺省级以下财政管理体制,有条件的地方可实行省级直接对县的管理体制,逐步推进基本公共服务均等化。"尽管"十一五"规划建议对于"省直管县"的工作提出了一系列的目标,但是各地对"省直管县"的改革尝试大部分还集中在对财政体制的变革上。2007 年 8 月在国务院正式批复的《东北地区振兴规划》中明确提到"在有条件的地区推行省直管县。"在经过几年的发展之后,温家宝总理在 2009 年的政府工作报告中提出"推进省直管县财政管理方式改革,进一步完善有利于科学发展的体制机制"的要求。

2009 年财政部发布了《关于推进省直接管理县财政改革的意见》(财预〔2009〕78 号),将省直管县财政改革的总体目标明确化,"2012 年年底前,力争全国除民族自治地区外全面推进省直接管理县财政改革,近期首先将粮食、油料、棉花、生猪生产大县全部纳入改革范围。民族自治地区按照有关法律法规,加强对基层财政的扶持和指导,促进经济社会发展"。

在财政部的大力支持下,各地积极开展"省直管县"财政改革工作,2009 年年底,已经有 24 个省份,共 875 个县市实行了"省直管县"财政试点。2013 年十八届三中全会通过《中共中央关于全面深化改革若干重大问题的决定》要求"优化行政区划设置,有条件的地方探索推进省直接管理县(市)体制改革"。截至 2012 年年底,已有 1079 个县(市)进行了"省直管县"财政改革。中央关于财政"省直管县"体制改革的政策文件如表 3 - 5 所示。

表 3-5　　　　　中央关于财政"省直管县"体制改革的政策文件

时间	文件名	相关表述
2004.07	国务院《关于做好2004年深化农村税费改革试点工作的通知》	要进一步完善省以下财政体制，支持具备条件的地区，在财政体制上实现"省管县"的改革试点
2005.01	财政部《关于缓解县乡财政困难的建议》	各省要积极推行省对县财政管理方式的改革试点，对财政困难县要在体制补助、税收返还、转移支付、财政结算、专项补助、资金调度等方面直接核定并监管到县
2006.01	中共中央、国务院《关于推进社会主义新农村建设的若干建议》	有条件的地方可以加快"省直管县"财政管理体制和"乡财县管乡用"管理方式的改革
2007.08	国家发展和改革委员会《东北地区振兴规划》	"加快行政管理体制改革……有条件的地方积极推进'省直管县'改革"。第一次在行政体制意义上提出省管县改革
2008.10	十七届三中全会通过《关于推进农村改革发展若干重大问题的决定》	推进省直接管理县（市）财政体制改革，优先将农业大县纳入改革范围，有条件的地方可以依法探索省直接管理县（市）的体制。第一次全国范围提出省管县行政体制改革
2009.06	财政部《关于推进省直接管理县财政改革的意见》	2012年年底前，力争全国除民族自治地区外全面推进省直接管理县财政改革，近期首先将粮食、油料、棉花、生猪生产大县全部纳入改革范围
2011.03	十一届全国人大四次会议通过《国民经济和社会发展第十二五规划纲要》	推进省以下财政体制改革，稳步推进省直管县财政管理制度改革，在有条件的地方探索省直接管理县（市）改革，深化乡镇行政体制改革
2013.11	十八届三中全会通过《中共中央关于全面深化改革若干重大问题的决定》	优化行政区划设置，有条件的地方探索推进省直接管理县（市）体制改革

资料来源：根据刘东红《省直管县财政体制改革研究》表1.1及作者增补而得。[1]

从各地改革的推进时序来看，浙江省从建国以来一直实行"省直管县"财政体制，在三次"市管县"体制大规模推行的浪潮中，浙江省虽然在行政体制上也推行了"市管县"体制，但是在财政方面，一直顶住了各方面的压力，保持了"省直管县"的原有体制，并且取得了令人瞩目的经济和财政效果（钟晓敏，2010）。海南省于1988年开始建省，由于辖区面积和人口较少，因此，一开始便实行"省直管县"体制，没有地级市这个层级，因此在财政

---

[1] 刘东红. 省直管县财政体制改革研究 [D]. 首都经济贸易大学，2013.

上也一直实行"省直管县"体制。

2004年,安徽、河南、湖北三个中部省份,为了解决县乡财政困境,仿效浙江、海南两省,推行"省直管县"财政改革试点。安徽省政府颁布《关于实行省直管县财政体制改革的通知》,决定从2004年起,改革现行省管市、市管县的财政体制,对全省57个县(包括县级市,不包括市辖区和马鞍山、铜陵、淮南、淮北市辖县)实行省直管县的财政体制。河南省政府在同年颁布了《关于扩大部分县(市)管理权限的意见》,决定对巩义市、项城市、永城市、固始县、邓州市共5个县(市)实行"省直管县"财政体制改革试点。同年,湖北省政府颁布《关于实行省管县(市)财政体制改革的通知》决定,对全省52个县(市)(不含恩施土家族苗族自治州所辖的8个县市)实行省管财政体制。

2005年,东部省份辽宁下发了《关于实行省补助资金直拨到县(市)财政管理办法的通知》,明确对省以上安排的一般性转移支付补助、调整工资转移支付补助、农村税费改革转移支付补助、取消农业特产税免征农业税转移支付补助、部分财政结算补助和专项补助等,实行省对县补助直接测算到县,直接拨付到县的财政管理方式改革,一次性地完成了对在补助资金方面的省、县对接。

同年,中部的河北、江西和东北地区的吉林分别进行"省直管县"财政改革试点。其中,河北省颁布《关于扩大部分县(市)管理权限的意见》,统筹考虑各县(市)综合实力、发展潜力、区域布局,结合推进城市化进程需要,确定第一批22个县(市)扩大管理权限,并实行"财政直接结算、经费直接安排、税权部分调整"等内容的"省直管县"财政改革。江西省政府于2005年下发了《江西省人民政府关于实行省直管县财政体制改革试点的通知》,首次选取21个县(市)实行"省直管县"财政体制,目前全省所有县(市)全部纳入改革范围。吉林省政府颁布了《关于实行省管县财政体制改革的通知》,决定延边州继续实行州管县财政体制,其余县(市)全部实行"省直管县"财政体制。

2006年,除了中部的山西省和东北地区的黑龙江省外,西部省份陕西省也开启了"省直管县"财政改革试点工作。根据陕西省政府颁布的《关于实行省管县财政体制改革试点的通知》,首先选择生态保护任务重、财政经济特别困难的县进行;同时为积累经验,为下一步规范管理奠定基础,再选择2个财政经济状况较好的县进行试点,最终确定从2007年起对蓝田县、宜君县、太白县、永寿县、大荔县、佛坪县等15个县实行省管县财政体制改革试点。2009年陕西省政府办公厅又颁布《关于扩大省管县财政体制改革试点范围的通知》，以产粮大县、生态保护县和财政困难县为主，将周至县、扶风县、陇县等12个县（区）确定为新增省管县财政改革试点。

2007年四川省政府出台《关于开展扩权强县试点的实施意见》，开始推行"省直管县"财政改革试点工作，统筹考虑各县（市）经济总量、财政状况、工业基础、产业结构、城镇化水平、发展潜力等因素，选择27个试点县（市），分布在15个市，其中：平原县5个、丘陵县20个、盆周山区县2个。2009年在《关于深化和扩大扩权强县试点工作的通知》中，又新增荣县、合江县、叙永县等32县为"扩权强县"试点范围，对试点县（市）实行"省直管县"财政体制。

2007年，甘肃省政府颁布《实行省直管县财政管理体制改革试点方案的通知》，考虑各县市的实际情况和其推行试点改革的代表性，在全省14个市州选择包括榆中、古浪等在内的16个县市实行省直管县财政管理体制试点改革。这标志着甘肃省以财政体制改革为切入点的省直管县体制试点改革工作正式启动。2009年，甘肃省政府又出台了《关于2009年扩大省直管县财政管理体制改革试点范围的意见》，在2007年确定的16个试点县市的基础上，再次将皋兰等在内的25个县作为省直管县财政管理体制改革试点县，改革试点县的数量已经达到41个，其中国家级贫困县24个。

2007年，青海省也颁布了《关于开展省管县财政管理体制改革试点工作意见的通知》进行了"省直管县"财政体制试点工作，试点范围包括：西宁市所辖大通、湟中和湟源县，海东行署所辖民和、互助、乐都、平安、循化、化隆县等9个县。

2009年是改革最为集中的年份。受财政部《关于推进省直接管理县财政改革的意见》的强力推动，东部的山东、福建两省和西部的云南、贵州、广西、宁夏4个省也开启了"省直管县"财政改革试点工作。中部的河南、河北、江西，西部的陕西、四川、甘肃都大规模地扩大了试点的范围。

2010年广东省府办公厅印发《关于开展省直管县财政改革试点的通知》，从10月1日起在南雄市、紫金县、兴宁市和封开县开展省直管县财政改革试点工作。同年，湖南省颁布《关于完善财政体制推行"省直管县"改革的通知》，从2010年1月1日起，除市辖区以及湘西自治州所辖县市、长沙县、望城县仍维持省管市州、市州管县市的财政管理体制外，其余79个县市实行财政"省直管县"改革。

自此,除西藏、新疆外,所有省(自治区)都不同程度地开展了"省直管县"财政试点工作,而且在接下来的数年间,一些以前已开启"省直管县"财政改革的省份又扩大了试点的范围,并深化了改革的内容,有条件的地方已经开始探索全面的"省直管县"体制,而不仅局限于财政维度(见表3-6)。

表3-6 各省"省直管县"财政改革的进程

各省		2004 (3个)	2005 (5个)	2006 (3个)	2007 (6个)	2009 (13个)	2010 (7个)	2011 (5个)	2012 (1个)	备注
东部	辽宁	—	辽财预〔2005〕357号 44/44/14	—	—	—	辽财发〔2010〕9号	辽财发〔2011〕33号	—	全面推行
	江苏	—	—	—	苏政发〔2007〕29号 52/52/13	—	—	苏发〔2011〕39号	—	全面推行
	山东	—	—	—	—	鲁政发〔2009〕110号 20/91/17	—	—	—	
	福建	—	—	—	—	闽财预〔2009〕130号 59/59/9	—	—	—	全面推行
	广东	—	—	—	—	—	粤府〔2010〕528号 4/67/21	—	—	
中部	安徽	皖政〔2004〕8号 57/61/17	—	—	—	—	—	—	—	
	河南	豫政〔2004〕32号 5/109/17	—	—	—	豫政〔2009〕32号 20/109/17	—	省财政厅文2011年6月 7/109/17	—	
	湖北	鄂政〔2004〕20号 52/64/12	—	—	鄂政〔2007〕22号 52/64/12	—	—	—	—	

— 89 —

续表

各省 \ 年份	2004(3个)	2005(5个)	2006(3个)	2007(6个)	2009(13个)	2010(7个)	2011(5个)	2012(1个)	备注
中部 河北	—	冀政〔2005〕8号 22/136/11	—	—	冀政〔2009〕51号 64/136/11	冀政〔2009〕217号 92/136/11	—	—	
中部 江西	—	赣府发〔2005〕2号 21/80/11	—	赣府字〔2007〕12号 59/80/11	赣府发〔2009〕6号 80/80/11	—	赣府厅发〔2011〕54号	—	全面推行
中部 吉林	—	吉政发〔2005〕17号 40/40/88	—	—	—	—	—	—	
中部 山西	—	—	晋政发〔2006〕45号 5/96/11	—	—	晋财预〔2010〕25号 59/96/11	—	—	
中部 黑龙江	—	—	—	黑政发〔2007〕87号 64/64/12	—	—	—	—	全面推行
中部 湖南	—	—	—	—	—	湘发〔2010〕3号 79/88/13	—	—	
西部 陕西	—	—	陕政发〔2006〕65号 15/83/10	—	陕政办发〔2009〕94号 27/83/10	—	—	—	
西部 四川	—	—	—	川府发〔2007〕58号 27/138/18	川府发〔2009〕12号 59/138/18	—	—	—	
西部 甘肃	—	—	—	甘政发〔2007〕51号 16/69/12	甘政发〔2009〕47号 41/69/12	—	甘政发〔2011〕1号 67/69/12	—	
西部 青海	—	—	—	青政办〔2007〕17号 9/39/8	—	—	—	—	

续表

各省 \ 年份		2004（3个）	2005（5个）	2006（3个）	2007（6个）	2009（13个）	2010（7个）	2011（5个）	2012（1个）	备注
西部	云南	—	—	—	—	云政发〔2009〕210号 3/117/8	—	—	—	
	贵州	—	—	—	—	黔府办发〔2009〕95号 31/75/9	—	—	黔府发〔2012〕35号 42/75/9	
	广西	—	—	—	—	桂政发〔2009〕114号 14/75/14	桂政发〔2010〕77号 75/75/14	—	—	全面推行

注：1. 东部的浙江、海南两省和西部的宁夏回族自治区一直都实行省直管县财政体制；贵州省2012年发文要求进一步推进省直管县财政改革，但到2013年才实施。2008年没有省份实施改革。

2. 各省文号后的数字部分表示的是省直管县数、全部县数、地级市数，如"鲁政发〔2009〕110号 20/91/17"，指在鲁政发〔2009〕110号文中，山东省17个地级市91个县中的20个实行省直管，县和地级市的总量来源于《2012年中国统计年鉴》。

资料来源：根据各省出台政策的时间和具体内容整理而来。

3.3.3 "省直管县"财政改革的主要模式

从改革的具体内容和深度来看，各省开展的"省直管县"财政改革具有一定的差异。如果将"省直管县"财政改革作为"市管县"体制向全面的"省直管县"体制的一种过渡，那么"省直管县"财政改革可以大致划分为四种类型（张占斌，2009）：第一类为行政管理型，以北京、天津、上海、重庆4个直辖市和海南省为代表，这4个地区在行政管理上没有地级市这一中间环节，因此在财政上自然是"省直管县"。第二类为全面管理型，即对财政体制的制定、转移支付和专项的分配、财政结算、收入报解、资金调度、债务管理等财政事务的各方面全部实行省对县直接管理，主要以浙江、湖北、安徽、吉林、江苏、湖南等省份为代表。第三类为补助资金管理型，主要是在转移支付、资金调度等涉及省对县补助资金的分配方面实行"省直管县"，以山东、广西、河南等省份为代表。第四类为省市共管型，即省财政在转移支付时直接核定到县，但在税收划分、资金调度等方面仍然延续省对市、市对县的管理方式，同时省级财政加强对县级的监管，以山东、广西等省委代表。①

从省以下财政收支划分的格局变动程度来看，"省直管县"财政改革又可以分为稳健型、渐进型和激进型三类。② 稳健型主要是指暂未调整财政收支范围，而且强调市对县的财政支持责任不变，将原来地级分享县的部分直接下划到县，市、县辖区内的地方税收及非税收入除中央和省级分成外，归市、县财政所有，例如安徽、福建、陕西、贵州等省份。渐进型主要是指财政收入原则上按照属地进行划分，即将现行省—地级市之间收入分享范围和比例平移至省—县（市）两级之间，但地级市不再参与直管县（市）的税收收入和各项非税收入。财政支出也根据属地原则明确支出范围，但有的列举了省、市、县各自应负责的具体支出事项，有的并未列举，例如江苏、广东、山东等省份。激进型是指明确列举了省、市、县的固定收入、共享收入的范围与比例，调整不同层级的财政收入，对于地级市的既得利益通过体制返还等方式来保障，例如河南、湖南、河北、四川等省。

总体来看，"省直管县"财政改革的收入划分比支出划分要更为明确。福建、安徽、广西、黑龙江、青海、浙江、河南、宁夏8省的政策文本对省以下各级政府的支出责任划分方面没有任何表述。江苏、广东、河北、四川4省要求按照财权与事权相统一的原则合理界定省与市、县的支出范围，但并未对具体支出责任进行列举，只是强调地级市不再承担省直管县事权范围内的财政支出责任。甘肃、陕西、江西、青海、贵州5省强调地级市对县的财政支持责任保持不变。湖南、海南、吉林、辽宁等6省份详细列举了省与市、县的财政支出事项，但主要是按照预算科目和属地范围进行的，财政支出事项同质性非常明显（见表3-7）。

表3-7　　　　　　　"省直管县"财政改革收支划分表

类型	省份	收入划分	支出划分
稳健型	安徽	暂未调整财政收支范围	
	福建	暂未调整财政收支范围	
	广西	暂未调整财政收支范围	
	黑龙江	暂未调整财政收支范围	

---

① 张占斌."省直管县"改革的经济学解析［J］.广东商学院学报，2009，(4)：16-23.
② 刘东红.省直管县财政体制改革研究［D］.首都经济贸易大学，2013.69.

第3章 "省直管县"财政改革的历史背景与现实进程

续表

类型	省份	收入划分	支出划分
稳健型	陕西	暂未调整财政收支范围	市对县财政支持责任不变
	甘肃	暂未调整财政收支范围	市对县财政支持责任不变
	江西	暂未调整财政收支范围	市对县财政支持责任不变
	青海	暂未调整财政收支范围	市对县财政支持责任不变
	贵州	暂未调整财政收支范围	市对县财政支持责任不变
渐进型	广东	按属地原则划分	明确但未列举省与市、县财政支出范围
	江苏	按属地原则划分	明确但未列举省与市、县财政支出范围
	山东	按属地原则划分	市对县财政支持责任不变
	山西	按属地原则划分	列举了省与市、县财政支出范围；市对县财政支持责任不变
	云南	按属地原则划分	列举了省与市、县财政支出范围
激进型	河北	列举省、市、县固定收入和共享收入及其比例	明确但未列举省与市、县财政支出范围
	四川	列举省、市、县固定收入和共享收入及其比例	明确但未列举省与市、县财政支出范围
	海南	列举省、市、县固定收入和共享收入及其比例	列举了省与市、县财政支出范围
	湖南	列举省、市、县固定收入和共享收入及其比例	列举了省与市、县财政支出范围
	吉林	列举省、市、县固定收入和共享收入及其比例	列举了省与市、县财政支出范围
	辽宁	列举省、市、县固定收入和共享收入及其比例	列举了省与市、县财政支出范围
	浙江	列举省、市、县固定收入和共享收入及其比例	—
	河南	列举省、市、县固定收入和共享收入及其比例	—

资料来源：根据各省（区）直管县财政体制改革文件整理而得。

第 4 章

财政纵向失衡与农村义务教育财政体制演变

"省直管县"财政改革虽然是针对"市管县"财政体制而言,但是这项改革的直接根源却是1994年分税制改革造成的财政纵向失衡。分税制改革有两个问题没有解决:一是省以下分税体制与政府间财政关系并未真正理顺;二是事权与支出责任并未进行制度化地清晰界定,行政发包传统与职责同构现象依然明显。受本级财政利益驱动,各级政府层层集中财力并下放支出责任,造成基层政府财政负担沉重;基层政府财政负担向乡村社会转嫁,导致了国家、乡村社会和农民关系日益紧张,最终倒逼国家财政政策和体制进行一系列的调整。这些调整集中在两个方面:一是财权方面,如"税费改革""省直管县"改革等,二是事权方面,如农村义务教育财政从"乡村自给"到"以县为主"再到"多级共担"的变革。无论是财权方面还是事权方面的改革,都是对分税制改革后政府间财权与事权失衡格局的适应性调整。由于财权是事权实现的支撑,财力是支出责任履行的保障,每一次财权财力的调整都将会影响事权的履行与划分。

正如诺斯所讲:"历史总是重要的。它的重要性不仅在于我们可以从过去汲取经验,更重要的是将过去、现在和未来通过社会制度的连续性而链接在一起,今天和明天的选择被过去所形塑。"[①] 本章从分税制改革后财权与事权纵向失衡角度,分析农村义务教育财政体制的两次变迁及其原因,从而将财政改

---

① North D C. Institutions, institutional change and economic performance [M]. Cambridge: Cambridge University Press, 1990: vii.

革与农村义务教育财政体制变革置于一个统一、连续的改革序列之中，为把握当前"省直管县"财政改革对农村义务教育财政体制的影响，以及在该体制下农村义务教育财政体制的改革方向提供依据。

4.1 分税制改革与"乡村自给"体制的危机

改革开放之初，国家财政体制从高度集中统收统支体制向"分灶吃饭"、包干制的分权体制转变。与这种分权体制相适应，我国在农村义务教育领域逐步建立起以多渠道筹资为主要特征的"乡村自给"体制，教育经费主要由乡财政和农民负担。然而，1994年的分税制改革后，由于财力向上集中，县乡财政极度困难，"乡村自给"体制难以为继、危机重重。

4.1.1 多渠道筹资的"乡村自给"体制

1980年以前，农村中小学教育经费主要由中央财政切块单列，"戴帽"下达。[①] 1980年2月国务院颁发《关于实行"划分收支、分级包干"财政管理体制的暂行规定》，从此中央和地方实行"分灶吃饭"的分权财政体制。教育经费管理体制采取由中央、地方财政切块安排，中央财政除负责央属部门的学校经费之外，对地方教育实行专项补助；地方财政负担地方属学校教育经费的筹措责任。作为教育财政领域的配套改革，1980年中共中央、国务院《关于普及小学教育若干问题的决定》中提出："必须坚持'两条腿走路'的方针，以国家办学为主体，充分调动社队集体、厂矿企业等各方面办学的积极性。还要鼓励群众自筹经费办学"。农村办学经费的来源也就从农户的隐形负担，即集体经济组织预先从个人分配中扣除的公益金中提取，转为显性负担，即由农民个体向集体缴纳办学费用（周元武，1993）。[②]

1985年，中共中央发布了《关于教育体制改革的决定》，确立了基础教育由地方负责、分级管理的原则。同时，该文件规定："乡财政收入应主要用于教育。地方可以征收教育费附加，此项收入首先用于改善基础教育的教学设施，不得挪作他用。地方要鼓励和指导国营企业、社会团体和个人办学，并在

[①] 张俭福. 农村义务教育投入的回顾与展望 [J]. 教育科学, 1993 (2): 11-18.
[②] 周元武. 略论农村集资办学的若干问题 [J]. 教育财会研究, 1993, (2): 17-18.

自愿的基础上，鼓励单位、集体和个人捐资助学，但不得强迫摊派。"由此，农村义务教育多渠道筹资、"乡村自给"的财政体制逐步形成。乡财政投入是农村中小学教育经费的重要来源，但由于乡财政收入也主要来源于辖区内的农业和农民，因此实际上农村义务教育经费仍主要由农民负担，"人民教育人民办"这个口号形象地说明了当时的实情。还有一些地区更是直接通过开征税费作为教育财政拨款。例如，根据国务院办公厅转发的中央农村工作领导小组办公室《关于农村中小学收费问题调查报告》，湖南省临澧县政府决定并经县人大讨论通过，收取"教育维持费"，用于解决教师工资，仅1998年就收了331万元。

除了乡财政投入之外，农村义务教育经费还有教育费附加、集资办学、学杂费、勤工俭学等多种来源渠道。

（1）教育费附加。

开征教育费附加对于农村义务教育的发展意义重大，但也为农村义务教育财政体制的变迁埋下伏笔。这项政策最早可追溯至1984年国务院出台的《关于筹措农村学校办学经费的通知》要求："除国家拨给的教育事业费外，乡人民政府可以征收教育费附加……这项附加收入要取之于乡，用之于乡"。1986年国务院发布《征收教育费附加的暂行规定》，1990年国务院发出《关于修改〈征收教育费附加的暂行规定〉的决定》，1994年国务院《关于〈中国教育改革和发展纲要〉的实施意见》进一步改革了教育费附加的征收办法，指出"城乡教育费附加按增值税、营业税、消费税的3%征收。农村不缴纳增值税、营业税、消费税的乡镇企业和个体企业教育费附加的征收办法，由各省确定。农民按人均纯收入的1.5%～2.0%征收（包括在农民负担的5%之内）教育费附加，具体比例由各地方从当地实际出发作出规定，由税务部门征收。"

1993年农村小学教育费附加收入为38.06亿元，占农村小学总经费的16.33%，1997年达到88.65亿元，占农村小学经费的比例为17.32%，之后有所下降。1993年农村初中教育费附加收入为17.92亿元，占农村初中总经费的14.70%，1997年达到49.23亿元，占农村初中总经费的比例为17.78%，之后逐渐下降。

（2）集资办学。

为了扩大农村学校办学经费来源，国家允许乡镇政府在辖区内实施集资办学。1986年《义务教育法》规定"国家鼓励各种社会力量及个人自愿捐资助学"，赋予了集资办学的合法性。1995年通过的《教育法》第五十九条规定："经县人民政府批准，乡、民族乡、镇的人民政府根据自愿、量力的原则，可以在本行政区域内集资办学，用于实施义务教育学校的危房改造和修缮、新建校舍，不得挪作他用"。原国家教委基础教育司曾强调集资办学的意义，"从1980~1992年，许多地方不失时机地广泛发动群众捐资助学、集资办学，使得中小学校舍得到明显改善。"该司还认为，自1993年以来，一些地区未能正确理解中央关于减轻农民负担的精神，对农村集资办学采取"急刹车"，严重影响了学校办学条件的改善。[①] 然而，客观上讲，集资办学仍对农民造成很大的负担，很多农村学校的校舍建设都是通过集资方式摊派到农民身上。

1993年农村小学社会捐资办学经费达到26.43亿元，占农村小学经费的11.34%，1996年达到69.32亿元，占农村小学经费的比例为14.50%，之后逐步下降，到2000年时仅占3.51%。农村初中的社会捐资办学经费占农村初中经费的比例从1993年的11.68%上升到1995年的18.54%，之后逐步下降，到2000年时仅为3.94%。

（3）学杂费。

虽然《义务教育法》规定小学和初中免收学费，但1992年颁布的《义务教育法实施细则》允许实施义务教育的学校可收取杂费。由于财政只负担公办教师工资和部分民办教师工资，公用经费等几乎并无投入，主要靠收取学杂费等来维持。例如，据海南省定安县农委调查显示，除了学杂费和课本费外，农村中小学生还要交民办教师费、学校办公费、建校费、水电费、图书费、扫把费、试卷费、卫生费、治安费、维修费、教学仪器费等费用，初中每个学生每学期交150多元，小学生90多元。[②]

农村小学经费中学杂费占比从1993年的7.31%逐步上升，到2000年已经占到总经费的13.61%；农村初中经费中学杂费占比从1993年的8.72%上升到2000年的16.42%，成为除财政拨款之外的最重要经费来源渠道。

（4）勤工俭学。

1982年，教育部和财政部颁布《全国中、小学勤工俭学财务管理暂行办法》，规定勤工俭学收入不上交财政，不缴纳税收，作为预算外专项资金，由

---

① 国家教委基础教育司义务教育处. 农村集资办学违背中央精神吗？[J]. 人民教育，1994，(11)：33.

② 邓新生. 海南农民社会负担过重的现状与成因[J]. 中国物价，1993，(3)：30-32.

学校自收自支。由此，勤工俭学成为农村中小学的一项重要经费来源。农村小学勤工俭学收入 1993 年为 7.73 亿元，1997 年增至 13.82 亿元，占农村小学总经费的 2.7%，之后有所下降。农村初中勤工俭学收入在 1993 年为 4.5 亿元，占农村初中经费的 3.69%，1997 年增至 8.01 亿元，占比下降到 2.89%，之后年份持续下降。从数据来看，虽然勤工俭学收入占农村学校经费并不高，但是考虑到勤工俭学多为实物缴纳，实际价值可能会被低估。例如，根据国务院办公厅转发的中央农村工作领导小组办公室《关于农村中小学收费问题调查报告》，河南省南阳市教委向辖区各县下达勤工俭学纯收入任务指标，并将任务指标层层分解到学校、班级，由校委会与班主任签订责任书，对完不成任务的班级、班主任和学生，取消各种荣誉的参评资格。其中，南召县南河店镇许田村小学勤工俭学要求缴纳的实物是："一、二年级学生每人交花生、紫丁根（或山蔓肉）各 5 斤；三、四年级学生每人交花生、中药材各 8 斤；五年级学生每人交花生、中药材各 10 斤。如不交实物，必须交现金。"1993～2000 年农村普通中、小学经费收入来源的结构如表 4-1 至表 4-4 所示。

将发展农村义务教育的职责交给地方政府，建立多渠道筹措教育经费的机制，调动了基层政府及乡村社会和农民办学的积极性，对于义务教育在农村地区的普及起到了巨大的作用。"乡村自给"体制之所以能够发挥作用，除了财政分权改革之外，还与当时的经济社会环境具有重要关系。第一，从经济条件来看，由于实行家庭联产承包责任制，农村经济迅速发展，通过三提五统[1]、教育集资、学杂费、勤工俭学等方式，乡村两级组织能够从乡村经济中汲取经费用于发展农村义务教育。但是这种多渠道筹资的模式最终演变为乡村社会和农民的沉重负担。例如，政策要求教育附加费按农民年收入的 1.5%～2% 征收，但是很多地区征收比例都高于这个限制，造成基层干群矛盾问题突出。[2] 第二，从组织动员能力来看，改革开放初期，由于人民公社时期遗留的组织能力和动员方式仍能发挥余力，乡政府和村委会的行政动员能力较强，这在乡村干部动员农民集资建校等活动上表现得尤为突出。但是随着市场经

---

[1] "三提五统"，是指村级三项提留和五项乡统筹。村提留是村级集体经济组织按规定从农民生产收入中提取的用于村一级维持或扩大再生产、兴办公益事业和日常管理开支费用的总称，具体包括三项，即公积金、公益金和管理费。乡统筹费，是指乡（镇）合作经济组织依法向所属单位（包括乡镇、村办企业、联户企业）和农户收取的，用于乡村两级办学（即农村教育事业费附加）、计划生育、优抚、民兵训练、修建乡村道路等民办公助事业的款项。

[2] Bernstein T P, Lü X. Taxation without Representation: Peasants, the Central and the Local States in Reform China [J]. The China Quarterly. 2000, 163: 742.

第4章 | 财政纵向失衡与农村义务教育财政体制演变

济对乡村社会的渗透、村委会的虚化，这种组织和动员能力以及农民的认同度都在降低。①

表4-1　　　　1993~2000年农村普通小学经费收入来源　　　　单位：亿元

年份	总计	财政性经费				非财政性经费		
		预算内拨款	教育费附加	勤工俭学、社会服务收入等	其他财政性教育经费	社会捐资办学经费	学杂费	其他
1993[a]	233.00	137.05	38.06	7.73	0.77	26.43	17.03	3.93
1994	321.58	190.55	47.39	10.06	1.02	37.97	27.81	6.78
1995	403.14	216.19	64.75	12.47	1.08	61.15	36.80	10.71
1996	478.00	252.91	81.45	13.39	1.49	69.32	45.58	13.86
1997	511.85	282.04	88.65	13.82	1.39	58.17	52.42	15.35
1998[b]	538.11	316.29	85.47	11.26	—	41.03	74.85	9.21
1999	573.57	362.10	82.77	9.95	—	27.79	79.71	11.25
2000	613.94	412.23	75.90	8.58	—	21.54	83.53	12.17

资料来源：根据1993~1994年《中国教育经费统计资料》和1996~2001年《中国教育经费统计年鉴》数据整理。

a. 1993年《中国教育经费统计资料》（内部发行）的统计指标中并没有"全国教育经费收入情况"信息，但是有分来源的教育经费支出情况，此处数据根据后者整理，其中"企业办学校教育经费情况"并未涵盖在内。

b. 1998年及之后年份统计口径进行了调整，其中"全国教育经费收入情况"中"其他财政性教育经费"指标取消。

表4-2　　　　1993~2000年农村普通小学经费收入来源结构　　　　单位：%

年份	财政性经费				非财政性经费		
	预算内拨款	教育费附加	勤工俭学、社会服务收入等	其他财政性教育经费	社会捐资办学经费	学杂费	其他
1993	58.82	16.33	3.32	0.33	11.34	7.31	1.69
1994	59.25	14.74	3.13	0.32	11.81	8.65	2.11
1995	53.63	16.06	3.09	0.27	15.17	9.13	2.66

① Yep R. Can-tax-for-fee reform-reduce-rural-tension-in-china-the-process-progress-and-limitations [J]. The China Quarterly. 2004, 177 (1): 42-70.

续表

年份	财政性经费				非财政性经费		
	预算内拨款	教育费附加	勤工俭学、社会服务收入等	其他财政性教育经费	社会捐资办学经费	学杂费	其他
1996	52.91	17.04	2.80	0.31	14.50	9.54	2.90
1997	55.10	17.32	2.70	0.27	11.36	10.24	3.00
1998	58.78	15.88	2.09	—	7.62	13.91	1.71
1999	63.13	14.43	1.73	—	4.85	13.90	1.96
2000	67.14	12.36	1.40	—	3.51	13.61	1.98

资料来源：根据1993～1994年《中国教育经费统计资料》和1996～2001年《中国教育经费统计年鉴》数据整理。

表4-3　　　　　1993～2000年农村普通初中经费收入来源　　　　　单位：亿元

年份	总计	财政性经费				非财政性经费		
		预算内拨款	教育费附加	勤工俭学、社会服务收入等	其他财政性教育经费	社会捐、集资办学经费	学杂费	其他
1993[a]	121.87	70.76	17.92	4.50	0.23	14.23	10.63	3.24
1994	163.95	96.26	22.51	5.54	0.67	20.65	13.81	4.51
1995	216.01	109.66	33.71	6.67	1.06	40.05	18.87	6.00
1996	260.95	131.79	45.25	7.43	1.31	43.93	23.41	7.83
1997	276.82	146.97	49.23	8.01	1.07	35.18	27.67	8.69
1998[b]	273.87	152.06	45.64	6.17	—	23.01	41.07	5.92
1999	288.50	171.03	44.06	5.77	—	14.70	46.81	6.14
2000	306.03	191.77	39.39	5.57	—	12.06	50.26	6.98

资料来源：根据1993～1994年《中国教育经费统计资料》和1996～2001年《中国教育经费统计年鉴》数据整理。

　　a. 1993年《中国教育经费统计资料》（内部发行）的统计指标中并没有"全国教育经费收入情况"信息，但是有部分来源的教育经费支出情况，此处数据根据后者整理，其中"企业办学校教育经费情况"并未涵盖在内。

　　b. 1998年及之后年份统计口径进行了调整，其中"全国教育经费收入情况"中"其他财政性教育经费"指标取消。

表 4-4　　　　　　　1993~2000 年农村普通初中经费收入构成　　　　　单位：%

年份	财政性经费				非财政性经费		
	预算内拨款	教育费附加	勤工俭学、社会服务收入等	其他财政性教育经费	社会捐、集资办学经费	学杂费	其他
1993	58.06	14.70	3.69	0.19	11.68	8.72	2.66
1994	58.71	13.73	3.38	0.41	12.60	8.42	2.75
1995	50.77	15.61	3.09	0.49	18.54	8.74	2.78
1996	50.50	17.34	2.85	0.50	16.83	8.97	3.00
1997	53.09	17.78	2.89	0.39	12.71	10.00	3.14
1998	55.52	16.66	2.25	—	8.40	15.00	2.16
1999	59.28	15.27	2.00	—	5.10	16.23	2.13
2000	62.66	12.87	1.82	—	3.94	16.42	2.28

数据来源：根据 1993~1994 年《中国教育经费统计资料》和 1996~2001 年《中国教育经费统计年鉴》数据整理。

4.1.2 分税制后"乡村自给"体制的危机

1994 年的分税制改革是一项财政集权改革，彻底改变了财政包干制阶段中央财力过于薄弱的格局，使中央财政占国家财政收入的比例从 1993 年的 22.02% 直接上升到 1994 年的 55.70%。分税制改革之前，中央财力薄弱，对宏观经济的调控能力下降，财政入不敷出，曾不得不多次向地方借钱。[①] 这样的分权体制是无法维持下去的，正如胡鞍钢所指出的那样，"在市场经济转型过程中，不能一味追求分权，分权是有底线的，超过这一底线，分权就变成了分裂。"[②] 分税制改革使岌岌可危的中央财政迅速充实，地方财政受到严重削弱，从 1993 年的占国家财政收入的 77.98% 下降到 1994 年的 44.30%。地方政府的财政支出仍维持在改革前的 70% 左右，而且在 2000 年之后还有逐步上升趋势，2009 年之后地方财政支出占国家财政支出的比例上升到 80% 以上，2013 年更是达到了 85.4% 的高度。

地方财政收入占比的急剧下降与财政支出占比的持续高位，导致地方财政

[①] 冯禹丁. 分钱还是分权：重议分税制 [N]. 南方周末，2013-08-15.
[②] 胡鞍钢. 分权是有底线的——前南斯拉夫分裂的教训与启示 [J]. 改革，1996（3）：123-126.

自给度降低，地方将近一半的财力来源于中央政府的税收返还与转移支付。地方自有财力与财政支出的严重失衡，促使省级政府不得不对省内财政体制进行改革，集中财力和下移支出责任，地级市政府如法炮制，最后造成县乡政府财政极度困难。当时一个颇为流行的顺口溜较为形象地反映了分税制后各级财政的状况："中央财政喜气洋洋，省市财政勉勉强强，县级财政拆东墙补西墙，乡级财政哭爹喊娘"。

县级财政收支缺口率1994年为55.32%，1996年达到50.38%，1998年为47.54%，2000年为46.86%，平均收支缺口为49.65%（如图4-1所示）。县级财政缺口率虽然很高，但却有一定的下降，核心原因是县对辖区内的乡镇集中财力，并转移财政支出责任。据估计，乡级财政减少财力每年至少在30亿~50亿元，乡级财力收到较大削弱。

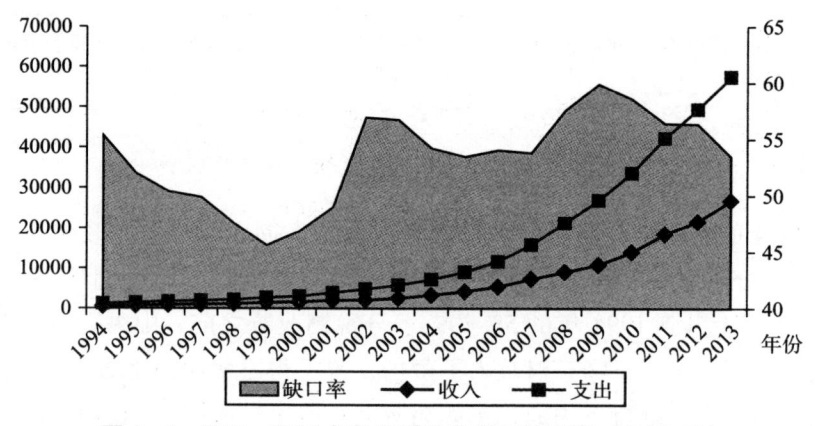

图4-1 1994~2013年县级财政收支与缺口率（亿元，%）

从乡收支平衡表上来看，乡级财政缺口经历了两次较大的起伏。分税制改革当年，乡级财政收入438亿元，支出为519亿元，缺口率高达15.61%，但随后年份缺口率有所下降，1998年后又急剧上升，2000年时缺口率达到了12.23%，2005年高达23.23%（见图4-2）。前一个波动的原因主要源于乡级政府将财政压力向乡村社会和农民转嫁，推卸财政责任，所以缺口率有所下降；后一个波动主要是因为国家减轻农民负担政策的推行（包括税费改革、取消农业税等），限制了乡级财政的"攫取之手"，使其财政收支缺口迅速增大。

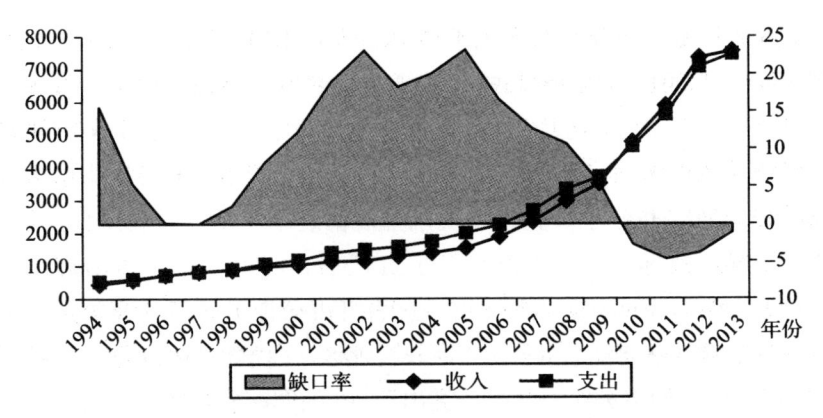

图 4-2 1994~2013 年乡级财政收支与缺口率（亿元,%）

分税制改革后，乡级财政在财政收支缺口增大，县级财政又不断从乡级财政集中财力，乡级财政一方面为了平衡收支，另一方面又不得不完成上级繁重的"任务书"，包括"两基"（到 20 世纪末基本普及九年义务教育、基本扫除青壮年文盲）任务，只能通过"三提五统"等各种收费政策向农民转嫁。

这种财政压力向农民转嫁在农村义务教育方面体现得尤为明显。1994 年之后，农村中小学的学杂费、集资和教育费附加经费都快速增加，而且占农村中小学校总经费的比例也在不断提高。1994~1997 年间，小学阶段教育费附加占比从 14.74% 上升到 17.32%，初中阶段教育费附加占比从 13.73% 上升到 17.78%。小学阶段集资办学经费占比从 1994 年的 11.81% 上升到 1995 年的 15.17%，1997 年为 11.36%。初中阶段集资办学经费占比从 12.6% 上升到 1995 年的 18.54%，1997 年为 12.71%。1997 年国家教委、国家计委、农业部、财政部联合颁布了《农村教育集资管理办法》，文件指出："少数地方存在着要求过急、过高，集资数额过大，乱集资、乱收费，甚至打着教育旗号将集资款挪作他用的现象，严重影响了教育集资的声誉"。为了贯彻落实党中央、国务院关于切实减轻农民负担的精神，实际上集资办学不再被国家鼓励，而且审批和管理日益严格，集资办学经费占比快速下降。以广东省为例，由于实行减轻农民负担政策，广东省集资办学费用 1999 年为 17.5 亿元，比 1998 年的 20.2 亿元下降了 7.5%，全省 16 个地级市减幅均超过 10%，最高的达 79%。[①]

---

① 朱源星. 解决农村教育经费严重短缺问题的思考 [J]. 现代教育论丛, 2001 (3): 36-38.

但实现"两基"任务不增加经费投入是不行的,因此1997年之后,学杂费上升较快,小学阶段学费占比从1994年的8.65%上升到1997年的10.24%,1998年快速跃升到13.91%;初中阶段学费占比从1994年的8.42%上升到1997年的10%,1998年跃升到15%,2000年更是达到了16.42%。

1996年国务院办公厅《关于在全国开展治理中小学乱收费工作实施意见》提出"五不准"目标,并且逐级签订了责任书,但也承认"对治理中小学乱收费的成绩估计不能过高"。1998年《教育部办公厅关于进一步加强治理中小学乱收费工作的紧急通知》指出:"在农村地区,由学校出面通过向学生征收教育费附加或进行教育集资的问题比较突出",并强调在农村地区,应由政府出面征收,不得由学校向学生收取,更不得以未缴教育费附加为由,不让学生上学。

为了减轻农民负担,缓解乡村社会矛盾,分税制改革后到2000年间,中共中央、全国人大、国务院先后发出27个旨在规范减轻农民负担的文件,各中央部委共发出37个清理整顿农民负担的有关文件。在义务教育领域,出台多项关于规范教育费附加、教育集资、教育收费方面的文件,有效地限制向农民直接征收的教育类的收费行为。农民直接负担的义务教育经费比例在经历了分税制改革后的快速上升后开始下降(见图4-3)。

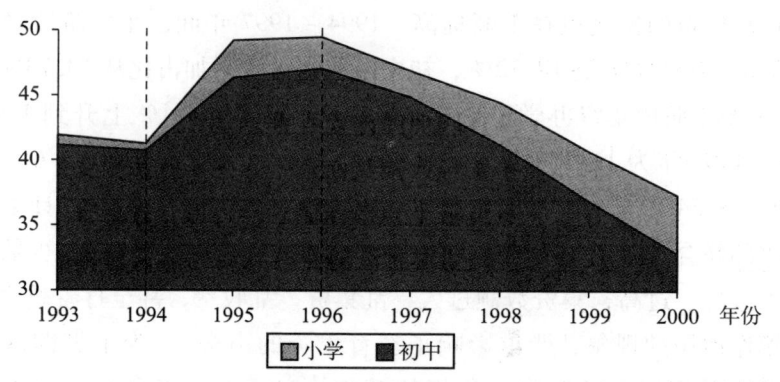

图4-3 农民直接负担的义务教育经费比例(%)

由于限制对农民的直接教育收费,同时乡级财政受到削弱,农村义务教育事业的发展在20世纪90年代末举步维艰,具体表现在三个方面:第一,国家要求在21世纪末要实现"普九"目标,为了完成这项体现国家意志的政治任务,乡村社会为"达标"而不惜大量借债,很多地区县、乡政府和农村学校债务沉重。对山东、河南、广东等地的调查显示,为了"普九",几乎村村欠债、校校欠债。① 第二，拖欠教师工资，这段时期农村义务教育经费中财政预算内资金比例下降，乡镇财政无力支付教师工资，全国拖欠农村教师工资的范围之广、时期之长、农村教师生活之艰难是改革开放后前所未有的。第三，教育供给质量下降，优秀教师流失，辍学率高，升学率低。根据东北师范大学农村教育研究所2000年年初的调查，初中阶段届辍学率东南A县为3.78%，东北B县为54.05%，东北C县为28.06%，华北D县为3.66%，西南E县为35.55%，西南F县为20.97%。② 正如周秀龙（1996）所指出的那样，"长期拖欠民办教师工资，民办教师的基本生活困难；学校没有分文钱的公用经费，靠超标准收费和乱收费度日；教师上课只发给两根粉笔……目前，农村基础教育很难，难就难在没钱上。"③ 无论是"普九"欠债还是大面积长期拖欠教师工资，抑或是教育质量下降、辍学率居高不下，其深层次原因是农村义务教育多渠道筹资的"乡村自给"体制在分税制后已经难以为继。

分税制改革造成的财政纵向失衡打破了农村义务教育"乡村自给"的制度均衡状态，使得该体制的正常运行面临诸多挑战，也给我国农村义务教育发展造成很多困难甚至难以挽回的损失。宏观财政环境的变化将促使具体财政制度安排进行适应性变迁，但是从原有制度失衡状态到新的制度均衡的形成，需要漫长的试错和调适过程。可以说，"税费改革""省直管县""以县为主""新机制"等改革都内生于1994年的分税制改革，只是这种建立新的制度均衡的努力目前仍未结束。

4.2 税费改革与"以县为主"体制的建立

农村义务教育是农民负担沉重的重要因素，同时也是乡级财政压力的重要来源。为了减轻农民负担，同时解决农村义务教育发展中的经费严重短缺问题，国家分别从两个方面采取了重大的制度调整。一方面，国家将农村义务教

---

① 详见刘士祥等. 农村税费改革对农村义务教育的影响与对策 [J]. 山东教育科研，2001（6）：3-4.；朱源星. 解决农村教育经费严重短缺问题的思考 [J]. 现代教育论丛，2001（3）：36-38.；胡彦杰. 中部农村义务教育经费筹措问题研究（1986~2005年）[D]. 华东师范大学，2005.
② 袁桂林，洪俊，李伯玲等. 农村初中辍学现状调查及控制辍学对策思考 [J]. 中国教育学刊，2004（2）：1-5.
③ 周秀龙. 农村教育费附加征收管理模式研究 [J]. 教育科学，1996（1）：1.

育财政和管理职责上移到县级政府，另一方面，在全国范围内推行税费改革，并同时出台限制基层政府和学校向农户乱收费的"一费制"（2002）。可以说，农村义务教育"以县为主"改革是旨在减轻农民负担的一系列改革中的一项。如果农村义务教育筹资责任不减的话，即使推行税费改革也难以限制基层政权的"攫取之手"。当然，这种改革也遗留了很多问题。

4.2.1 税费改革与县、乡财政收支缺口扩大

2000年，中共中央和国务院颁布《关于进行农村税费改革试点工作的通知》，确定在安徽省进行农村税费改革试点。2001年国务院《关于进一步做好农村税费改革试点工作的通知》，扩大试点范围。2002年财政部出台《农村税费改革中央对地方转移支付办法》，安排转移支付245亿元，作为扩大试点的配套措施。2003年国务院颁布《关于全面推进农村税费改革试点工作的意见》，认为农村税费改革是现阶段减轻农民负担的治本之策，并要求在总结经验、完善政策的基础上在全国范围内全面推进。税费改革的主要内容为"三个取消、一个逐步取消、两个调整、一项改革"。具体是指取消乡统筹（含农村教育费附加）、取消农村教育集资等农村行政事业性收费和政府性基金、集资，取消屠宰税；逐步取消劳动积累工和义务工；调整农业税政策，调整农业特产税政策；改革村提留征收使用办法。

税费改革标志着国家发展战略从"农业支援工业、乡村支援城市"向"工业反哺农业""城市反哺农村"阶段的转变。[①] 王绍光（2008）将税费改革、取消农业税、农村义务教育免费等一系列惠农政策称为中国社会政策的"大转型"，是一种针对"脱嵌"市场力量与市场逻辑的保护性反向运动。[②] 周黎安和陈烨（2005）的实证研究也显示，税费改革对农民纯收入增长的贡献高达40%以上，而且这个正向影响有一定的持续性。

税费改革一方面压缩了乡级政府的财政收入空间，使乡级财政再也无法承担农村义务教育财政投入的主要责任，另一方面限制了农村义务教育的筹资渠道，对农村义务教育投入产生了较大的冲击。税费改革中的一个重点就是取消了农村教育费附加和教育集资费等专门面向农民征收的行政事业性收费。税费

---

① 赵晓峰."调适"还是"消亡"——后税费时代乡镇政权的走向探析 [J]. 人文杂志，2009 (2)：160–166.

② 王绍光. 大转型：20世纪80年代以来中国的双向运动 [J]. 中国社会科学，2008 (1)：129–148.

改革前，农村教育费附加和教育集资是农村义务教育经费的重要来源，用于农村校舍建设、危房改造、固定资产购置、民师工资、教师部分补贴等。在一些地区，农村教育附加甚至是唯一的经费来源。[①] 以 2000 年为例，教育费附加与教育集资两项占小学阶段教育经费的 15.87%，占初中阶段教育经费的 16.81%。由于教育费附加和教育集资属于预算外资金，管理并不规范，实际数据可能会更高。两项收费取消后形成了一个巨大的经费缺口，使得农村义务教育经费更是捉襟见肘。

调整农村义务教育管理与财政体制是税费改革的一项重要内容。国务院在《关于进一步做好农村税费改革试点工作的通知》中要求，农村义务教育由乡级政府和当地农民集资办学，改为由县级政府举办和管理农村义务教育，将农村义务教育经费纳入县级财政，由县财政按照国家标准发放农村中小学教师工资。学校公用经费根据地区标准，在扣除学校收取的杂费后，其余部分由县级财政安排支出。中央和省级政府通过专项转移支付支持农村义务教育。财政部在《农村税费改革中央对地方转移支付办法》提出转移支付的目标是：确保农民负担得到明显减轻，确保乡镇机构和村级组织正常运转，确保农村义务教育经费的正常需要。对因税费改革而减少的教育经费，有关地方人民政府应在改革后的财政预算和上级转移支付资金中优先安排，确保当地农村义务教育投入不低于农村税费改革前的水平。然而，在实际改革过程中，由于转移支付资金有限，主要目的是弥补缺口，且安排在预算内管理，管理和使用机制非常严格，因此，农村义务教育仍然没有摆脱投入不足的困局。

税费改革后很多地方县级财政收支出缺口出现恶化。2000 年时全国县级财政收支缺口率平均为 46.86%，2003 年税费改革全面铺开时已经上升到 56.71%，缺口率上升将近 10 个百分点。这说明农村义务教育的财政责任从乡级政府和农民转移到县级政府后，县级财政支出负担显著加重，同时上级转移支付和农业税税率提高所带来的增收并未有效地弥补财政支出责任加大所造成的资金缺口。实际上，税费改革后，县级财政是除了乡级财政外最为薄弱的环节，将农村义务教育的财政责任从乡村转移到县，只能给县级政府带来更大的压力。很多地区的县级政府无力承担突然加重的财政支出责任，只能由乡镇财政筹资、由县级财政统一支出的变通办法。这就造成了乡级财政缺口在税费改革后迅速扩大。2000 年乡级财政收支缺口率为 12.23%，税费改革后的 2002

[①] 周秀龙. 农村教育费附加征收管理模式研究 [J]. 教育科学，1996（1）：1-5.

年扩大为23.11%，2005年上升到23.23%，税费改革后短短数年上升了10个百分点。

如果将县、乡财政视为一体的话，可以明显地看出，税费改革后，由于不能向乡村社会和居民转嫁财政责任，县域内的财政收支缺口迅速扩大。这也充分说明，分税制改革后，县乡财政的困境并没有因为税费改革和税费改革转移支付而有所缓解。

4.2.2 农村义务教育"以县为主"财政体制

在进行农村税费改革的同时，国家也对农村义务教育事权方面进行了调整。2001年国务院颁布了《关于基础教育改革与发展的决定》，提出农村义务教育管理体制实行在国务院的带领下由地方政府负责、分级管理、以县为主的体制。该体制简称"以县为主"的管理体制，主要特征是县级政府对本地农村义务教育负有主要责任。县级政府要对负责辖区中小学的规划、布局调整、建设和管理，统一发放教职工工资，负责中小学校长、教师的管理，指导学校教育教学工作。2003国务院颁布《关于进一步加强农村教育工作的决定》，要求落实农村义务教育"以县为主"体制，县级政府增加对义务教育的投入，将农村义务教育经费全额纳入预算；中央、省和地（市）级政府要通过增加转移支付，增强财政困难县义务教育经费的保障能力，省级政府要切实均衡本行政区域内各县财力，逐县核定并加大对财政困难县的转移支付力度。由此，农村义务教育"以县为主"管理体制实际上也制度化为"以县为主"的财政体制。

分税制后，农村义务教育"乡村自给"体制失衡的一个突出的表现是大面积、长时间地拖欠教师工资。其实，不仅是教师工资，乡财政供养人员的工资都难以发放。实施"以县为主"体制后，教师工资负担上划到县级财政。袁桂林（2004）研究指出，"以县为主"管理体制做到了4个确保，即确保农村义务教育的投入不低于税费改革前的水平，确保农村中小学教师工资发放，确保师生安全，确保农村中小学校公用经费。① 问题是，"以县为主"改革与税费改革是同步进行的，县乡财政收入在没有增加的情况下，原来由乡级财政无法负担的教师工资，县级财政又如何能够负担和保障？

"以县为主"之所以能够保证教师工资的发放，主要原因在于3个方面：

---

① 袁桂林. 农村义务教育"以县为主"管理体制现状及多元化发展模式初探［J］. 东北师大学报（哲学社会科学版），2004（1）：115－122.

第一，税费改革在取消乡统筹、教育集资等行政性收费的同时，提高了农业税的税率与计征方法，县级税收收入因此而有所增加；第二，农村税费改革转移支付弥补了税费改革所造成的缺口，根据历年《全国地市县财政统计资料》数据，2000年中央对试点省份的农村税费改革转移支付仅为68亿元，2002年中央新增安排165亿元补助用于16个试点省份改革，2004年开始减免农业税，中央共安排农村税费改革转移支付524亿元，2007年达到了816.3亿元；第三，上划乡级财政收入。"以县为主"体制在减轻乡级教育财政负担的同时，也汲取了部分乡镇的收入，一些地方则直接实行乡级财政筹措经费、县级财政代发的方法。乡级财政本来已无力承担教师工资，由乡级财政负责筹措教师工资资金，实际上成为县对乡的"目标责任制"中的一项，变成了乡级政府必须执行的政治任务。也正因为如此，在2001年实行"以县为主"体制后，乡级财政的收支缺口不仅没有缩小，反而快速增加，财政缺口率从2000年的12.23%上升到2005年的23.23%。另外，根据周飞舟（2004）对东北某县的调查显示，由于民办教师和代课教师的工资主要来自于农村教育费附加，税费改革这些教师的工资来源便没有着落，而税费改革转移支付属于预算内资金，只能发放公办教师工资，因此民办教师和代课教师基本上在税费改革前被清退。[①] 税费改革后，农村小学经费中预算内拨款比例从2001年的72.32%上升到2004年的81.14%，农村初中经费中预算内拨款比例从66.48%上升到74.78%（2001~2005年农村普通中小学收入来源构成如表4-5、表4-6所示）。

表4-5　　　　2001~2005年农村普通小学经费收入来源构成　　　　单位：%

年份	财政性经费				非财政性经费		
	预算内拨款	教育附加拨款	校办产业、勤工俭学、社会服务收入	基建拨款	捐集资经费	事业收入（含学杂费）	其他
2001	72.32	8.97	0.96	0.92	2.82	12.11	1.89
2002	78.41	3.94	0.73	1.56	2.09	11.41	1.87
2003	81.02	2.62	0.60	1.24	1.33	11.49	1.70
2004	81.14	3.23	0.47	1.61	1.06	10.67	1.82

数据来源：根据2002~2005年《中国教育经费统计年鉴》数据整理。

---

① 周飞舟. 谁为农村教育买单？——税费改革和"以县为主"的教育体制改革 [J]. 北京大学教育评论，2004，2（3）：46-52.

表 4-6　　　　　2001~2005 年农村普通初中经费收入来源构成　　　　单位：%

年份	财政性经费				非财政性经费		
	预算内拨款	教育费附加	校办产业、勤工俭学、社会服务收入	基建拨款	捐集资经费	事业收入（含学杂费）	其他
2001	66.48	10.05	1.32	1.03	2.68	16.14	2.30
2002	72.88	4.18	1.10	1.77	2.05	15.78	2.23
2003	74.67	3.17	1.01	1.47	1.35	16.07	2.25
2004	74.78	4.10	0.80	1.85	1.00	15.08	2.39

数据来源：根据 2002~2005 年《中国教育经费统计年鉴》数据整理。

这也说明，税费改革及其配套转移支付政策在一定程度上促进了农村义务教育"以县为主"财政体制的实施，保障了县级财政对农村义务教育工资的发放。相对于乡级财政而言，县级财力稍强，但是能够使"以县为主"体制实施的不仅仅是县级财政自身，更关键的仍在于上级财政的转移支付补助。县级财力与其支出责任之间失衡状态仍然十分严重，而且在不断加剧，虽然"以县为主"体制基本上保障了教师工资的发放，但是公用经费等仍然在很大程度上依赖于对农村学生收取的学杂费，学杂费收入占农村中小学经费的比例仍然居高不下，给经济薄弱和贫困地区的农民仍然带来较大的经济负担。

4.3　"多级共担"体制与集权取向改革的限度

"以县为主"体制在财政方面仍存在先天不足：第一，分税制后县级政府的相对财力亦被削弱，地方各级政府中县级财政收支缺口最大，分税制改革至 2013 年，县级财政平均缺口率为 53.39%；第二，"税费改革"以及随后农业税减免，使得县级政府在财税没有增加的情况下，却面对着"以县为主"体制实施后支出责任的突然加重，很多地区的县根本"主"不起来。中央税费改革专项转移支付主要目标是弥补税费改革造成的收入缺口，税费改革前就存在的县乡财政困难并没有得到有效的缓解。更何况在"市管县"体制下，由于存在"财政漏斗"，转移支付被地级市截留、统筹问题十分突出。为了有效缓解县财政困难，并减轻农民教育负担，国家一方面支持各地推行"省直管县"财政体制试点改革，另一方面推行免费农村义务教育，继续上移农村义务教育财政负担,建立集权取向明显的农村义务教育经费"多级共担"体制。

4.3.1 农村义务教育经费的"多级共担"体制

税费改革以来,农村义务教育逐渐被纳入公共财政服务范围,农村义务教育经费投入也逐渐地摆脱了乡镇经济和农民收入状况的限制,实现了从"人民教育人民办"到"人民教育政府办"的历史转变。

2005年12月,国务院发布了《关于深化农村义务教育经费保障机制改革的通知》,按照"明确各级责任、中央地方共担、加大财政投入、提高保障水平、分步组织实施"的基本原则,建立了中央和地方分项目、按比例分担的农村义务教育经费保障新机制(简称"新机制")。2006年"新机制"实施后,农村义务教育阶段学生的学杂费全部免除了,贫困家庭学生还获得政府免费提供的教科书和生活费补助,简称"两免一补"。

同时,"新机制"提高了中小学公用经费保障水平,建立了中小学校舍维修改造长效机制,巩固和完善了中小学教师工资保障机制。所需经费依据东、中、西三片地区由中央和地方政府分项目和比例来承担。其中,对于免学杂费资金和补助公用经费资金,在西部按8:2在中央和地方之间分担,在中部按6:4在中央和地方之间分担,在东部京、津、沪地区农村义务教育免杂费资金和补助公用经费资金由地方自行承担,其余6省和东南沿海计划单列市根据财力,与中央按下表中的比例分担。对于校舍维修改造资金,在西部和中部按5:5在中央和地方之间分担,东部地区由地方自行承担。对于贫困家庭学生免费提供教科书资金,在西部和中部完全由中央承担,在东部地区完全由地方承担。对于补助贫困家庭学生寄宿生生活费的资金,在西部和中部按5:5在中央和地方之间分担,在东部地区由地方自行负担(见表4-7)。

表4-7　　　　　中央与地方分担农村义务教育经费比例　　　　　单位:%

区域	免学杂费资金		补助公用经费资金		校舍维修改造资金		贫困生免教科书资金		贫困生补助寄宿生活费资金	
	中央	地方	中央	地方	中央	地方	中央	地方	中央	地方
西部	80	20	80	20	50	50	100	0	50	50
中部	60	40	60	40	50	50	100	0	50	50
东部	18~40	60~82	18~40	60~82	0	100	0	100	0	100

注:东部京、津、沪地区农村义务教育免杂费资金和补助公用经费资金由地方自行承担,其余6省和东南沿海计划单列市与中央按表中比例分担。

"新机制"要求各省按照中央与地方间农村义务教育经费投入责任分担原则，结合本省的具体情况，制定省级政府与各市、县级政府的经费分担规则。省级以下各级政府农村义务教育供给责任划分方面，中西部的大多数省份，省本级承担的项目和比例较多，基本上实现了"省统筹"。对东部各省而言，由于省级以下市、县的财政供给能力较强，所以市、县本级财政承担的项目和比例较多。

"新机制"对农村中小学教师工资并没有出台更多的政策，仍然按照税费改革后的转移支付体制，对中西部及东部部分地区农村中小学教师工资经费给予支持。同时要求省级人民政府要加大对本行政区域内财力薄弱地区的转移支付力度，确保农村中小学教师工资按照国家标准按时足额发放。

表4-8　　　　部分地区农村义务教育经费政府间分担比例　　　　单位：%

区域/省份		免杂费资金			补助公用经费资金			校舍维修改造资金			免教科书资金		补寄宿生资金	
		中央	省	市、县	中央	省	市、县	中央	省	市、县	中央	省	省	市、县
西部	陕西	80	20	0	80	20	0	50	25	25	100	0	0	100
	青海	80	20	0	80	20	0	50	30	20	100	0	43	57
中部	吉林	60	24	16	60	24	16	50	50	0	100	0	0	100
	山西	60	20	20	60	20	20[1]	50	20	30	100	0	0	100
东部	辽宁	0	60	40	0	60	40	0	奖补	市县共担	0	市担省补	0	100
	山东	0	60	40	0	60	40[2]	0	奖补	市县共担	0	市县共担[3]	0	100

注：1. 免学杂费和补助公用经费资金地方分担部分由省、市、县按5:2:3分担，其中国家扶贫工作重点县由省、市、县按7:2:1分担；

2. 免除学杂费资金和补助公用经费资金，由省（含中央财政对省的补助，下同）、市、县共同承担，分担比例分三类确定：济南、烟台、威海、东营、淄博5市，省与市、县的分担比例为4:6；潍坊、济宁、泰安、日照、莱芜5市，省与市、县分担比例为6:4；德州、滨州、聊城、菏泽、枣庄、临沂6市，省与市、县分担比例为8:2；

3. 免费提供教科书资金和补助寄宿生生活费，51个财政困难县所需资金由省财政安排，其他县（市、区）所需资金由市、县（市、区）财政负责安排。

资料来源：由各省《农村义务教育经费保障机制改革实施方案》整理所得。

2015年为了统筹城乡义务教育资源，国务院下发了《关于进一步完善城乡义务教育经费保障机制的通知》，在统一城乡义务教育"两免一补"政策的同时，统一了城乡义务教育学校生均公用经费基准定额，即2016年中西部地区普通小学每生每年600元、普通初中每生每年800元；东部地区普通小学每生每年650元、普通初中每生每年850元，同时鼓励各地结合实际提高公用经费补助标准。在此基础上，对寄宿制学校按照寄宿生年生均200元标准增加公用经费补助，农村地区不足100人的规模较小学校按100人核定公用经费和北方地区取暖费。落实生均公用经费基准定额所需资金由中央和地方按比例分担，西部地区及中部地区比照实施西部大开发政策的县（市、区）为8:2，中部其他地区为6:4，东部地区为5:5，中央适时对基准定额进行调整（见表4-9）。而且"两免一补"和生均公用经费基准定额资金随学生流动可携带。另外，2015年以来，中央继续对中西部地区及东部部分地区义务教育教师工资经费给予支持，省级人民政府加大对本行政区域内财力薄弱地区的转移支付力度。县级人民政府确保县域内义务教育教师工资按时足额发放。

表4-9　　　　　2015年城乡义务教育经费保障机制　　　　单位：%

	公用经费 基准定额部分		免费教科书资金		家庭经济困难寄宿生生活费补助（贫困面各省确认、中央核定）		校舍安全保障机制所需资金（农村地区中央、地方分担，城市地方负担）	
			国家课程	地方课程				
	中央	地方	中央	地方	中央	地方	中央	地方
西部地区（含中部地区比照实施西部大开发政策的地区）	80	20	100	100	50	50	50	50
中部地区	60	40	100	100	50	50	50	50
东部地区	50	50	100	100	50	50	以奖代补	

注：2016年取消对城市义务教育免除学杂费和进城务工人员随迁子女接受义务教育的中央奖补政策。

"新机制"实施之后，农村义务教育在公用经费、校舍维修改造、贫困生补助等方面，逐步建立起了中央、省、市县共同负担的"多级共担"体制。需要特别注意的是，在教师工资方面仍执行"以县为主"体制，中央财政对中西部和东部贫困地区给予一定的补助。教师工资占中小学教育经费的比例很高，根据2006年《中国教育经费统计年鉴》数据，农村小学教师工资占总经费的比例为75.93%，农村初中教师工资占总经费的比例为

68.92%，也就是说，占农村义务教育经费70%左右的教师工资负担体制并没有太大调整。

除教师工资外，中央财政对农村义务教育经费的投入逐渐增多。据统计，2006~2013年全国财政已累计安排农村义务教育经费保障机制改革资金8950亿元，其中中央财政5050亿元，地方财政3900亿元。中央财政每年安排的农村义务教育经费保障机制改革资金从2006年的150亿元增长到2014年的878.97亿元，年均递增24.7%。另外，自2006年以来，中央政府在农村地区实施了多项旨在改善办学条件和提高教育质量的"工程"和"计划"，财政上也给予了巨额的资助，如2006年启动实施的"农村义务教育阶段学校教师特设岗位计划"，2006~2012年，中央财政累计拨付153亿元；2007年启动实施的"中西部农村初中校舍改造工程"，2007~2012年，中央财政累计拨付220亿元；2010年启动实施了"农村义务教育薄弱学校改造计划"，2010~2013年，中央财政共安排资金约657亿元；2011年启动实施了"农村义务教育学生营养改善计划"，2011~2013年，中央财政共安排营养膳食补助资金301.9亿元。[1]

4.3.2 负担主体上移的问题与集权改革的限度

税费改革以来，由于县乡财政收支严重失衡的局面并未改变，农村义务教育财政体制改革的主要逻辑是上移负担主体，从过度分权的"乡村自给"体制向"以县为主"和"多级共担"体制转变。虽然目前县级政府仍然是农村义务教育财政的主要负担主体，但是中央和省级财政在承担越来越大的责任，集权取向日益明显。[2] 对于中国这样一个财力逐级向上集中的政府间财政结构，这种集权取向的改革使得财力更为充裕的中央和省级政府制度性地介入，对于保障农村义务教育经费、减轻农民直接教育负担具有重要意义。而且，由于人口的跨区域流动规模越来越大，义务教育的受益范围不仅局限在本县和本省，而且随着人口流动影响到全国各地，因此，理应由更高层次的政府分担一部分农村义务教育财政负担。国务院《关于推进中央与地方财政事权和支出责任划分改革的指导意见》，根据基本公共服务的受益范围、影响程度，也明确

---

[1] 白月娥. 农村义务教育经费保障机制 [N]. 中国财经报, 2014-7-15.
[2] 陈静漪, 宗晓华. 中国农村义务教育供给机制变革及其效应分析——基于"悬浮型"有益品的视角 [J]. 江海学刊, 2012 (4)：226-233.

要逐步将义务教育、高等教育、科技研发、基本养老保险、基本医疗和公共卫生、城乡居民基本医疗保险等体现中央战略意图、跨地区且具有地域管理信息优势的基本公共服务确定为中央与地方共同财政事权,并明确各承担主体的职责。

目前"多级共担"体制并没有真正形成,主要问题在于农村义务教育教师工资方面,各级政府间仍没有明确的责任划分,还是延续原来的"以县为主"体制。另外,在经费负担主体逐步上移的过程中,农村义务教育发展也出现了诸多问题,面临着很多挑战。主要体现在两方面:

第一,"新机制"是一次增量改革,并未真正触动政府间财力分配结构和教育财政事权结构,县级财政仍然是农村义务教育财政的负担主体。[①] 县级财政自给度在各级政府中是最低的,财政收支平衡在很大程度上依赖于上级转移支付,因此难以实现农村义务教育经费供给充足的目标。

第二,"新机制"开创了多级政府分项目、按比例承担农村义务教育财政责任的制度框架,但在目前的财政分权体制和偏向经济的政绩考核下,农村义务教育负担主体的上移会导致政府与农村学校、农村居民之间的距离越来越远,信息不对称问题会更加突出。中小学校面大量广,基层政府具有明显的管理和信息优势。上级政府尤其是中央和省级政府根本不能掌握很多决策细节信息。如果上级政府管控得过于具体,那么会束缚住基层政府的手脚;如果过于笼统,又缺乏可操作性。更重要的是,国家宏观政策必须保持相对稳定,根本无法适应差别巨大且处于动态变动的基层情况。

在实行"以县为主"之后,这种信息问题以及由此带来的激励不兼容问题就已经显现出来了。伴随着财权的上移,管理、人事等权力也从乡村上移到县级政府。根据2003年《中国县域经济统计年鉴》,我国东部县平均人口为59万人,中部县平均为102万人,西部县平均为32万人,中小学校和教学点平均每县在300所左右甚至更多,县级政府教育行政部门及其派出机构的管理幅度明显过宽。而且与乡镇政府和村委会相比,县级政府对学校和农村学生的信息知之甚少,反应迟钝。在目标责任制的绩效考核下,县级政府最为关注的是上级政府所能监测到的信息,如学校规模、办学条件、师资学历、升学率等教育供给侧指标。

---

① 范先佐,付卫东. 农村义务教育新机制:成效、问题及对策 [J]. 华中师范大学学报(人文社会科学版),2009,48 (4):110 - 120.

在垂直管理系统中，行政任务可以通过目标责任制自上而下逐级分解，但是信息反馈尤其是负面信息却很难下情上达。① 2000年以来大规模的"撤点并校"就反映出这种问题。2001年国家在实行"以县为主"体制的同时，要求对农村义务教育学校布局进行调整。然而，县级政府出于财政压力和管理方便的考虑，对农村地区"撤点并校"速度显然已经超过学龄人口减少的幅度。2000年全国县域内小学在校生数为1.12亿人，到2009年则减少到0.83亿人，减幅为25.94%。然而，在这十年间，县域内农村中小学校减少了21.5万所，减幅高达51.56%。据东北师范大学农村所对全国8个县77个乡镇的调查，有45.4%的村小学撤并过程中没有进行认真调研和征求村民意见，县里开一个会就强制直接撤销了。② 这实际上是管理权上移以后农村义务教育治理体制出现失衡的表现。

因此，改革现在实质上仍然是"以县为主"的财政事权体制，单向度地继续上移农村义务教育财政的负担主体，必然造成由于财权的上移很多决策权和管理将发生伴随性上移。以往很多研究仅仅注意到集权取向改革的好处，即由财力更强的上级政府参与经费更有保障，但却忽视了在中国自上而下基于目标责任制的垂直管理系统中，由于信息不对称和激励不兼容，也存在诸多风险。可以说，集权取向的改革对于农村义务教育发展来说是一把"双刃剑"。

如果继续上移农村义务教育财政负担主体会存在很多风险，那么还有没有其他的改革思路？造成县级财政收支失衡的原因有两个方面，一方面是财政事权过多，财政支出压力过大；另一方面是财力过于单薄。因此，除了改变财政事权责任的分配，还可以从财力分配的角度来推进改革。在这方面，"省直管县"财政改革，通过分税制和转移支付充实和提高县级财力，可能能为农村义务教育的发展提供更好的财政和制度保障，同时也不至于将管理和决策权力过度上移，限制基层政府信息和管理优势的发挥。然而，"省直管县"财政改革究竟能否如期望的那样，有效充实县级财力从而提高农村义务教育经费的投入水平，仍然是一个需要系统实证检验的问题（见表4-10）。

---

① 玛利亚·乔娜蒂. 自我耗竭式演进：政党—国家体制的模型与验证 [J]. 北京：中央编译出版社，2008：24-29.

② 邬志辉，史宁中. 农村学校布局调整的十年走势与政策议题 [J]. 教育研究，2011 (7)：22-30.

表 4-10　农村义务教育财政体制三阶段负担主体比较

	宏观财政体制改革	农村义务教育经费分项目负担主体		
		教师工资	公用经费	校舍维修改造
乡村自给体制	分税制改革、财政集权、地方财政收入减少、县乡财政困难	公办教师主要由乡级财政负担；民办教师和代课教师主要从教育费附加中支出	主要通过学杂费的形式由学生家长负担，乡财政给予一定的补助（教育费附加）	主要通过农民集资的形式，由乡、村负担，县财政酌情予以补助
以县为主体制	税费改革、基层政府财政压力加大，乡级财政虚化	主要由县级财政负担，部分地区乡财政筹措资金、县财政代发，中央对中西部补助	主要通过"一费制"形式由学生家长负担，缺口部分由县级财政予以安排	主要由县级财政负担，省、地（市）级政府增加和补助危房改造资金
多级共担体制	取消农业税、省直管县、乡财县管财政改革	主要由县级财政负担，中央、省级财政安排农村义务教育教师工资补助	东部由县级财政负担，中部按6∶2∶2、西部按8∶2∶0的比例由中央、省和市县共担	东部由市、县共担，省级政府给予奖补；中部按5∶3∶2、西部按5∶3∶2的比例由中央、省和市县共担

注：对于特困和贫困地区，中央和省级政府对教师工资和基建经费都有一定补助。

第 5 章

"省直管县"财政改革对农村义务教育财政的影响:全国整体分析

针对分税制后的财政纵向失衡问题有两种解决思路:一种是调整财政事权,将基本公共服务的财政负担重心上移;一种是调整财力分配结构,加大转移支付,充实基层政府财力,提高其提供基本公共服务的能力。税费改革以来,我国农村义务教育财政体制演变的基本逻辑是财政负担重心上移,但由于信息和激励问题,支出责任上移的集权取向的改革也面临着诸多风险。在这种形势下,旨在理顺省以下财政体制、缓解县乡财政困难的"省直管县"财政改革,对于充实基层政府财力、提高农村义务教育经费保障水平则具有更为重要的政策意义。自 2002 年 12 月国务院批转财政部《关于完善省以下财政管理体制有关问题意见》以来,除民族自治区域之外,全国已有 24 个省份进行了"省直管县"财政改革试点工作,一些省份已经全面铺开。经过近十年的实验和实践,"省直管县"财政改革究竟是否如政策设计者所期望的那样有效缓解了县级财政困难、提高了农村义务教育经费的保障水平,则需要系统地进行分析和检验。

本章和第 6 章分别从全国整体和分省案例两个层面对"省直管县"财政改革对农村义务教育财政的影响进行实证分析。全国层面的分析采用 1998～2012 年省级面板数据,以每个省"省直管县"财政改革试点县的数量占该省县的总数的比例为"省直管县"财政改革的代理变量,既能反映"省直管县"财政改革的开启时间,又能反映该省开展改革试点的范围和推进程度。在评估"省直管县"财政改革对农村义务教育财政影响的同时,对代表集权取向的"以县为主"和"新机制"改革的政策效应也进行评估,并对这两种改革路径效果进行对比讨论。

5.1 制度分析：改革的直接与间接影响机制

"省直管县"财政改革的主要目标是要"进一步理顺省以下政府间事权划分及财政分配关系，增强基层政府提供公共服务的能力"。"省直管县"财政改革的核心内容是"还财于县、藏富于民"，限制地级市对县域财政、经济资源的"攫取之手"，保障和充实县级财力，从而有助于提高农村义务教育经费水平。

根据 2009 年财政部《关于推进省直接管理县财政改革的意见》，实行"省直管县"财政改革，就是要政府间收支划分、转移支付、资金往来、预决算、年终结算等方面，实现省财政与县财政直接对接，不再经过地级市这一个财政层级。具体改革体现在以下五个方面：①

①收支划分。在进一步理顺省与市、县支出责任的基础上，确定市、县财政各自的支出范围，市、县不得要求对方分担应属自身事权范围内的支出责任。按照规范的办法，合理划分省与市、县的收入范围。

②转移支付。转移支付、税收返还、所得税返还等由省直接核定并补助到市、县；专项拨款补助，由各市、县直接向省级财政等有关部门申请，由省级财政部门直接下达市、县。

③财政预决算。市、县统一按照省级财政部门有关要求，各自编制本级财政收支预算和年终决算。

④资金往来。建立省与市、县之间的财政资金直接往来关系，取消市与县之间日常的资金往来关系。省级财政直接确定各市、县的资金留解比例。各市、县金库按规定直接向省级金库报解财政库款。

⑤财政结算。年终各类结算事项一律由省级财政与各市、县财政直接办理，市、县之间如有结算事项，必须通过省级财政办理。

根据以上改革内容，除了财政预决算和财政结算两个方面属于程序性制度调整外，收支划分、转移支付和资金往来都会对县级财政收支产生直接的影响。在收支划分方面，市不再分享属于县范围内的财政收入，县级财政税收分享比例将扩大；同时，市不得转嫁属于自身事权范围的支出责任，也减少了县

---

① 虽然改革主要体现在 5 个方面，但各个地方执行的程度有所差别，详见财政部《关于推进省直接管理县财政改革的意见》（财预〔2009〕78 号）。

级财政支出的压力。在转移支付和资金往来方面，一般性转移支付由省直接核定并补助到县，专项转移支付由县直接向省级部门申请，由省财政直接下达到县，省与县之间的资金往来不再经过市，杜绝"财政漏斗"效应，提高财政资金的使用效率，从而保证县级财力与农村公共服务供给。

然而，"省直管县"财政体制改革不仅调整了县级财政隶属关系，而且还改变了县级财政的监管结构与竞争范围。①"省管县"和"市管县"体制的一个显著区别在于，省级财政的管理幅度明显高于市级财政，而且省域范围的县级竞争明显要高于市域范围的县级竞争。在基于政绩考核的官员晋升锦标赛体制下，对于一个具有明显生产性支出偏向县级政府而言，②以提高财力、扩大财政自主权为方向的"省直管县"财政改革究竟能否有效地改善像教育这种民生福利类公共服务的供给水平，仍然是一个巨大的疑问（见图5-1）。

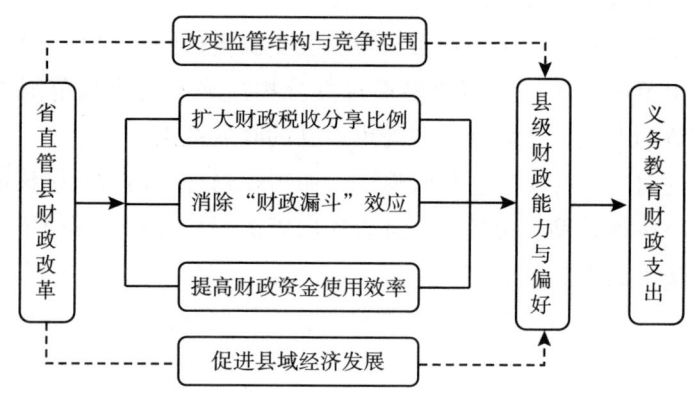

图5-1 "省直管县"财政改革对农村义务教育财政的影响机制

5.2 研究设计：指标选取、数据与模型设定

5.2.1 指标选取与数据

（1）农村义务教育财政变量。

长期以来，农村义务教育相对处于劣势地位，突出表现在教育经费投入、

---

① 刘尚希. 改革成果存续时间是否太短——对"省直管县"欢呼背后的冷思考 [J]. 人民论坛，2009（4）：33-34.

② 尹恒，朱虹. 县级财政生产性支出偏向研究 [J]. 中国社会科学，2011（1）：88-101.

第5章 "省直管县"财政改革对农村义务教育财政的影响:全国整体分析

中小学师资水平、办学条件、教育质量等方面,本书主要从教育经费投入这一层面进行分析,农村义务教育财政支出水平采用农村小学、农村初中生均预算内教育经费进行衡量。

(2)"省直管县"财政改革变量。既往文献对"省直管县"财政改革对教育财政影响的研究,多数采用县级数据,数据主要来自于《全国地市县财政统计资料》,但是这份资料从2008年起不再公布详细的县级财政收支数据,也没有县级教育财政支出数据。由于受数据可获得性的限制,以往对全国整体的改革效应评估都集中在2007年之前。例如,贾俊雪等(2013)对"省直管县"财政改革的经济和财政绩效评估使用的是1997~2005年的全国县级数据,[①] 贾俊雪和宁静(2015)对"省直管县"财政改革对县级财政支出结构的评估,使用的是2002年和2007年的全国县级数据,[②] 高蒙蒙(2014)使用的是2005年和2007年两年的全国县级数据。

问题是,2007年前推行"省直管县"财政改革的省及试点县仍然有限,2009年财政部出台《关于推进省直接管理县财政改革的意见》后,很多省份才开始进行大规模的试点改革。为了克服以往全国县级数据不能涵盖2007年之后的数据问题,本书使用1998~2012年的长期省级面板数据对"省直管县"财政改革对农村义务教育财政的影响进行实证分析。

"省直管县"财政改革的变量设置,与以往研究以虚拟变量来处理不同,本书采用财政上实行"省直管县"的县占全省总县数的比例作为"省直管县"财政改革的代理变量,这一变量不仅能够表示该省是否进行了"省直管县"财政改革,而且还能测度"省直管县"财政改革在该省的试点范围和推进程度,从而更准确地体现"省直管县"财政改革的影响力。

(3)教育财政改革虚拟变量。

"以县为主"改革虚拟变量。2001年,《国务院关于基础教育改革与发展的决定》确立了一种新的"在国务院领导下,由地方政府负责,分级管理,以县为主"的义务教育财政体制。2002年5月,《关于完善农村义务教育管理体制的通知》进一步明确了"以县为主"体制。对大多数地区而言,是从2002年开始推行"以县为主"体制的,故将1998~2001年的"以县为主"改

[①] 贾俊雪,张永杰,郭婧. 省直管县财政体制改革、县域经济增长与财政解困[J]. 中国软科学,2013(6):22-29.

[②] 贾俊雪,宁静. 纵向财政治理结构与地方政府职能优化——基于省直管县财政体制改革的拟自然实验分析[J]. 管理世界,2015(1):7-17.

革虚拟变量设定为 0，2002~2012 年设为 1。

"新机制"改革虚拟变量。2005 年，《国务院关于深化农村义务教育经费保障机制改革的通知》决定从 2006 年农村中小学春季学期开学起，分年度、分地区逐步实施农村义务教育经费保障机制改革。2006 年我国西部地区农村义务教育阶段中小学生全部免除学杂费；中央财政同时对西部地区农村义务教育阶段中小学安排公用经费补助资金，提高公用经费保障水平。2007 年，我国中部地区和东部地区农村义务教育阶段中小学生全部免除学杂费；中央财政同时对中部地区和东部部分地区农村义务教育阶段中小学安排公用经费补助资金，提高公用经费保障水平。根据这一通知，在"新机制"改革虚拟变量的设置上，西部省份 2005 年之前（含 2005 年）设为 0，2006 年及以后年份设为 1；中部和东部省份 2006 年之前（含 2006 年）设为 0，2007 年及以后年份设为 1。

（4）其他经济、社会、人口等影响变量。

为更准确地估计政策效应，本文对一些相关的经济、社会、人口等外生环境因素进行控制。基于已有研究，本书选取的控制变量有：①人均财政收入，反映地区的财政状况；②农村居民收入，反映农村居民的经济状况；③非农人口比重，反映地区人口构成与城镇化情况；④人口密度，影响学校的布局及规模，从而间接影响教育的成本需求；⑤在校生数量，其中小学阶段用小学学生数衡量，初中阶段用初中学生数衡量，这一变量和非农人口比重、人口密度共同反映一个地区基本的人口和地理特征。为了真实反映变量间的变动关系，同时尽量减少异方差的影响，本书对人均财政收入、农村居民收入以及在校生数量均进行了对数化处理。

根据以上指标，本书整理了 1998~2012 年的省级面板数据，从农村义务教育财政状况的角度出发，对"省直管县"财政改革效果进行实证研究，同时考察"以县为主"和"新机制"改革的影响。教育类数据来源于相应年份的《中国教育统计年鉴》和《中国教育经费统计年鉴》，经济、社会类数据来源于《中国统计年鉴》和《中国人口与就业统计年鉴》，其中财政投入、预算内教育经费等数据，已根据价格指数（CPI）统一调整为 2010 年不变价格。由于数据缺失问题，本书未考虑西藏自治区的情况，因此，样本由 1998~2012 年 30 个省份的相关数据构成，共计 450 个观测点。

5.2.2 计量模型设定

分析方法主要采用面板数据回归分析。具体计量模型如下：

$$Y_{it} = \alpha_0 + \beta_1 \cdot PMC_{it} + \beta_2 \cdot R_{1t} + \beta_3 \cdot R_{2it} + \gamma \cdot Z_{it} + \varepsilon_{it} \quad (5-1)$$

其中，Y_{it}为农村义务教育生均财政支出水平，分别用农村小学和初中生均教育预算内经费来表示，α_0为截距项，PMC_{it}为"省直管县"财政改革虚拟变量，R_{1t}为"以县为主"改革虚拟变量，R_{2it}为"新机制"改革虚拟变量，Z_{it}为其他经济、社会、人口等控制变量。

5.3 实证分析：计量结果与分地区稳健性检验

5.3.1 描述性统计分析

由描述性统计分析如表5-1所示，由分析结果可知：

表5-1　　　　　　　　变量的描述性统计

变量	平均值	标准差	最小值	最大值
农村小学生均预算内教育经费（元）	2231	2881	157	22353
农村初中生均预算内教育经费（元）	2814	3969	312	39829
人均财政收入（元）	1617	2166	143	14817
农村人均收入（元）	3996	2451	1081	16465
人口密度（人/平方公里）	388	519	0	3778
非农人口比重（%）	32.59	15.75	12.65	89.76
省直管县县数占总县数的比重（%）	22.35	38.77	0	100
农村小学学生数（人）	5560	14654	169	101814
农村初中学生数（人）	2160	5686	58	38448

第一，人均财政收入和农村人均收入均有较大的增长，但地区财政状况仍然存在明显的差异，2012年北京市人均财政收入已达到14817元，而甘肃省仅为1866.8元，仅占前者1/8，这些经济和财政差距必然会影响到地区义务教育经费支出的水平。

第二，就教育经费状况而言，尽管预算内经费水平在逐年提升，但仍存在地区发展不均衡的情况，东部与西部之间的差距尤为明显。同时农村初中生均预算内教育经费水平稍高于农村小学，前者地区差异性更为显著。这一现象受经济、社会、地理、人口等诸多方面因素的影响。

第三,自 2004 年以来,我国开始在部分省份推行"省直管县"财政体制改革,截至 2012 年年底,除内蒙古自治区和新疆维吾尔自治区之外,所有省份均不同程度地实行了"省直管县"财政体制,其中江苏省、辽宁省、福建省、江西省等省份"省直管县"改革的比重已达到 100%。从全国总体改革情况来看(北京等 4 个直辖市所属的县级政府,一直采取省直管县财政体制,因而不考虑),除 2006 年及 2008 年以外,其他年份实行"省直管县"财政改革的县数均呈现一定增长趋势,以 2007 年最为明显(见图 5-2),改革县数从 2004 年的 201 个增加至 2012 年的 1079 个;从地区差异来看,实行"省直管县"的县数以中部和东部地区居多(见表 5-2),西部相对较少。

表 5-2　　　　东中西部实行"省直管县"财政体制的县数

年份	东部	中部	西部
2004	74	114	13
2005	140	168	13
2006	140	168	13
2007	192	305	80
2008	192	305	80
2009	312	341	194
2010	343	445	197
2011	342	445	284
2012	350	445	284

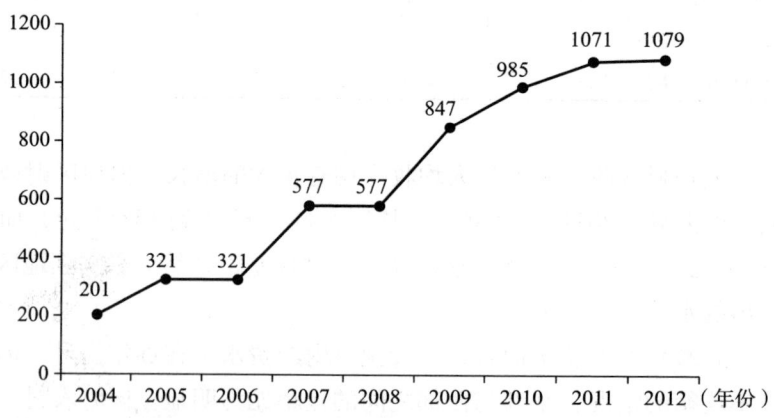

图 5-2　实行"省直管县"财政改革的县数统计(2004~2012 年)(个)

注:由于北京等 4 个直辖市一直实行"省直管县"体制,统计时直辖市样本没有计入。

5.3.2 回归结果分析

为了深入研究"省直管县"财政体制改革对农村义务教育财政的影响，根据上节设定的计量模型，使用省级面板数据进行多元回归分析。在处理面板数据的过程中，首先就涉及到使用固定效应模型还是随机效应模型的问题。由于推行"省直管县"财政体制改革的省份和实施的时期并非是随机选择的，而是各省根据本地区的政治、经济、社会等情况做出的决策，所以理论上使用固定效应模型更为合适。同时，根据计量经济学常用的标准，本书对回归结果进行了豪斯曼检验（Hausman Test），如果豪斯曼检验结果在 0.1 水平上显著时，那么就更信赖固定效应估计；反之，豪斯曼检验在 0.1 水平上不显著时，则偏向于选择随机效应进行估计。根据计量模型的豪斯曼检验结果，所有估计结果均支持固定效应模型。

根据表 5-3 的计量结果，在控制变量中，无论在小学阶段还是初中阶段，非农人口比重对生均预算内教育经费的影响都不显著，人口密度变量在初中阶段的影响也不明显，但在小学阶段显示出较为显著的负面影响。人均财政收入、农村居民人均收入均对生均预算内教育经费有着显著影响，而农村小学、农村初中学生数这两个变量则呈现出显著的负效应。这说明，在人均财政收入较多、农村居民生活水平较高的地区，经济条件占优势，农村义务教育生均预算内经费分配更多。同时，在人口密度低的地区，教育资源难以形成规模效应，生均预算内教育经费相对较高，在义务教育学生人数较多的地方，则呈现出相对较少的趋势。以上经济、社会、人口等变量都是为更准确地估计政策效应而设定的控制变量，本书更着重于探讨"以县为主"改革虚拟变量、"新机制"改革虚拟变量，尤其是"省直管县"财政改革变量的影响。

表 5-3　　　　　　　　　　　　全国回归结果

	小学生均预算内经费 （Model 1）	初中生均预算内经费 （Model 2）
常数项	1.385 * (0.692)	-2.698 *** (0.643)
人均财政收入（自然对数）	0.657 *** (0.051)	0.515 *** (0.049)

续表

	小学生均预算内经费 （Model 1）	初中生均预算内经费 （Model 2）
农村居民人均收入（自然对数）	0.558 *** （0.105）	1.035 *** （0.103）
农村小学学生数	-0.479 *** （0.041）	
农村初中学生数		-0.325 *** （0.029）
人口密度	-0.000125 （0.000）	-0.0000878 （0.000）
非农人口占总人口比例	0.00432 （0.002）	0.00220 （0.002）
"以县为主"改革虚拟变量	0.287 *** （0.021）	0.169 *** （0.020）
"新机制"改革虚拟变量	0.0943 *** （0.025）	0.185 *** （0.023）
"省直管县"财政改革比重	0.000583 * （0.000）	0.000744 ** （0.000）
N	450	450
$R\text{-}sq$：within	0.9085	0.9827
Hausman：$Prob > chi2$	0.0000	0.0000

注：括号内为标准误，$* p < 0.05$，$** p < 0.01$，$*** p < 0.001$。

第一，在义务教育阶段，"以县为主"改革、"新机制"改革、"省直管县"财政改革均对农村生均预算内教育经费的增加有显著的正向作用。这一结果表明"以县为主"改革在一定程度上提升了农村义务教育财政投入，"新机制"改革使得中央及省级政府都加大了对农村义务教育的财政投入，也显著地改善了农村义务教育经费状况。而"省直管县"财政改革这种分权措施虽不同于前者的集权手段，但也显著提高了农村义务教育经费水平，这是由于"省直管县"财政体制改革实现省在财政上直接对县进行管理，加大对县级政府的一般性转移支付规模，提高县乡在义务教育财政上的地位，增加基层政府对义务教育的财政供给能力；同时，省直接管理县体制减少了地级市一级对转移支付资金的"截留"，均有利于农村义务教育经费水平的改善。

这一计量结果与以往的一些研究有所不同，刘佳（2012）通过实证研究发现，"省直管县"财政改革会对教育等公共物品供给产生负面效应，[①]但这一结论是基于河北省面板数据的实证分析。因此，从全国范围来看，"以县为主"改革、"新机制"改革、"省直管县"财政改革均对农村义务教育经费支出的增长具有正面影响，而这与国家政策的预期效果基本符合。

第二，从改革的作用大小来看，在小学阶段，"以县为主"改革（0.287）的作用大于"新机制"改革（0.0943），初中阶段则情况相反，"新机制"改革（0.185）的影响稍高于"以县为主"改革（0.169）。"以县为主"改革从县这一层级入手，确立了一种"分级管理，以县为主"的义务教育财政体制，这一决定公布之后，各地开始推进"撤点并校"，大量撤销农村原有教学点，使学生集中到小部分城镇学校，在一定程度上形成了农村义务教育、特别是小学阶段的规模效应。而"新机制"改革使得中央分担了中西部尤其是农村地区大部分义务教育筹资责任，"新机制"实施前的2005年，农村小学生均预算内教育经费为1421元，2008年达到2709元，年均增长率为24%，农村初中生均预算内经费2005年为1566元，2008年达到3477元，年均增长率为30.5%，可见"新机制"的实施有力地促进了我国义务教育经费的增长，而初中阶段增长更为明显。

"省直管县"财政改革使财政拨款减少了一级跨度，可以减少不必要的成本，使得财政拨款不易被层层截留，从而更快到达基层，充实了县级财力，在一定程度上提升农村义务教育经费供给财力，产生"收入效应"，同时也促使省以下地方政府和财政行为的转变，从而改善地方公共服务和地方公共品的供给状况。为更精确地估计改革效应，本书采用各省"省直管县"财政改革县数占总县数的比例衡量改革进度，实证结果表明，就全国范围来看，"省直管县"财政改革对农村义务教育财政支出水平产生显著的正效应，对初中阶段的影响高于小学阶段，但是影响的幅度有限。财政上"省直管县"占比平均每提高1个百分点，农村小学生均预算内经费约提高0.06%，农村初中阶段约提高0.07%。

[①] 刘佳等. 省直管县改革对县域公共物品供给的影响[J]. 经济社会体制比较，2012（1）：35-45.

5.3.3 分地区稳健性检验

由于不同地区的自然、经济、社会和教育条件不同,"省直管县"财政改革的进度也有所差异,因此改革对农村义务教育财政的影响也可能存在差异。因此,本书按照地理区域将样本划分为东部、中部和西部三个群组,以测度地区间的差异性,增加研究结论的可靠性和稳健性。具体计量结果如表 5-4 所示。

表 5-4　　　　　　　　　　分地区回归结果

	小学生均预算内经费			初中生均预算内经费		
	东部 (Model 3)	中部 (Model 4)	西部 (Model 5)	东部 (Model 6)	中部 (Model 7)	西部 (Model 8)
常数项	-2.222* (0.876)	3.162* (1.442)	4.101** (1.290)	-4.208*** (0.947)	-0.258 (1.613)	-2.331* (1.099)
人均财政收入 (自然对数)	0.663*** (0.075)	0.484*** (0.091)	0.876*** (0.098)	0.446*** (0.076)	0.404*** (0.084)	0.737*** (0.097)
农村居民人均收入 (自然对数)	0.771*** (0.144)	0.642*** (0.186)	0.197 (0.191)	1.223*** (0.152)	1.053*** (0.188)	0.747*** (0.198)
农村小学/初中学生数 (自然对数)	-0.275*** (0.046)	-0.798*** (0.082)	-0.568*** (0.097)	-0.332*** (0.037)	-0.478*** (0.091)	-0.227*** (0.059)
人口密度	-0.000248*** (0.000)	0.00343 (0.002)	-0.000929 (0.002)	-0.000187** (0.000)	-0.00345 (0.002)	0.00442 (0.003)
非农人口占 总人口比例	0.00219 (0.003)	0.0179* (0.007)	-0.00391 (0.006)	0.00425 (0.003)	0.0144* (0.007)	-0.0135* (0.007)
"以县为主" 改革虚拟变量	0.248*** (0.316)	0.372*** (0.036)	0.237*** (0.033)	0.0993** (0.031)	0.271*** (0.036)	0.137*** (0.039)
"新机制"改革 虚拟变量	0.110** (0.348)	0.150** (0.047)	0.0352 (0.038)	0.193*** (0.035)	0.254*** (0.043)	0.125** (0.040)
"省直管县"财政 改革比重	0.000735* (0.003)	-0.000557 (0.000)	-0.000326 (0.000)	0.00125*** (0.000)	-0.000393 (0.000)	0.000540 (0.000)
N	165	120	165	165	120	165
R-sq: within	0.9876	0.9868	0.9805	0.9876	0.9890	0.9784
Hausman: Prob>chi2	0.0014	0.7021	0.0000	0.0059	0.1324	0.0027

注:括号内为标准误,$*p<0.05$,$**p<0.01$,$***p<0.001$。

分地区的计量结果显示，人均财政收入不论在东部、中部还是西部，都对义务教育阶段生均预算内教育经费有着显著的正向作用，而在校学生数这一控制变量对经费则有着显著的负效应，这表明财政支持是生均经费提高不可或缺的因素，学生数的增加更有利于产生规模效应，这一结果与全国范围内的情况保持一致。

值得关注的是，"省直管县"财政改革变量对农村义务教育财政的影响，在不同的地区并不一致。经过回归分析初步发现，无论在小学阶段还是初中阶段，"省直管县"财政改革在东部地区都存在正效应，其中初中阶段的正效应更为显著，说明县级政府在分配资源时倾向于初中。"省直管县"财政改革对于中部地区农村义务教育存在负向影响，但统计上不显著。对于西部来说，改革对农村小学阶段的影响为负，对农村初中阶段的影响为正，但二者在统计上都不显著。

对于这个结果，可以从以下两个角度来进行解释。

第一，在东部地区，由于"省直管县"财政改革由来已久，体制运行相对比较成熟，省级财政能力较强，县域经济发展水平相对较高，因此实行"省直管县"之后，县级财力得到加强，县域经济发展的活力得到释放，有助于提高县级政府对于农村义务教育的经费保障能力。同时，东部很多省份已经开始积极探索行政上的"省直管县"改革，使得事权与财权、财力更为匹配，有利于服务型公共物品的供给与配置，对农村义务教育产生较为明显的正向影响。

第二，与东部省份相比，中、西部地区县面大量广，但是省级财政却并不充裕，直管后省级财政对县的支持力不从心，因此更多期望通过改革对县进行赋权，激励县级政府努力发展经济、创收增收，将引发县级政府更注重财政支出的经济绩效而非民生功能。同时，中部省级政府管理幅度过宽，监管力度不够，导致县级支出结构偏向调整，挤占农村义务教育的原有投入，产生"挤出效应"。

5.4 全国层面分析的结论与启示

本章利用1998~2012年省级面板数据，从全国整体层面分析了"省直管县"财政改革对于农村义务教育财政的影响。实证结果显示，财政上"省直管县"改革总体上有利于农村义务教育财政支出水平的提高，但提高的幅度有限，其中对初中阶段的影响高于小学阶段。这说明实行"省直管县"财政体制后，无论是从财政增收角度还是从转移支付角度，县级财政保障农村义务教育经费的能力的确有所增加。原来"市管县"财政体制下，一些地级市为了中心城市的发展，重城轻乡，利用行政权力从县里"抽血"，甚至截留上级给县里的各种资源，形成"漏斗效应"。在"省直管县"财政体制下，由于省与县财政直接对接，税收划分、转移支付和资金往来都不再经过地级市政府，从而在制度上规避和消除了这种"漏斗效应"。从长远来看，财政上的城乡分治对于解决农村义务教育的经费和发展问题创造了一个更为有效率的制度框架。

对这一结果进行分地区稳健性检验显示，在东部地区，无论是小学阶段还是初中阶段，"省直管县"财政改革都显著地提高了农村义务教育财政支出水平。但是，在中部地区，改革对小学和初中阶段都存在一定的负面效应；在西部地区，改革对小学阶段有一定的负向影响，在初中阶段具有正向影响，虽然统计上都不显著。

为了对比解决财政纵向失衡问题有两种改革思路的效果，本章还对"以县为主"和"新机制"改革的效果进行了检验，结果显示，两项改革都对农村义务教育财政支出水平产生显著的正向影响，其中"以县为主"改革对农村小学财政支出水平影响更为高，而"新机制"对农村初中财政支出水平影响更高。分地区的稳健性检验也显示，这两项直接针对事权的集权取向的改革，对东部、中部和西部的农村义务教育的财政支出水平基本都呈现出显著的正向影响，而且效果比较稳健。这说明在中国这样财力逐级集中的体制下，将农村义务教育财政负担重心上移，对保障农村义务教育的经费水平具有直接的效果。

与"以县为主"和"新机制"这种直接针对农村义务教育财政体制的改革相比，"省直管县"财政改革对农村义务教育财政体制的效果并不直接，而且改革效果在不同的自然和社会条件下也不确定。尤其是对于广大的中西部地区，也是农村义务教育发展最为困难的地区，"省直管县"财政改革仍然举步维艰，县乡财政困难，但省级财政也并不宽裕，地级市财政亦是如此。"省直管县"财政改革本质上是对省以下各级财政进行利益调整，改革过程必然充满着各级政府之间的博弈与妥协，改革的试点范围与改革的深度都是各级政府博弈的内生结果，并不一定能够实现决策者最初的政策预期。在中西部省、市财力有限的情况下，"省直管县"财政改革更多寄希望于"多予少取"，强化县级政府创收增收的财政激励，释放县域经济活力。为配合和保障"省直管县"财政改革的顺利推进，中央明确将对县委书记的任命权从市管升格到省管。在财政与人事的双重直管下，省级管理幅度扩大，信息传递距离拉长。在这种情况下，改革可能会导致县级财政支出偏好和支出结构的改变，由此产生的财政支出偏向经济建设类支出而忽视民生福利类支出，将不可避免地对农村义务教育财政造成负面影响。

这种推测是否能够得到实证数据的支持，或者说"省直管县"财政改革是否会对县级政府农村义务教育投入的努力程度产生影响，必须采用县级数据进行更深入的实证分析。

第 6 章

"省直管县"财政改革对农村义务教育财政的影响：分省案例分析

根据第 5 章的实证研究结果，"省直管县"财政改革对于农村义务教育财政支出的增加具有显著的正向影响，但是这种正向影响的幅度有限。分地区的稳健性检验也显示，对于东部地区来说，"省直管县"财政改革对农村义务教育经费支出水平主要是正向影响，对于中西部来说影响存在一定的差异，但都不显著。对于这种不一致的影响尤其是负面影响，一个可能的解释是"省直管县"财政改革在提高县级财力的同时，也改变了县级政府的监管结构与竞争范围，从而改变了县级政府的支出偏好和支出结构。

为了进一步检验"省直管县"财政改革对县级财政支出偏好和结构的影响，本章以 4 个典型省份为案例，使用各省的县级面板数据，对"省直管县"财政改革对县级教育财政投入努力程度进行实证分析。"省直管县"财政改革是由各省自主推行，各省的改革试点范围与改革内容都存在较大差异，因此进行分省案例分析，有助于深入理解不同地区"省直管县"财政改革及其效应差别。同时，以县级数据作为分析层次，一方面是基于农村义务教育实行"以县为主"的管理体制，另一方面是考虑到县域主要是农村，县级财政直接影响农村义务教育财政状况。4 个案例省份分别为东部的江苏省、中部的河南省和湖南省、西部的贵州省。其中，江苏省和湖南省（除长沙两县与湘西地区外）一次性地在全省范围内推行"省直管县"财政改革，而河南省和贵州省则分两次对试点范围进行扩大，至今仍未在全省范围内全面铺开。课题组在 2012~2014 年曾对上述省份进行实地调研，获取了较为详细的教育财政数据和资料。

第6章 "省直管县"财政改革对农村义务教育财政的影响：分省案例分析

6.1 东部江苏省的案例分析

江苏省属于中国东部沿海发达地区，面积10.72万平方公里，以平原为主。2015年全省人口7976.3万人，三次产业增加值比例为5.7:45.7:48.6，城镇化率为66.5%，人均GDP为87995元，一般公共预算收入8028.6亿元，一般公共预算支出9681.5亿元，人均可支配收入29539元，农村居民人均可支配收入16257元，多项经济、社会和教育发展指标居全国各省前列。[①] 目前江苏省下辖1个副省级城市、12个地级市、42个县（市）。江苏省推行"省直管县"财政改革较早，2007年已在全省范围内推行"省直管县"财政体制。目前，正在积极探索全面"省直管县"体制，已有昆山、泰兴、沭阳3个试点县（市）。

6.1.1 江苏"省直管县"财政改革的主要内容

2007年江苏省政府出台《关于实行省直管县财政管理体制的通知》（苏政发〔2007〕29号），要求从2007年起实行省直管县财政管理体制，认为该项有3个方面的收益：（1）扩大县级经济管理权限，促进县域经济发展；（2）减少管理层次，提高财政资金使用效率；（3）增强省级财政调节能力，协调城乡、区域发展。

改革的主要内容包括：

第一，明确省直管县财政管理体制范围，原由市财政直接管理的县，改由省直接管理，省财政直管13个市和52个县（市）。按照属地原则统一划分省、市县财政收入，明确市与县各自的财政支出责任。以2005年为基期年确定市对县的财政体制性集中和财力补助、专项补助等基数，按省财政厅要求办理划转。

第二，改革财政预决算制度，取消市与县之间的预决算制度，建立省与市、省与县之间的财政预决算制度。

第三，改革财政往来管理制度，取消市与县之间的财政往来制度，省对县直接下达各类专项补助，不再经过市。

[①] 江苏省统计局，国家统计局江苏调查总队.2015年江苏省国民经济和社会发展统计公报[J].新华日报，2016-02-25.

第四，严格分配制度，改革后各市不得以任何方式集中县级财政收入和资金，不得下放或转嫁财政支出责任，各市对县出台增加支出政策必须要相应安排补助资金。

第五，充分发挥省级财政调节作用，加大转移支付，缓解县乡财政困难，推进县域间基本公共服务均等化。

江苏省改革的特点是"一步到位"，直接对全省范围内所有县（市）实行财政省直管，这与江苏具备推行"省直管县"财政改革的多项客观条件有关。

首先，改革时江苏的县（市）数量只有52个，与当时的辖县大省河南（109个县）、河北（136个县）、四川（138个县）、云南（117个县）相比，属于辖县较少的省份，与一直实行"省直管县"财政体制的浙江省（58个县）相近。

其次，江苏省的财政实力较强，2007年改革当年，江苏省人均财政收入为2935元，比地方平均值1784元高出65%，其他案例省份如河南的人均财政收入为921元，湖南为954元，贵州为758元；江苏省财政收支缺口率为12.37%，而地方财政的平均缺口率为38.52%，其他案例省份如河南财政缺口率为53.91%，湖南为55.30%，贵州为64.15%。

最后，江苏省的县域经济发展水平较高，改革当年江苏有22个县进入全国百强县，尤其是苏南地区县级经济和财政实力较强。2007年江阴一个县的地区生产总值（1190亿元）与海南省一个省的地区生产总值（1223亿元）接近，到2014年江阴的地区生产总值（2754亿元）已经远远超过了海南省的地区生产总值（2065亿元）。

6.1.2 江苏"省直管县"财政改革的效应

（1）计量模型与数据。

为了深入分析江苏省"省直管县"财政改革对农村义务教育财政的影响，本书整理了2005~2013年江苏县级面板数据，选取县级教育财政支出占财政支出的比例（简称财政教育支出占比）作为因变量，反映县级教育财政投入努力程度。具体计量模型如下：

$$EXP_{it} = \alpha_0 + \alpha_1 \cdot X_{it} + \alpha_2 \cdot YEAR_t + \beta \cdot POST_t + \varepsilon_{it} \quad (6-1)$$

其中，EXP_{it}指财政教育支出占比，$POST_t$为"省直管县"财政改革虚拟变量，2007年之前设置为1，2007年及之后年份设置为0，$YEAR_t$是年度时间趋势变量，X_{it}是其他经济社会等影响因素控制变量，具体包括各县人均GDP、

第6章 "省直管县"财政改革对农村义务教育财政的影响：分省案例分析

农业产值占地区生产总值比重（简称"农业产值比重"），农业从业人口占从业人口比重（简称"农业人口比重"）、县本级财政收入占财政支出比例（简称"财政自给度"）等。

本节的县级经济社会等指标的数据来自于《江苏统计年鉴（2006~2014年）》，县级教育财政投入指标数据来自于江苏教育厅教育经费统计信息系统，属于本课题组内部调研数据。2007年江苏省有52个县（市），2009年通州市撤市设区，成为南通市通州区，2010年铜山县撤县设区，成为徐州市铜山区，2011年江都市撤县设区，成为扬州市江都区，2012年吴江市撤市设区，成为苏州市吴江区。为了保持面板数据的平衡性，本数据库中剔除已经改区的县，仅使用当前48县作为分析对象。所有经济、财政类数据均根据江苏省居民消费价格指数（CPI）折算为2010年价格。所有回归分析中，非比例变量均取自然对数。

（2）描述性统计分析。

如表6-1所示，江苏省各县财政教育支出占比均值为22.77%，其中最小值为10.06%，最大值为35.93%。这里需要注意的是，财政教育支出占比是衡量县级教育财政支出水平的一个相对指标，主要反映县级财政对教育的投入努力程度，并不一定与支出水平的绝对值相关。以2012年为例，财政教育支出占比最高的苏北睢宁县为29.69%，而最低的昆山市仅为13.86%。然而，即使睢宁县的教育财政支出占其财政支出的比例超过1/3，而昆山仅为其财政支出的1/10，睢宁县的生均教育财政支出仅为5877元，而昆山为15653元，后者是前者的将近3倍。

表6-1　　　　　　江苏省县级主要指标的描述性统计

变量	均值	标准差	最小值	最大值
财政教育支出占比（%）	22.77	5.31	10.06	35.93
人均GDP（元）	38874	34115	5056	226396
农民人均纯收入（元）	8546	2920	3943	18197
农业产值比重（%）	15.13	8.85	0.82	38.08
农业人口比重（%）	28.12	12.69	2.19	67.03
财政自给度（%）	66.59	23.25	23.08	120.56
学生占人口比重（%）	12.65	3.24	6.92	29.74

江苏省的县域经济社会发展水平较高,人均 GDP 均值为 3.89 万元,其中农业产值占 GDP 的比重为 15.13%,农业人口的比重为 28.12%,农民人均纯收入为 8546 元。江苏县级财政的财政自给度相对较高,而且在不断提高,2005 年县级平均财政自给度为 59.58%,2012 年上升为 70.46%。学生占人口比重均值 12.65%。

(3) 计量结果。

根据式 (6-1) 的计量模型,使用 2005~2013 年江苏县级面板数据对参数进行回归分析。根据计量经济学常用的标准,对回归结果进行了豪斯曼检验 (Hausman Test),如果豪斯曼检验结果在 0.1 水平上显著时,那么就更信赖固定效应估计;反之,豪斯曼检验在 0.1 水平上不显著时,则偏向于选择随机效应进行估计。根据计量模型的豪斯曼检验结果,所有估计结果均支持固定效应模型。其他案例省份的模型估计都使用这个标准,不再重复陈述。具体估计结果如下:

第一,在控制了经济、社会和教育规模变量之后,"省直管县"财政改革变量对县级财政教育支出占比具有显著的正向影响,说明江苏的"省直管县"财政改革能够提高县级教育财政投入的努力程度。由于财政自给度变量可能受"省直管县"财政改革的影响,因此在第一个模型 (Model 9) 中没有加入财政自给度变量,第二个模型 (Model 10) 才加入。即使在控制了反映县级财力的财政自给度变量之后,"省直管县"财政改革对县级财政教育支出占比仍具有显著的正向影响,说明江苏的改革能够有效地促进县级政府对教育的投入努力程度。

为了控制可能存在时间趋势,进一步对两个模型加入时间趋势变量,发现结果仍然与之前一致,"省直管县"财政改革对县级教育财政投入努力程度有显著的正向效应,而且这种改革的正向效应更高一些 (详见 Model 11 和 Model 12)。然而,无论控制财政自给度与否,时间趋势项本身的系数是负值,而且在统计上非常显著,说明总体上来讲,县级财政教育支出占比有下降趋势,可能是"新机制"后省级财政负担了部分教育经费的缘故 (见表 6-2)。

第二,在控制地区经济发展水平后 (人均 GDP),农业人口占比和农民人均纯收入越高,县域的财政教育支出占比越高。农业人口居住比较分散,提供就近入学的教育服务成本会相对较高,因此农业人口占比较高会增加县级教育财政支出负担。农民人均纯收入在一定程度上反映了居民教育需求因素。一般来说,一个地区的居民收入水平较高,社会对教育就会更加重视,从而会提高

第6章 "省直管县"财政改革对农村义务教育财政的影响：分省案例分析

县级教育财政支出水平。财政自给度对财政教育支出占比具有正向影响，但是统计上并不显著。学生占人口比重反映县域教育的相对规模，在四个模型中都是正向效应，但在统计上不显著。

表6－2　江苏省县级财政教育支出占比的回归结果

	不含时间趋势项		含时间趋势项	
	Model 9	Model 10	Model 11	Model 12
常数项	40.04 *** (3.56)	37.21 ** (3.20)	－237.6 ** (－3.08)	－236.3 ** (－3.06)
人均 GDP	－7.346 *** (－5.36)	－7.781 *** (－5.39)	－8.187 *** (－5.99)	－8.513 *** (－5.94)
农民人均纯收入	5.419 ** (2.71)	5.938 ** (2.86)	38.41 *** (4.14)	38.39 *** (4.13)
农业产值占比	0.288 ** (3.10)	0.320 ** (3.24)	0.304 *** (3.33)	0.329 *** (3.39)
农业人口占比	0.118 ** (2.71)	0.117 ** (2.69)	0.0918 * (2.12)	0.0916 * (2.12)
财政自给度		0.0320 (0.96)		0.0247 (0.76)
学生占人口比重	0.0160 (0.17)	0.0163 (0.17)	0.0267 (0.28)	0.0268 (0.28)
年度时间趋势变量			－3.215 *** (－3.64)	－3.173 *** (－3.58)
"省直管县"财政改革虚拟变量	1.980 *** (3.98)	2.012 *** (4.04)	3.339 *** (5.43)	3.346 *** (5.44)
N	384	384	384	384
R－sq：within	0.4064	0.4091	0.5130	0.5138
Hausman：Prob > chi2	0.0000	0.0000	0.0002	0.0001

注：括号内为标准误，＊$p<0.05$，＊＊$p<0.01$，＊＊＊$p<0.001$。

（4）结论与讨论。

作为一个东部经济发达省份，江苏的"省直管县"财政改革开始较早，而且一次性地在全省所有县铺开。从改革的内容来看，省内财政收支主要按照属地原则进行划分，对原来的财政收支划分体制触动不大，属于稳健型的改革。根据本节的实证分析，江苏的"省直管县"财政改革有效地提高了县级教育财政投入努力程度。为了对这一结果进行检验，在模型中又加入财政自给度、时间趋势项等控制变量，结果都确认了这种正向效应的存在。

江苏省的改革效果可以从两个方面来解释。第一，改革涵盖省内所有县市，一步到位，改革内容相对稳健，改革阻力不大。由于是一次性铺开，没有试点，所以上级政府也没有了对试点绩效的过高期望。同时，改革后县级财政的自主权力有所扩大，但是由于该省的县数量不多，省政府的管理能力和监管力度较强，因此，县级政府在教育财政投入方面难以松懈。例如，该省提出教育现代化指标体系，并根据发展阶段不断升级目标值，以此来引领和考核县域教育投入与发展。[①] 第二，由于江苏省级财力较强，改革后省财政加大了对县的财政倾斜力度和转移支付。根据课题组的调查，江苏省财政对县的转移支付，除财力性转移支付外，还有14项涉及县级教育财政的专项转移支付。[②] 这些专项转移支付在制度设计上综合使用补助和奖励手段，在保障经济薄弱地区的县域义务教育财政支出的同时，尽量激励县级财政加大教育财政投入。例如，江苏省财政厅和教育厅联合颁布的《江苏省市县教育经费保障机制综合奖补专项资金管理暂行办法》规定，省对县的综合奖补资金根据绩效评分来拨付，评分标准分苏南、苏中、苏北三个区域，取三大区域小学和初中生均预算内事业费平均值为中值，区域内各市、县（市）具体得分根据与中值比较情况，按正相关比例计算得分。这种"锦标赛"式的政策设计思路既能有效地照顾到苏北和苏中经济欠发达地区，又能激励同一区域教育发展水平接近的县开展竞争。

6.2 中部河南省的案例分析

河南省是黄河中下游的农业和人口大省，面积16.7万平方千米，其中山地、丘陵面积占44.3%。2015年全省人口10722万人，三次产业产值比重为

[①] 江苏省政府于2007年颁布《江苏省县（市、区）教育现代化建设主要指标》，在全国率先启动县域教育现代化建设和评估。2013年省政府又颁布《关于印发江苏教育现代化指标体系的通知》（苏政办发〔2013〕8号），对指标体系的目标值进行了升级。课题组在苏中和苏北市县调研中发现，教育现代化评估指标对县域教育财政投入带来很大压力，但也的确调动了财政对教育投入的积极性。

[②] 宗晓华，丁建福. 义务教育转移支付的激励效应与均等效应——以江苏省为例 [J]. 教育经济评论，2016（1）：56-69.

11.4∶49.1∶39.5，城镇化率达到46.85%，人均GDP为34518元，人均可支配收入17125元，农村居民人均可支配收入10853元，地方一般公共预算收入3009.65亿元，地方一般公共预算支出6806.46亿元。① 目前，河南省下辖18个省辖市（地级市17个、省直管市1个），50个市辖区、20个县级市、88个县。为解决县乡财政困难问题，河南省借鉴其他地区成功经验，结合本省具体情况，在"留利于县"的思想指导下，从2004年开始进行"省直管县"财政体制试点改革，目前已经进行了两次较大规模的试点工作。

6.2.1 河南"省直管县"财政改革的历程

（1）2004年"强县扩权"中的"省直管县"财政改革试点。

为了加快县域经济的发展，突破制约县域经济发展的体制性障碍，2004年3月，在河南省首次发展壮大县域经济工作会上，时任河南省委书记的李克强对县域经济的定位十分准确：发展壮大县域经济是实现中原崛起的重要支撑。从某种意义上说，中心城市带动是实现中原崛起的柱石，县域经济发展是实现中原崛起的基石。2004年4月，中共河南省委、河南省人民政府出台了《关于发展壮大县域经济的若干意见》，重点是扩大县（市）经济社会管理权限。根据这个文件，河南省人民政府在同年颁布了《关于扩大部分县（市）管理权限的意见》，决定扩大巩义市、项城市、永城市、固始县、邓州市等35个县（市）的管理权限。其中，对巩义市、项城市、永城市、固始县、邓州市等5个区位优势明显、有望培育成未来地区性中心城市的县（市），赋予与省辖市相同的经济管理权限和部分社会管理权限。也就是说，"强县扩权"改革中，只有5个县（市）进行了"省直管县"财政体制改革试点。

因此，本书第一阶段的计量分析选取2002~2008年的县级数据，以2004年为时间节点分为改革前和改革后。其中，处理组（treatment group）为2004年实行财政上"省直管县"的5个县（市），参照组（control group）为没有参与改革的县（市），2007年才开始实施"省直管县"财政改革试点的中牟县不进入分析。

（2）2009年新增"省直管县"财政改革试点。

2009年《河南省人民政府关于完善省与市县财政体制的通知》中第二条

---

① 河南省统计局，国家统计局河南调查总队.2015年河南省国民经济和社会发展统计公报［N］.河南日报，2016-02-28.

第八项规定：

"扩大省直管县改革试点范围。增加兰考、宜阳、郏县、滑县、封丘、温县、范县、鄢陵、卢氏、唐河、夏邑、潢川、郸城、新蔡、正阳15个县为省直管县。按照《河南省人民政府关于扩大部分县（市）管理权限的意见》（豫政〔2004〕32号），赋予省直管县与省辖市相同的经济管理权限和部分社会管理权限，省财政在体制补助、税收返还、转移支付、财政结算、专项补助、资金调度等方面直接核定并监管到省直管县。"

第二次"省直管县"财政体制改革试点新增了15个县，加上第一次试点的5个县（市），河南省共有20个县（市）实施了"省直管县"财政体制改革试点。

鉴于此，本书第二阶段的计量分析选取2006～2013年县级数据，以2009年为时间节点分为改革前和改革后。其中，处理组仅包括2009年新增"省直管县"财政改革试点的15个县，参照组包括2006～2013年期间一直没有参与财政上"省直管县"改革的县（市）。对于2004年参与改革的5个县（市）和2007年新进入的中牟县，均不参与第二阶段的计量分析（如表6-3所示）。

表6-3　　　　　　河南省两次改革试点范围与主要内容

	试点县数量	改革县（市）名单	改革主要内容
2004年改革	30	新密市、新郑市、登封市、荥阳市、偃师市、沁阳市、义马市、灵宝市、长葛市、禹州市、林州市、新安县、新乡县、渑池县、安阳县、孟州市、伊川县、博爱县、辉县市、舞钢市、鹿邑县、淅川县、汝州市、淇县、长垣县、临颍县、尉氏县、濮阳县、潢川县、西平县	"强县扩权"改革试点
	5	巩义市、项城市、永城市、固始县、邓州市	"省直管县"财政改革试点
2009年改革	15	兰考县、宜阳县、郏县、滑县、封丘县、温县、范县、鄢陵县、卢氏县、唐河县、夏邑县、潢川县、郸城县、新蔡县、正阳县	"省直管县"财政改革试点

6.2.2　河南"省直管县"财政改革的主要内容

河南省"省直管县"财政改革的主要内容如下：

第6章 | "省直管县"财政改革对农村义务教育财政的影响：分省案例分析

第一，省财政厅对直管县的管理方式是计划单列，省直管县仍是省辖市的组成部分，仍隶属于省辖市，并非完全独立于省辖市，两者不是平行的关系，而是包含关系。这符合我国目前的行政管理体制和法律体制，与前两者适应匹配。直管县经济权限较之"市管县"有所扩大，主要体现在：财政体制由省财政直接核定、财政结算与省财政直接办理。即直管县执行省财政厅规定的财政体制，不再受原市级财政规定管辖。

第二，在收入划分方面，除应上缴中央和省级的收入外，其他留存收入全部归为县里。从"省直管县"改革执行日起，省辖市本级不再分享省直管县区的财政收入，也不得集中省直管县的收入增量（永城与商丘收入划分经省政府批准特别处理，在永城境内的神火集团、永煤集团、裕东电厂的企业所得税、教育费附加、增值税、营业税和股息分红缴纳的个人所得税共五个税种在商丘市和永城之间按确定比例分成）。同时，为了确保省辖市本级的既得利益，省辖市本级原分享的收入和集中的收入增量，由省辖市本级和直管县商定市级收入基数和分成基数，通过省财政予以划转。

河南省的"省直管县"财政改革面临着巨大的阻力。2004年的改革由于实行财政上省直管的县多为经济实力较强的县，遭到了地级市的激烈反对，最后的改革内容是一个妥协的结果。因此2009年第二次改革时，最终确定的试点范围主要是一些经济和财力较为薄弱的县，很多属于地级市想"甩包袱"的县。这里以商丘市（地级市）和其所辖的永城市（县级市）为例来对改革内容及其背后的博弈进行分析。

商丘与永城的博弈主要集中在财权问题上，最后博弈结果是地级市拿走了大部分永城市的财政收入，"省直管县"财政改革的效果大打折扣。商丘市一个典型的农业市，辖区内有民权县、睢县、宁陵县、柘城县、虞城县、夏邑县、永城市七个县（市）。除了永城市之外，其余县工业都不发达。据统计，商丘市经济总量将近一半来源于永城，商丘市的一位政府官员表示："商丘财政相当大一部分都来自永城，一旦永城独立，我们的工资能否按时发放都将是问题。没有资金，未来城市的发展将不可想象。"[①] 当商丘市领导得知永城财政要归省直接管理，就到省里表示，如果永城财政独立出去，商丘四大班子将集体辞职。根据市2000年11号文件的规定，商丘市每年直接从永城市的财政

---

① 程东升. 河南永城市闹"独立"冲动地、县财权博弈升级［N］.21世纪经济报道，2004-07-10.

收入中划走 7703 万元，这不包括企业利润和税收的分成。这种做法已经不是简单的财政收入分成，而是直接对永城县级财政进行"抽血"。据当地一名官员称，商丘市通过截留指标、资金、争取项目、财政提取以及各种行政审批手段，侵占永城的利益。为了永城的发展，永城原市委书记及当地 26 名处级干部联名写信给中央与河南省政府，呼吁在财政上实行"省直管县"。然而，由于地级市政府仍然控制着县级的人事权，最终博弈的结果是永城虽然在财政上与省直接对接，但是新增财政收入的大部分将由省财政转移支付给商丘。除中央和省级收入范围之外，商丘和永城具体的分成办法是：神火集团企业所得税和神火集团、永城煤矿集团、裕东电厂教育附加费全部作为商丘市收入；神火集团、裕东电厂增值税、营业税和裕东电厂企业所得税，商丘市与永城市 7∶3 分成；永城煤矿集团增值税、营业税和神火煤电公司股息分红缴纳的个人所得税，商丘市与永城市 5∶5 分成。改革后的 2005 年，永城财政收入是 22 亿元，扣除上缴中央、省和商丘市的部分外，永城实际可支配收入只有 5.03 亿元。而且，在转移支付和专项支出责任方面，商丘市不再对永城进行财政支持。[①]

6.2.3 河南"省直管县"财政改革的效应

（1）计量模型和数据。

自从 Ashenfelter 和 Card（1984）的开创性工作以来双重差分方法 Difference-in-Differences（DID）得以广泛应用。[②] 其主要思路是将受到政策影响的地区设定为处理组（treatment group），而将没有受到影响的地区设定为控制组（control group），通过对二者的比较就可以发现该项政策的实施效果。河南全省共辖 108 个县，我们把其中 20 个改革试点县作为处理组，其余县作为对照组。河南省的"省直管县"改革分两次走，第一次开始于 2004 年，改革组包括 5 个县；第二次改革开始于 2009 年，改革组包括 15 个县。数据的时间跨度为 2002 年到 2013 年，由于改革并没有覆盖所有县，这样就有了改革县和未改革县前后的数据。

使用计量经济学的方法，把改革看作是一场"准实验（Quasi-experi-

---

① 崔会敏. 省直管县体制改革中防止利益冲突问题分析——以河南省永城市为例 [J]. 四川行政学院学报，2012（5）：18-23.

② Ashenfelter O, Card D. Using the Longitudinal Structure of Earnings to Estimate the Effect of Training Programs [J]. The Review of Economics and Statistics, 1985, 67 (4): 648-660.

第6章 | "省直管县"财政改革对农村义务教育财政的影响：分省案例分析

ment)"，为了评估政策实施的效果，使用双重差分（difference-in-difference）的方法，比较受政策影响的县（处理组）与未受政策影响的县（控制组），以分析改革产生的效果。参加了"省直管县"改革的县称为处理组，未参加改革的县称为控制组。具体的计量模型可以写成：

$$EXP_{it} = \alpha_0 + \beta \cdot PMC_i + \delta \cdot POST_t + \gamma \cdot (PMC_i \cdot POST_t) + \alpha_1 \cdot X_{it} + \varepsilon_{it} \tag{6-2}$$

其中，EXP_{it}是县级财政支出中教育财政支出占比，PMC_i是参与"省直管县"财政改革（Province-Managing-County）的县虚拟变量，参与改革的县为1，没有参与改革的县为0。$POST_t$是改革的时间节点虚拟变量，对于第一次改革，2004年之前年份为0，2004年及之后年份为1；对于第二次改革，2009年之前年份为0，2009年及之后年份为1。$PMC_i \cdot POST_t$即为双重差分因子（DID），其系数即是要测度的改革净效应。X_{it}是其他影响财政教育支出占比的控制变量，具体包括反映县域经济发展水平的人均GDP，反映县域经济结构的农业产值占比，反映城镇化率的农业人口比重，以及反映教育规模的在校生数占人口比重。模型中的具体系数意义如表6-4所示。

表6-4　　　　　　　　　　双重差分模型的系数意义

	改革前	改革后
处理组	$\alpha_0 + \beta$	$\alpha_0 + \beta + \delta + \gamma$
控制组	α_0	$\alpha_0 + \delta$
一次差分（处理组—控制组）	$\Delta EXP_{pre} = \beta$	$\Delta EXP_{post} = \beta + \gamma$
双重差分（改革后—改革前）	$\Delta EXP_{post-pre} = \Delta EXP_{post} - \Delta EXP_{pre} = \gamma$	

双重差分模型实际上是一种准实验研究设计方法，但是由于样本并非随机选择，因此需要加入更多的控制变量，以尽量消除其他因素的干扰，从而获得对政策影响净效应的估计。具体到本项研究，河南省的改革分为两次，第一次改革主要包括五个县级市，第二次改革则全部是普通县，因此处理组包含了县和县级市的数据。虽然改革县的选择不是随机的，而是按照一定的个体特征选定的，不过由于河南省的改革不是一次完成的，两次改革为我们的结果增加了稳健性。与随机性相关的一个问题是改革组和控制组在改革前可能就存在着系统性的差异，因此，在计量模型中尽可能地加入经济、社会、财政和人口等控

制变量,以消除非随机性可能造成的估计偏误。

河南县级经济社会数据主要来源于《河南省统计年鉴(2002~2013年)》,教育财政投入指标数据来自于河南省教育厅教育经费统计信息系统,属于本课题组内部调研数据。选取教育财政支出占财政支出的比例作为结果变量,其他控制变量包括人均收入、地方财政收入和支出、产业结构比例、产业从业人口比例等。所有经济、财政类数据都根据CPI折算为2010年价格。在回归分析中,人均GDP、农民人均纯收入等非比例变量均取自然对数。

(2)描述性统计与DID因子分析。

根据描述性统计分析,根据2002~2013年1296个样本观测值,县级财政支出中用于教育的比例均值为24.34%,代表财政能力的财政自给度的均值为34.79%,标准差为17.86,说明各县域的差异性较大。农村人均纯收入的均值约相当于人均GDP的1/4,占总劳动人口均值53.75%的第一产业人口创造的生产总值比例均值只有24.03%。

表6-5　　　　　　　　　河南省县级主要指标的描述性统计

变量	均值	标准差	最小值	最大值
财政教育支出占比(%)	24.34	5.32	10.04	45.08
人均GDP(元)	17935	13855	3215	102900
农业产值比重(%)	24.03	12.00	0.48	57.30
农业人口比重(%)	53.75	14.45	8.99	93.73
农民人均纯收入	4772	2100	1550	12574
财政自给度(%)	34.79	17.86	7.92	120.78
学生占人口比重(%)	17.61	3.51	5.44	34.74

表6-6详细报告了2002~2008年财政支出用于教育的比例,包括所有样本县,以及河南省"省直管县"的改革组和控制组。从所有样本县的教育支出占比来看,2002~2008年间其均值为24.62%,标准差为5.83,其中控制组的教育支出占比均值为24.54%,标准差为5.81,改革组教育支出占比均值为26.27%,标准差为6.18,改革组相对于控制组来说,教育支出比例稍大一些。按照双重差分的设定,我们需要计算改革前后改革组和处理组的差异,即改革组和控制组教育支出占比改革后的均值差分减去改革前的均值差分,最后

得到双重差分。

改革组改革前的教育支出占比均值为27.11%，控制组改革前教育支出占比均值为26.57%，两者的均值差分为0.54%；改革后改革组教育支出占比均值为29.54%，控制组教育支出占比均值降到23.72%，两者的均值差分为2.22%。最后得到改革组和控制组的双重差分为1.68%，可以解释为在省直管县改革下，与未改革的县相比，参与改革的县的教育支出占比下降幅度更小。

表6-6　　2004年河南改革中县级财政教育支出占比（%）的DID因子

		平均 （2002~2008年）	改革前 （2002~2003年）	改革后 （2004~2008年）
所有样本县	教育支出占比	24.62 (5.83)	26.59 (5.65)	23.83 (5.71)
	样本量	749	214	535
控制组	教育支出占比	24.54 (5.81)	26.57 (5.62)	23.72 (5.68)
	样本量	714	204	510
改革组	教育支出占比	26.27 (6.18)	27.11 (6.65)	25.94 (6.09)
	样本量	35	10	25
改革组与控制组差分			0.54	2.22
DID				1.68

注：改革前的时间跨度为2002~2003年2年，改革后的时间跨度为2004~2008年5年时间，括号里均为标准差，样本量显示为共有107个样本县（不含2007年参与财政上"省直管县"改革的中牟县），改革组5个县级市分别是巩义市、项城市、永城市、固始市和邓州市。

表6-7详细报告了2006~2013年财政支出中用于教育的比例和DID因子，使用同样的方法，得出改革组和控制组的双重差分为-1.35%，"省直管县"改革降低了改革县的教育支出占比。第一次改革对象只有5个县级市，第二次改革的15个县均为一般县，两次改革的结果差异可以理解为：与控制组相比，"省直管县"改革增加了县级市的财政教育支出占比，减少了一般县的财政教育支出占比。

表6-7　　　2009年河南改革中县级财政教育支出占比的DID因子

		平均 （2006~2013年）	改革前 （2006~2008年）	改革后 （2009~2013年）
所有样本县	教育支出占比	24.03 (4.98)	24.08 (5.62)	23.99 (4.55)
	样本量	816	306	510
控制组	教育支出占比	23.85 (5.03)	23.78 (5.72)	23.90 (4.57)
	样本量	696	261	435
改革组	教育支出占比	25.02 (4.60)	25.79 (4.87)	24.56 (4.40)
	样本量	120	45	75
改革组与控制组差分			2.01	0.66
DID				-1.35

注：改革前的时间跨度为2006~2008年3年，改革后的时间跨度为2009~2013年5年时间，括号里均为标准差，样本量显示为共有102个样本县（不含2004年参与财政上"省直管县"改革的巩义市、项城市、永城市、固始市和邓州市和2007年参与改革的中牟县），改革组为15个参与本次改革的县。

（3）计量结果。

第一，"省直管县"改革显著降低了县级财政支出用于教育的份额。

从表6-8给出的实证分析结果可以发现，在控制了经济发展水平、经济结构、农民收入等变量后，第一次改革和第二次改革的DID因子对教育支出占比均表现出负向影响，只是第一次改革没有达到统计上的显著性水平，第二次改革的显著性水平达到了0.05。为了检验结果的稳健性，对于每一次改革效果的估计，都分别加入了反映县级财力状况的财政自给率作为控制变量，发现两个模型（Model 6和Model 8）的估计结果与没有加入该变量时的估计结果一致。见表5-4。

表6-8　　　　　河南省县级财政教育支出占比的DID估计

	第一次改革		第二次改革	
	Model 13	Model 14	Model 15	Model 16
常数项	-20.02* (-2.16)	-20.18* (-2.15)	5.713 (0.95)	4.793 (0.80)

续表

	第一次改革		第二次改革	
	Model 13	Model 14	Model 15	Model 16
人均GDP	-1.690 (-1.58)	-1.740 (-1.48)	-4.783*** (-6.96)	-5.207*** (-7.57)
农民人均纯收入	7.405*** (4.97)	7.475*** (4.56)	7.476*** (7.59)	7.903*** (8.05)
农业产值占比	0.0535 (1.29)	0.0530 (1.27)	0.0559 (1.73)	0.0529 (1.65)
农业人口占比	0.0225 (1.24)	0.0220 (1.16)	0.0349* (2.32)	0.0211 (1.39)
财政自给度		0.00202 (0.10)		0.0579*** (4.43)
学生占人口比重	0.00967 (0.09)	0.0111 (0.10)	-0.0783 (-1.69)	-0.0693 (-1.51)
2004年改革时间虚拟变量	-3.811*** (-9.80)	-3.799*** (-9.31)		
DID_2004	-0.502 (-1.00)	-0.517 (-0.99)		
2009年改革时间虚拟变量			-0.369 (-1.12)	-0.205 (-0.62)
DID_2009			-1.260* (-2.57)	-1.193* (-2.45)
$R\text{-}sq\text{：}within$	0.2313	0.2313	0.0841	0.1000
$Hausman\text{：}Prob > chi2$	0.000	0.000	0.0000	0.0001
N	748	748	1219	1219

注：显著性水平分别为 *** $p<0.001$，** $p<0.01$，* $p<0.05$；括号内为标准差。第一次改革数据的时间跨度为2002~2008年，第二次改革数据的时间跨度为2002~2013年，两次样本均不包含2007年参与改革的中牟县。

对于河南省第一次改革的效果，张若楠（2016）曾使用河南省104个县1999~2008年数据进行实证研究，发现"省直管县"财政改革对县域服务性公共品供给均存在着一定的正向影响，但该研究将教育、科技、社保、卫生四项支出合并为服务型公共产品支出，并没有将教育支出占比剥离出来，因此其结论并不能与我们的研究直接比较。① 另外，王等（Wang，2011）对河南省第一次"扩权强县"改革（35个县）的效果评估，发现改革对县级教育财政支出占财政支出的比例产生了显著的负面影响，可惜的是该研究并没有针对参与"省直管县"财政改革的5个县进行评估，因此其估计结果与我们的研究也不可比。这里特地对这两项研究进行对比，主要是为了避免与本研究形成混淆。

值得注意的是，第二次改革效应不仅显著为负，而且其系数比第一次的绝对值要大，说明第一次改革对5个试点县的教育财政投入努力程度影响不大，但是第二次改革对15个试点县的教育财政投入努力程度具有负面影响。第二次改革试点县普遍比第一次改革的试点县经济发展水平落后。以2009年为例，第一批改革试点县的人均GDP（当年价格）平均为21209元，而第二批试点县的人均GDP仅为14381元，前者将近后者1.5倍。从分权角度考虑，Li和Zhou（2005）发现改革开放之后，上级政府利用政治集权的优势为地方政府建立了关键的激励机制，即以GDP增长为主要指标的政绩考核机制和基于政绩的官员晋升机制。但教育投入带有一定的时滞性，外部性又很强。因此，地方政府对教育的投入积极性并不大，尤其对于县级政府来说，长期以来，存在着财权和事权不对等的问题，"省直管县"改革给予了县更多的财政自主权，而经济薄弱地区的县为了财政脱困，在改革后发展经济、创造税收的冲动更为强烈。因此，第二批改革试点县可能会更重视投入与经济建设相关的公共品，而轻视教育等福利性的公共服务，因此，对教育支出比例呈现出负向的影响。

第二，从回归结果不难发现，反映县域农村经济发展水平的农村人均纯收入能够显著提高财政教育支出占比，说明农村经济的发展会增加居民对教育的需求偏好，也使得政府财政用于教育的比例增加。这个逻辑同样可以解释农业产值占比对于教育支出水平的正向影响，只是该变量在统计上并不显著。反映城乡人口结构的农业人口占比对县级教育财政支出具有正向影响，但是除了Model 15之外，在统计上都不显著。在第二次改革中，财政自给度能够显著地提高县级财政教育支出占比，但在第一次改革中没有显著的影响，这也间接地印证了上面的推断，即财政自给度较低（财力薄弱）的县发展经济的冲动更大，更易忽视对教育的财政投入。

第三，学生规模对财政支出用于教育的份额影响不显著。回归结果显示，

---

① 张若楠. 省直管县财政体制改革对县域公共产品供给的影响——基于河南省104个县（市）面板数据的实证分析 [J]. 公共经济与政策研究，2016（上）：108-117.

不管是第一次改革还是第二次改革，学生数占总人口的份额对教育支出占比的影响均不显著，而且在第一次改革的两个模型中，其系数还呈现出负值。这也说明教育财政支出并没有因为学生比例的增加而获得应有的增量，从而可能造成大班额和高师生比等"拥挤"现象，通过降低教育质量来维持教育低水平的发展。

（4）结论与讨论。

本节使用双重差分模型（DID）评估河南省"省直管县"财政改革对县级教育财政支出的影响。为了检测估计结果的稳健性，分别对 2004 年和 2009 年的两次"省直管县"改革的效应进行了评估。研究发现，该省的第一次改革对县级教育财政投入努力程度虽然呈现负面影响，但在统计上并不显著；第二次"省直管县"改革则显著降低了试点县财政支出中用于教育的份额。

由于实行"以县为主"的农村义务教育财政政策，县级财政对教育的负担一直比较重。河南省 2013 年的所有县教育支出占其财政支出的比例为 25.42%，占县本级财政收入的比例高达 73.46%。对于经济发展水平不高的中部河南省，"省直管县"改革加大了县级政府的财政自主权，但也改变了县级政府的财政支出偏好和结构，尤其是在河南的第二次改革中，改革使得试点县财政中用于教育的比例显著下降。对两批改革试点县的对比分析显示，第二批参与改革的试点县经济薄弱，与第一批改革试点县（多为经济强县）在经济发展水平上存在较大差距，因此财政脱困的压力也更大，发展经济的冲动更为强烈。可以谨慎地得出结论，经济和财力较为薄弱的县级政府一旦掌握了更多的财政自主权，受到更少的监控，就会更偏好于经济建设相关的基建类公共物品的提供，而不是基础教育等福利性公共物品的提供。

6.3 中部湖南省的案例分析

湖南省是属于长江中游地区的中部大省，面积 21.18 万平方千米，全省总人口 6783 万人（2015 年），少数民族人口占 10% 左右。2015 年湖南省三次产业产值的比重依次为 11.47%、44.60%、43.93%，城镇化率为 50.89%，人均 GDP 为 42824 元，居民人均可支配收入 19317 元，农村居民人均可支配收入 10993 元，地方一般公共预算收入 4008.1 亿元，一般公共预算支出 5684.5

亿元。[1]

湖南省省情较为复杂，下辖13个地级市和1个自治州，16个县级市、64个县、7个自治县。湘西土家族苗族自治州属于国家"西部大开发"区域，在均衡性转移支付、重点生态功能区转移支付、民族转移支付、县级基本财力保障机制补助等方面，享受中央和省财政特殊政策支持。

6.3.1 湖南"省直管县"财政改革的主要内容

湖南省推行"省直管县"财政改革相对较迟，直到2010年中共湖南省委、湖南省人民政府才颁布《关于完善财政体制推行"省直管县"改革的通知》，开启了"省直管县"财政改革。根据该文件，该次改革的主要目的是进一步完善省内分税体制，促进县域经济发展，推进基本公共服务均等化，统筹城乡区域协调发展。改革决定从2010年起对全省79个县（市）进行财政上由省直管改革，改革范围没有包括除湘西自治州所辖县，以及长沙市所辖的长沙县和望城县，其中望城县于2011年成为长沙市的一个区。

湖南省的改革比较彻底，不仅详细列举省、市、县固定收入和共享收入及其比例，而且对省与市、县财政支出范围也进行了界定，属于激进类型的改革。改革的主要内容是：

（1）收入划分。

将增值税地方部分、营业税纳入分享范围，由省与市州或省与县市按比例分别分享；将企业所得税地方部分和个人所得税地方部分由省与市州分享调整为省与市州或省与县市按比例分别分享；调整资源税分享比例；原实行分享的土地增值税和城镇土地使用税下放市州、县市；其他财政收入省与市州、县市划分范围不变。2010年起，省对各市州、县市的增值税、营业税、企业所得税和个人所得税实行分税种考核，对收入达不到基数（根据2009年实际收入测算）的市州、县市，省相应扣减其基数返还或增加其基数上解。

根据湖南省财政厅关于"完善财政体制推行'省直管县'改革"的专题报道，在新的财政体制下，省与市县共享5个税种，即：增值税、营业税、企业所得税、个人所得税和资源税。具体改革如下：①原中央和市州共享增值税部分，省级财政获取6.25%，市县份额由25%下降到18.75%；②原市州独享

---

[1] 湖南省统计局. 湖南省2015年国民经济和社会发展统计公报 [EB/OL]. http://www.hntj.gov.cn/tjfx/tjgb_3399/hnsgmjjhshfztjgb/201603/t20160317_607667.html，2016-03-18.

第6章 "省直管县"财政改革对农村义务教育财政的影响：分省案例分析

的企业营业税部分，省级财政获取25%，市县份额下降至75%；③原企业所得税、个人所得税部分，中央、省、市县分享比例不变，仍为60∶12∶28；④原资源税部分，省、市分享比例由50∶50变为25∶75，市县分享比例增加；⑤原城镇土地使用税、土地增值税部分，省、市分享比例由50∶50变为市县独享。具体如表6-9所示。

表6-9 湖南省"省直管县"财政改革对地方财政收入的划分

税种		收入范围	省级	市	县
省—市、省—县共享税种	增值税、营业税的地方部分	省级收入范围	100%		
		市级收入范围	25%	75%	
		县级收入范围	25%		75%
	企业所得税、个人所得税的地方部分	市级收入范围	30%	70%	
		县级收入范围	30%		70%
	资源税的地方部分	市级收入范围	25%	75%	
		县级收入范围	25%		75%
按收入范围市、县独享税种	土地增值税、城镇土地使用税、房产税、城市维护建设税、印花税、车船税、烟叶税、耕地占用税、契税	市级收入范围		100%	
		县级收入范围			100%

注：增值税、营业税、企业所得税的省属部分，湘发〔2010〕3号文件有非常详细的规定。例如，湖南中烟公司、华菱集团的增值税继续作为省级收入，其他原属省级收入的电力、石化、冶金、有色等增值税下划市州、县市，省与市州、县市按25∶75比例分享。
资料来源：根据湘发〔2010〕3号文件内容整理。

（2）支出划分。

根据省与市州、县市事权划分，按照公共财政的要求，合理确定省与市州、县市的支出划分。从该文件具体列举的支出事项来看，支出划分与改革前并无差异，仍然体现了非常明显的属地原则的事务分配，两级财政的支出项目完全同构，省、市州、县市分别承担本级一般公共服务支出、公共安全、教育、科技、文化、医疗卫生、环境保护、社会保障、城乡社区事务、农林水事务、交通运输等各项支出。

（3）"省直管县"。

除湘西自治州所辖县市、长沙县、望城县仍维持省管市州、市州管县市的财政管理体制外，其余79个县市实行财政"省直管县"改革。根据民族区域自治法的规定，省对湘西自治州仍实行省管州、州管县市的财政管理体制，同时省对湘西自治州继续给予重点支持和照顾，继续加大对湘西自治州的支持力度。对于省直管市州、县市，改革后的具体管理方式如下：①财政体制：通过省财政统一划转等方式保证原各级既得利益，但改革后市与县市在财政管理体制上相互独立，设区的市不再分享所属县市收入和新增集中县市财力。②转移支付：省对下转移支付补助（含一般性转移支付和专项转移支付）由省直接分配下达到市州、县市。③资金调度：各市州、县市国库直接对中央、省报解财政收入，省财政直接确定各市州、县市的资金留解比例和资金调度。④债务管理：原有债务到期后由市州、县市直接归还省财政，改革后新增债务由市州、县市财政直接向省财政办理有关手续并还款。⑤收入计划：省国税局、省地税局、省非税局等收入征管部门，将收入任务分别直接下达到市州、县市。⑥财政结算：各类财政结算事项一律通过省财政与各市州、县市统一办理。

同时，湖南省在改革中还出台配套政策，一方面，加大对困难地区的支持力度，省财政因调整财政体制集中的收入增量，全部用于增加对财政困难县市的转移支付补助（包括减免上解）；另一方面，省财政对税收收入增长较快、贡献较大的优势地区根据其贡献大小给予挂钩奖励，形成激励型转移支付制度。

6.3.2 湖南"省直管县"财政改革的效应

（1）计量模型与数据。

与河南省案例分析中的计量模型设计相似，对湖南省"省直管县"财政改革效应的评估也采用双重差分模型（DID）。湖南省的改革是从2010年开始的，有79个县参与了改革，而长沙市的2个县和湘西土家族苗族自治州的8个县没有参与改革。因此，可以将前者视为处理组，而后者视为控制组，从而构成一个准实验设计，采用双重差分模型可以有效地评估政策影响的净效果。

然而，准实验方法面临的主要问题是样本选择的随机性问题，如果处理组不是随机分配的，则双重差分估计会存在一定的偏误。对"处理组"的理解是：如果处理组没有发生"处理"，则处理组变量在时间变化趋势上应该与控制组相似或者没有显著差异。由于长沙市和湘西自治州辖县较为特殊，因此湖南省未参与改革的县并不是一个很理想的控制组，虽然在计量模型中尽可能地加入了经济、社会、财政、人口等控制变量，但是对于计量结果的解释仍需要慎重。

具体的计量模型如下：

$$EXP_{it} = \alpha_0 + \beta \cdot PMC_i + \delta \cdot POST_t + \gamma \cdot (PMC_i \cdot POST_t) + \alpha_1 \cdot X_{it} + \varepsilon_{it}$$

(6-3)

其中，EXP_{it}是县级财政支出中教育财政支出占比，PMC_i是参与"省直管县"财政改革（Province – Managing – County）的县虚拟变量，参与改革的县为1，没有参与改革的县为0。$POST_t$是改革的时间节点虚拟变量，2010年之前年份为0，2010年及之后年份为1。$PMC_i \cdot POST_t$即为双重差分因子（DID），其系数即是要测度的改革净效应。X_{it}是其他影响财政教育支出占比的控制变量，具体包括反映县域经济发展水平的人均GDP，反映县域经济结构的农业产值占比，反映城乡人口结构的农业人口比重，以及反映教育相对规模的在校生数占人口比重。回归模型中的系数具体意义参见表6-4。

湖南的县级经济社会数据来源于《湖南省统计年鉴》（2006~2013年），教育财政投入指标数据来自于湖南省教育厅教育经费统计信息系统，属于本课题组内部调研数据。县级数据的主要指标包括人均GDP、农民人均纯收入、地方财政收入和支出、三次产业结构比例、城乡人口结构等。所有经济、财政类变量都根据居民消费价格指数（CPI）统一折算为2010年价格。在回归分析中，人均GDP、农民人均纯收入等非比例变量均取自然对数。

（2）描述性统计与DID因子分析。

湖南省县级主要指标统计结果如表6-10所示。根据描述性统计结果，湖南省县级财政教育支出占比平均值为19.74%，明显低于江苏和河南两省的相应指标，其最小值为8.64%，最大值为32.66%。人均GDP的平均值为16724元。与其他省份相似，县域经济实力越强，财政收入越高，其教育财政支出占财政支出的比例越低，而经济薄弱的县，教育财政支出的份额较高、压力较大。以2013年为例，长沙县的人均GDP（当年价格）为97249元，财政教育支出占比仅为8.63%，而汝城县的人均GDP为12569元，其财政教育支出占比高达28.73%。县域农民人均纯收入平均为5191元，农业产值比重均值为24.29%，农村人口比重均值为65.93%，显然也是一个农业大省，拥有庞大的农村人口，城镇化率较低。在校生数占人口比重平均为12.53%，但分布并不均衡。

表 6-10　　　　　　　湖南省县级主要指标描述性统计

变量	均值	标准差	最小值	最大值
财政教育支出占比（%）	19.74	4.17	8.64	32.66
人均 GDP（元）	16724	11471	4173	87652
农民人均纯收入（元）	5191	2855	1688	19344
农业产值比重（%）	24.29	10.47	3.51	170.15
农村人口比重（%）	65.93	10.05	23.35	87.57
财政自给度（%）	26.22	12.37	8.09	78.86
学生占人口比重（%）	12.53	2.57	7.24	22.97

表 6-11 详细报告了 2006~2013 年湖南县级财政教育支出占比的情况。从所有的县级样本来看，在 2010 年改革之前，县级财政教育支出占比平均为 21.46%，2010 年之后的平均值为 18.02%。参与改革的县平均财政教育支出占比为 20.14%，改革前的均值为 21.86%，改革后的均值为 18.41%，下降幅度较大。没有参与改革的县平均财政教育支出占比 16.63%，2010 年之前平均为 18.31%，2010 年之后平均为 14.94。根据双重差分的设计，计算改革前后改革组和处理组的差异，即改革组和控制组教育支出占比改革后的均值差分减去改革前的均值差分，最后得到改革组和控制组的双重差分为 -0.08%，说明与未改革的县相比，参与改革的县的财政教育支出占比有所减少，但减少的幅度非常有限。

表 6-11　　　　2010 年改革中教育支出占比（%）的 DID 因子

		平均 (2006~2013 年)	改革前 (2006~2009 年)	改革后 (2010~2013 年)
所有样本县	财政教育支出占比	19.79 (4.17)	21.46 (3.98)	18.02 (3.61)
	样本量	704	352	352
控制组	财政教育支出占比	16.63 (3.62)	18.31 (3.14)	14.94 (3.29)
	样本量	80	40	40

第6章 "省直管县"财政改革对农村义务教育财政的影响：分省案例分析

续表

		平均 (2006~2013年)	改革前 (2006~2009年)	改革后 (2010~2013年)
改革组	财政教育支出占比	20.14 (4.07)	21.86 (3.90)	18.41 (3.47)
	样本量	624	312	312
改革组与 控制组差分			3.55	3.47
DID				−0.08

注：改革前的时间跨度为2006~2009年，改革后的时间跨度为2010~2013年，括号里均为标准差，改革组样本量包含2010年参与改革的所有个县，控制组为没有参与本次改革的县。

(2) 计量结果。

为了控制其他影响因素，更精确地估计改革的净效应，接下来根据双重差分模型，使用湖南省2006~2013年县级面板数据进行回归分析。具体结果如表6-12所示。

在控制了经济、收入、人口和财政等变量后，湖南省的"省直管县"财政改革降低了县级财政的教育投入努力程度，但是DID变量的系数在统计上并不显著。在控制了反映县级财力状况的财政自给度的模型（Model 18）中，"省直管县"财政改革的DID效应仍然是负值，但同样在统计上并不显著。这也印证了描述性统计分析中的结果，即改革的净效应虽然是降低了县级财政教育支出占比，但是降低的幅度十分有限。考虑到湖南省的改革比较特殊，即除了长沙市的两个县和湘西自治州的辖县外，其余的县全部参与改革；而且，长沙的两县经济发展水平较高，而湘西自治州的辖县按西部地区管理，都与参与改革的县之间存在诸多自然条件、发展水平和管理体制上的差异。以2010年为例，长沙两县人均GDP的均值为58538元，湘西八县的人均GDP为12544元，而参与改革的县的人均GDP均值为16834元。因此，模型中的控制组并不是很理想，对这样的结果需要谨慎对待。

为了进一步检验对改革效果的估计，这里又重新估计了两个模型（Model 19和Model 20），模型中不再包含控制组，仅仅使用参与改革的县的样本进行回归分析。为了对可能存在的时间趋势进行控制，两个模型中都加入了年度时间趋势项。估计的结果显示，模型中的年度时间趋势项在统计上非常显著，模型的拟合度也有所提高，说明即使在控制了其他因素之后，参与改革的县的财政教育支出比例仍存在一定的时间趋势。在控制了时间趋势的影响之后，"省直管县"财政改革前后，参与改革的县的财政教育支出比例出现了显著的下降。

无论是使用全样本的双重差分（DID）模型，还是仅仅使用参与改革县的含时间趋势项模型，估计结果都显示，湖南的"省直管县"财政改革对县级财政教育支出比例存在负面影响，只是前者的结果在统计上并不显著，且下降幅度有限，后者的结果在统计较为显著。

对于其他控制变量，估计结果中也基本上符合理论预期。在两个双重差分模型（Model 17 和 Model 18）中，农民人均纯收入的系数为正，而且统计上显著，这与江苏、河南两个案例省份的计量结果一致，说明农民收入的提高的确能够提高县域教育需求，并反映在教育财政支出方面。农村产值占比、财政自给度和学生人口比重都具有正向影响，但是在统计上并不显著。

表 6–12　　　　　湖南省县级财政教育支出占比的 DID 估计

	全部县		仅参与改革县	
	Model 17	Model 18	Model 19	Model 20
常数项	-4.146 (-0.44)	-4.167 (-0.44)	16.61 (1.38)	20.10 (1.64)
人均 GDP	1.084 (1.22)	1.097 (1.23)	-0.672 (-0.58)	-0.868 (-0.74)
农民人均纯收入	1.751* (2.26)	1.729* (2.21)	0.492 (0.59)	0.0600 (0.07)
农业产值占比	0.00733 (0.43)	0.00750 (0.44)	0.00954 (0.56)	0.0114 (0.67)
农村人口比重	-0.0202 (-0.50)	-0.0205 (-0.51)	0.0481 (1.09)	0.0567 (1.28)
财政自给度		0.00503 (0.20)		0.0451 (1.50)
学生人口比重	0.190 (1.63)	0.187 (1.59)	0.244 (1.95)	0.232 (1.86)
年度时间趋势变量			0.675*** (3.68)	0.794*** (3.98)

续表

	全部县		仅参与改革县	
	Model 17	Model 18	Model 19	Model 20
改革时间虚拟变量	−4.552*** (−6.94)	−4.546*** (−6.92)	−5.974*** (−12.18)	−6.054*** (−12.28)
DID	−0.389 (−0.60)	−0.383 (−0.59)		
N	704	704	624	624
R-sq: within	0.3557	0.3558	0.3730	0.3756
Hausman: Prob > chi2	0.0000	0.0000	0.0000	0.0011

注：显著性水平分别为 ***$p<0.001$，**$p<0.01$，*$p<0.05$；仅参与改革县的两个模型中包含了时间趋势项。

(3) 结论与讨论。

根据上面的计量结果，可以谨慎地得出结论：湖南实施"省直管县"财政改革后，参与改革的县的财政教育投入努力程度出现一定程度的下降；只是相对于未参与改革的县来说，这种下降的幅度可能十分有限，在统计上并不显著。湖南"省直管县"财政改革与江苏有点类似，除了湘西地区和长沙的两县外，一次性地在全省范围内所有县铺开，但与江苏改革的正向影响不同，湖南的改革却对县级财政教育投入努力程度存在一定的负面影响。这种改革效应的差异说明，"省直管县"财政改革的效果可能受到很多主客观因素的制约，不能一概而论，而是需要根据具体情况具体分析。

首先，从省级财政监管幅度的变化来看，湖南省一次性地增加了79个县级直接管理单位，再加上原有的14个地级市直接管理单位，"省直管县"财政改革后，省级财政直接管理单位多达93个。这与目前（2015年）江苏省级财政直接管理42个县和13个地级市相比，管理幅度明显大出很多。"省直管县"财政改革后，县级财政自主权明显扩大，而省级财政直接对接90多个市、县单位，必然在监管上力犹不及。而且，根据湖南省的"省直管县"财政改革的配套制度设计，省财政对税收增长较快、贡献较大的地区，根据其税收贡献进行挂钩奖励，建立激励型的转移支付制度。这更加强化了县级政府发展经济、财政创收的激励，也进一步印证了湖南省改革的首要目标是促进县域经济发展。在以经济绩效作为硬指标的干部考核和晋升体系下，县级政府必然将更多的财政资源投入到与经济建设直接相关的领域，而对于周期较长、区域外溢性显著而且面大量广的农村义务教育事业，则不会作为优先事项来考虑，在财政投入上必然会有所懈怠。

其次，与东部经济发达省份相比，湖南省作为中部省份，省级财力十分有限，而县级财力也捉襟见肘，2013年县级财政自给度平均仅为26.53%，因此，与江苏在改革过程中财政收入分配向县级倾斜不同，湖南省的"省直管县"财政改革中，省级财政集中了一部分县级财政的收入，而且明确因此次财政体制调制所集中的收入增量，用于对财政困难县市的转移支付。这对于大多数没有进入"财政困难"名单的县来说，在收支划分上并没有多少实质性的改善。可以说，湖南省一方面省级财力有限，另一方面在财政上直接管理了如此多的县，不可能在转移支付方面有较大的改进余地，从而也就很难通过杠杆效应明显的专项转移支付来增加或激励县级财政的教育投入。

6.4 西部贵州省的案例分析

贵州省地处中国西南地区的高原山地，平均海拔在1100米左右，面积17.61万平方千米，其中92.5%的面积为山地和丘陵。2015年全省人口3529.50万人，不足江苏人口的一半，约为河南的1/3。全省人口中少数民族占比较大，汉族约占62.2%，少数民族约占37.8%，其中苗族约占12.2%，布依族约占7.9%、侗族约占4.6%，土家族约占4.1%。全省共有6个地级市、3个自治州，75个县，其中11个是自治县。

贵州省经济发展相对落后，三次产业产值的比重依次为15.6%、39.5%和44.9%，城镇化率为42.01%，人均GDP为29757元，全省居民人均可支配收入13696.61元，农村常住居民人均可支配收入7386.87元。地方一般公共预算收入1503.35亿元，一般公共预算支出3930.21亿元。[①]

6.4.1 贵州"省直管县"财政改革的历程

西部省份推行"省直管县"财政改革相对较晚，而且试点范围较小，还有很多民族自治区域，因为改革条件并不具备，面临风险较大，并未推行该财

---

① 贵州省统计局，国家统计局贵州调查总队.2015年贵州省国民经济和社会发展统计公报[N].贵州日报，2016-03-23.

第6章 "省直管县"财政改革对农村义务教育财政的影响：分省案例分析

政体制。在西部地区，贵州省的"省直管县"财政改革较有代表性，辖区内少数民族地区较多，自治州和自治县较多，自然地理条件复杂，县级财力非常薄弱，经济、社会和教育发展相对滞后，"省直管县"财政改革试点范围在探索中逐步扩大，但改革推进仍然十分谨慎，尤其是对于少数民族自治地区。

贵州省于2009年颁布《关于实行省直接管理县财政改革意见的通知》，在保持既得利益不变、坚持协调推进、共同发展的指导思想下，决定逐步对全省除市辖区、民族自治州所辖县之外的县实行省直接管理县财政管理改革。2009年，首先在属粮食、油料、生猪生产大县和三江源生态保护县、资源枯竭城市范围内的盘县、遵义县、桐梓县等31个县（市、区）实行省直接管理财政改革，其余各县（市、区）仍维持现行财政体制。

2012年省政府又出台了《关于进一步完善省直接管理县财政改革的通知》，提出在保持既得利益不变、坚持权责统一、充分调动县发展经济积极性的原则下，决定新增加10个县和自愿纳入改革并经过自治州同意的3个县，并剔除转为区的2个县。

目前实行财政上由省直管的县有42个，占全省75个县的一半以上（56%）。具体名单如表6-13所示。

表6-13　　　　　贵州省两次改革试点范围与主要内容

	试点县数量	改革县（市）名单
2009年改革	31	盘县、遵义县、桐梓县、绥阳县、湄潭县、凤冈县、余庆县、仁怀市、习水县、正安县、平坝县、普定县、毕节市、大方县、黔西县、金沙县、织金县、石阡县、思南县、德江县、六枝特区、水城县、纳雍县、赫章县、万山特区、道真仡佬族苗族自治县、务川仡佬族苗族自治县、镇宁布依族苗族自治县、威宁彝族回族苗族自治县、松桃苗族自治县、印江土家族苗族自治县
2012年改革	13	赤水市、江口县、开阳县、修文县、息烽县、清镇市、平塘县、雷山县、玉屏侗族自治县、沿河土家族自治县、紫云苗族布依族自治县、关岭布依族苗族自治县、三都水族自治县

注：（1）2012年改革时，新增赤水市等10个县和自愿纳入改革范围并经自治州政府同意的三都县、平塘县、雷山县3县，剔除转为区的七星关区（2011年11月，原毕节市）和万山区（2011年11月，原万山特区），目前共42个县实行直管。

（2）特区是中华人民共和国的县级行政区之一，全中国只有2个县级特区，都在贵州省，分别是六盘水市的六枝特区和铜仁地区的万山特区。2011年11月，国务院批复同意撤销铜仁地区，设立地级铜仁市，将万山特区改立为万山区。

（3）2014年12月13日，才经国务院同意，撤销平坝县，设立安顺市平坝区。因此，在2015年之前，仍将其视为财政上省直管的县。

6.4.2 贵州"省直管县"财政改革的主要内容

根据2009年的改革文件,贵州省"省直管县"财政改革的主要内容是,在政府间收支划分、转移支付、资金往来、预算决算、年终结算等方面,省财政与市、县财政直接对接。改革主要内容为"三项不变、五项到县",即市县既得利益、市对县的支持、债权债务不变,收支预算、转移支付、资金调度、财务结算、工作部署由省直接管理到县。

第一,收支划分。暂不调整现行省与市、县财政收支划分范围,逐步创造条件后,按财政体制规定规范市、县财政收支范围。

第二,转移支付。省对下转移支付、税收返还等由省财政直接核定并补助到市、县;凡能直接核算到县的专项补助资金,由各市、县直接向省级财政及有关部门申报,由省财政厅或省财政厅会同省直有关部门直接下达市、县。市级财政可通过省财政继续对县给予转移支付。

第三,财政预决算和财政报表。市、县各自编制本级财政收支预算和年终决算。市、县财政预算的编制、调整、执行和决算,直接报送省财政厅。各省直管县有关财政统计报表直接报送省财政厅,同时抄送市级财政。

第四,资金往来。资金往来由省级财政直接对市、县,取消市与县之间日常的资金往来关系;省财政直接确定各市、县的资金留解比例,预算执行中的资金调度及往来款项由省级财政直接拨付到市、县;各市、县金库仍按原方式报解库款。

第五,财政结算。年终各类财政结算事项一律由省级财政与各市、县直接办理;市、县之间的结算事项,必须通过省级财政办理。

上述五个方面的改革,除了第一条收支划分的规定外,其余四条都与其他省改革内容相似。另外,贵州的改革还规定了债务偿还方面和配套措施方面的要求,但基本上维持原有利益格局不变。

2013年改革基本上维持了2009年的文件精神,但在具体规定上又明确了专项配套方面的政策要求。具体是指:以2011年为基期年,以前中央和省文件已明确由市本级安排给直管的各项配套资金,以市、县两级共同确认的基期年应配套数为基数,以后通过省财政实行财力划转。2012年新增专项配套按中央和省的规定执行。2013年及以后年度新增的配套资金,除法律法规和中央政策有规定外,原则上不再要求市新增对县级的民生项目配套资金,新增部分由省与直管共同承担。这项规定实际上是规定地级市不再承担县域民生支出的配套资金。

贵州的"省直管县"财政改革暂未调整财政收支范围，市对县财政支持责任不变，2013年的改革中取消了市对县的民生项目支出的配套责任。总体来看，贵州省的"省直管县"财政改革属于稳健型的财政改革。

6.4.3 贵州"省直管县"财政改革的效应

（1）计量模型与数据。

贵州全省共有75个县，2009年第一次改革有31个县参与试点，2013年第二次改革又增加了13个县，但同时也因为撤县设区的原因取消了原来毕节市、万山特区。目前共有42个县参与"省直管县"财政改革，33个县没有参与改革。因此，也可以将贵州的"省直管县"财政改革视为一种"准实验"，将参与改革的县作为处理组，将没有参与改革的县可以作为控制组，使用双重差分模型（DID）来估计改革对县级财政教育投入努力程度的影响。

与河南和湖南两省案例分析中的模型相似，具体的计量模型可以写成：

$$EXP_{it} = \alpha_0 + \beta \cdot PMC_i + \delta \cdot POST_t + \gamma \cdot (PMC_i \cdot POST_t) + \alpha_1 \cdot X_{it} + \varepsilon_{it} \tag{6-4}$$

其中，EXP_{it}是县级财政支出中教育财政支出占比，PMC_i是参与"省直管县"财政改革（Province-Managing-County）的县虚拟变量，参与改革的县为1，没有参与改革的县为0。$POST_t$是改革的时间节点虚拟变量，对于第一次改革，2009年之前年份为0，2009年及之后年份为1；对于第二次改革，2013年之前年份为0，2013年及2014年为1。$PMC_i \cdot POST_t$即为双重差分因子（DID），其系数即是要测度的改革净效应。X_{it}是其他影响财政教育支出占比的控制变量，具体包括反映县域经济发展水平的人均GDP，反映农村经济的农民人均纯收入，反映县域经济结构的农业产值占比，以及反映教育规模的在校生数占人口比重。模型中的具体系数意义可参见表6-4。

贵州省的县级数据主要来自于《贵州统计年鉴（2007～2015年）》，时间跨度为2006～2014年，涵盖了两次改革。所有涉及经济、财政类数据根据居民消费价格指数（CPI）统一折算为2010年价格。人均GDP、农民人均纯收入等非比例类指标在回归模型中取对数。

(2) 描述性统计与 DID 因子分析。

对贵州县级主要指标的描述性统计分析显示，县级财政教育支出占比均值为 24.03%，标准差为 4.71，最小值为 6.71%，最大值为 40.02%（如表 6-14 所示）。贵州教育财政支出占县级财政支出的比例较高，虽然低于河南省（24.34%），但是高于江苏（22.77%）和湖南（19.74%）。县域人均 GDP 平均值为 13373 元，在四个案例省份中最低，农民人均纯收入仅有 4118 元，农业产值比重较高，占 23.57%，而县级财政自给度非常低，仅有 23.57%，也是四个案例省份中最低的，平均县级财政支出的 3/4 要靠上级政府的转移支付。在校学生数占人口的比重平均为 18.99%。

表 6-14　　　　　贵州省县级主要指标的描述性统计

变量	均值	标准差	最小值	最大值
财政教育支出占比（%）	24.03	4.71	6.71	40.02
人均 GDP（元）	13373	10059	2220	71107
农民人均纯收入（元）	4118	1742	1761	11345
农业产值比重（%）	23.57	12.36	0.05	53.35
财政自给度（%）	27.88	18.09	5.79	91.76
学生占人口比重（%）	18.99	3.30	6.51	30.84

表 6-15 详细报告了 2006~2012 年贵州县级财政教育支出占比的变动情况。在 2009 年改革前，所有县的平均财政教育支出占比为 27.99%，改革后为 22.35%，下降了 5.64 个百分点。2006~2012 年间，全省有 31 个县参与了"省直管县"财政改革。参与改革的县在 2009 年之前平均财政教育支出占比为 28.64%，改革后平均占比为 23.58%，下降了 5.06%；未参与改革的县平均财政教育支出占比为 27.56%，改革之后为 21.57%，下降了 5.99 个百分点。根据双重差分的设定，得到改革组和控制组的双重差分为 0.93%，说明与未改革的县相比，参与 2009 年改革的县的财政教育支出占比下降幅度较小。

表6-15　　2009年贵州省改革中教育支出占比的DID因子

		平均 (2006~2012年)	改革前 (2006~2008年)	改革后 (2009~2012年)
所有样本县	财政教育支出占比	24.78 (4.89)	27.99 (4.35)	22.35 (3.75)
	样本量	550	237	313
控制组	财政教育支出占比	24.14 (4.77)	27.56 (4.26)	21.57 (3.28)
	样本量	335	144	191
改革组	财政教育支出占比	25.77 (4.92)	28.64 (4.42)	23.58 (4.09)
	样本量	215	93	122
改革组与控制组差分			1.08	2.01
DID				0.93

注：改革前的时间跨度为2006~2008年，改革后的时间跨度为2009~2012年，括号里均为标准差，改革组样本量包含2009年参与改革的31个县，控制组为所有未参与本次改革的县。

与2009年的双重差分计算类似，表6-16描述了所有样本县、控制组和改革组在改革前后的财政教育支出占比。最终得到的双重差分因子（DID）为0.41%。余贵州省第一次改革双重差分因子（0.93%）相比，第二次改革的双重差分因子要低很多，说明第二次改革对县级教育财政投入努力程度的影响较弱。

表6-16　　2013年贵州改革中教育支出占比（%）的DID因子

		平均 (2006~2014年)	改革前 (2006~2012年)	改革后 (2013~2014年)
所有样本县	财政教育支出占比	24.38 (4.66)	24.14 (4.77)	21.07 (2.68)
	样本量	585	335	94
控制组	财政教育支出占比	23.58 (4.53)	24.28 (4.73)	21.09 (2.51)
	样本量	312	244	68

续表

		平均 （2006~2014 年）	改革前 （2006~2012 年）	改革后 （2013~2014 年）
改革组	财政教育支出占比	23.16 (4.69)	23.78 (4.89)	21.00 (3.14)
	样本量	117	91	26
改革组与控制组差分			-0.5	-0.09
DID				0.41

注：改革前的时间跨度为 2006~2012 年，改革后的时间跨度为 2013~2014 年，括号里均为标准差，改革组样本量仅包含 2013 年新增参与改革的 13 个县，控制组为两次改革都没有参与的县。

（3）计量结果。

在控制了经济、产业结构、人口等因素之后，对于贵州第一次"省直管县"财政改革，双重差分因子（DID_1）的系数（0.998）为正，而且在 0.05 的统计水平上显著，说明相对于未参与改革的县来说，贵州 2009 年的改革对县级财政教育支出比例有显著提高。如表 6-17 所示，即使控制了反映县级财力的财政自给度，第一次改革的双重差分因子系数（0.952）仍然显著为正，只是这种正向效果有所下降。对于贵州的第二次"省直管县"财政改革，双重差分因子的系数（0.694）为正，但是在统计上并不显著，控制县级财政自给度后，这种正向效应（0.337）也有所降低。这也印证了描述性统计分析中的一个结论，即相对于第一次改革而言，第二次改革的影响要更小，但依然在统计上不显著。

表 6-17　　　　贵州省县级财政教育支出占比的 DID 估计

	第一次改革		第二次改革	
	Model 21	Model 22	Model 23	Model 24
常数项	21.01* (2.35)	17.86* (1.99)	69.82*** (7.43)	69.98*** (7.50)
人均 GDP	-4.236** (-3.10)	-4.193** (-3.09)	-4.092* (-2.40)	-4.287* (-2.53)
农民人均纯收入	5.452** (2.79)	6.048** (3.10)	-1.250 (-0.53)	-0.850 (-0.36)

续表

	第一次改革		第二次改革	
	Model 21	Model 22	Model 23	Model 24
农业产值比重	0.109* (2.22)	0.111* (2.27)	0.186*** (3.55)	0.184*** (3.54)
财政自给度		-0.0860** (-2.71)		-0.0831* (-2.42)
学生占人口比重	-0.137 (-1.60)	-0.130 (-1.52)	-0.189 (-1.69)	-0.171 (-1.54)
2009年改革时间虚拟变量	-4.580*** (-9.79)	-4.883*** (-10.22)		
DID_1	0.998* (2.21)	0.952* (2.12)		
2013年改革时间虚拟变量			1.933*** (3.71)	2.255*** (4.21)
DID_2			0.694 (0.97)	0.337 (0.46)
N	550	550	429	429
R-sq: within	0.6090	0.6151	0.5613	0.5680
Hausman: Prob > chi2	0.0008	0.0000	0.0000	0.0000

注：显著性水平分别为 *** $p<0.001$，** $p<0.01$，* $p<0.05$；第一次改革模型中的样本包括所有的县，第二次改革模型中不包括第一批次改革县。

第一次改革的 31 个县中，有 6 个县是自治县（道真仡佬族苗族自治县、务川仡佬族苗族自治县、镇宁布依族苗族自治县、威宁彝族回族自治县、松桃苗族自治县、印江土家族苗族自治县），第二次改革新增的 13 个县中，有 5 个县属于自治县（玉屏侗族自治县、沿河土家族自治县、紫云苗族布依族自治县、关岭布依族苗族自治县、三都水族自治县）。显然，第二批改革试点县中民族自治县较多，情况较为特殊，财政支出中很多属于专项经费，财政结构不易调整，这也是第二次"省直管县"财政改革对财政教育支出占比的影响不显著的原因。

另外，第二批改革县中，有 10 个县是省政府确定的县，有 3 个县属于自愿纳入改革并经自治州同意的县。对比第一批次改革县和第二批次改革县（不含自愿纳入改革的自治州辖县），可以发现第二批次改革县的经济发展水平较高，财政自给率较高，财政脱困压力相对较小。因此，财政上受省直管后，并没有太大的影响。

而且，3个县自愿纳入改革的县有很多特殊性，其中三都水族自治县和平塘县隶属于黔南布依族苗族自治州，雷山县隶属于黔东南苗族侗族自治州。这3个县经济发展滞后，少数民族人口和农业人口占比较大。三都水族自治县是中国唯一的水族自治县，2014年常住人口26.74万人，其中少数民族占96.7%，辖区山岭连绵，溪流交错，有"九山半水半分田"之称；平塘县隶属贵州省黔南布依族苗族自治州，县域以山地为主，山地、丘陵、盆坝地分别占86%、11.9%和1.8%，2014年年末常住人口为23.88万人，农业人口占比为93.47%，少数民族人口占比为59.8%；雷山县隶属于黔东南苗族侗族自治州，地处云贵高原与湘、桂丘陵盆地过渡的斜坡地带，属于暴雨中心，2014年年末总常住人口为11.58万人，其中少数民族占92.32%。

为了检验结果的稳健性，剔除这三个自治州所辖的县，仅用第二批改革中非自治州所辖10县进行估计，结论依然与之前估计一致。当然，由于第二次改革实施时间较短，在评估区间内才实施两年，因此对于改革的效果及其解释还需要谨慎。

在控制变量中，人均GDP与县级财政教育支出的比例存在显著的负相关关系，也表明经济越发达的县，其财政支出比例中用于教育的份额越少，教育财政对本级财政的压力越小；相反，越是经济薄弱的地区，其财政中很大比例的支出都要用于教育，教育财政的支出负担较大。农业产值比重对县级财政教育支出占比具有显著的正向影响，学生占人口比重的系数在四个模型中均不显著。

（4）结论与讨论。

贵州省2009年和2012年分两次进行"省直管县"财政改革，改革内容相对稳健，暂时并未调整现行省与市、县财政收支划分范围，只是在转移支付、预算结算、资金往来和调度等方面。两次改革的不同是，第一次改革强调市级财政通过省财政继续对县给予转移支付，第二次改革则明确，除法律法规和中央政策有规定外，原则上不再要求市新增对县级的民生项目配套资金，新增部分由省与直管共同承担。

根据本节双重差分模型的估计结果，可以得出结论，贵州省第一次改革中，相对于未参与改革的县而言，"省直管县"财政改革对于试点县的教育财政投入努力程度有正向影响；在第二次改革中，改革对新增的试点县教育财政投入努力程度虽有正向影响，但这种影响较为微弱，在统计上并不显著。两次改革效果的差异，一方面可以由两次改革内容的差别所解释，第二次改革不再要求市对民生项目配套资金；另一方面也可以从两批试点县的差别来探寻原因，第二批试点县中有近40%属于民族自治县，除3个隶属于自治州且自愿纳入改革外，其余10个县的经济和财力都明显高于第一批试点县，财政脱困压力不大，而且无论是自治州还是自治县，来自上级的专项转移支付都相对较多，财政支出结构调整难度较大。

贵州改革的一个重要特点是，3个民族自治州（黔西南布依族苗族自治州、黔东南苗族侗族自治州、黔南布依族苗族自治州）并未纳入改革，其中自治州下辖的3个县是自愿申请并经自治州同意才纳入改革。这与2009年财政部《关于推进省直接管理县财政改革的意见》的要求基本一致，即民族自治地区暂不推行省直管县财政改革。我国《宪法》和《民族区域自治法》规定"各少数民族聚居的地方实行区域自治。民族自治地方分为自治区、自治州、自治县。"实际上已经表明，民族自治地区行政区划的基本模式是自治区—自治州—自治县，推行财政上"省直管县"可能会造成一些矛盾，会给民族自治地区带来社会秩序与稳定方面的影响。贵州省少数民族地区情况复杂，地区交通困难，省级财政可能很难直接与县对接。这种情况下，"省直管县"财政改革的推行的确需要根据省、自治州和县都同意的前提下进行。

6.5 分省案例分析的结论与启示

本章选取了东部江苏省、中部的河南省和湖南省、西部的贵州省为案例，对案例省份"省直管县"财政改革及其对教育财政的影响进行深入分析。案例选择一方面兼顾到东、中、西三大区域与基本经济、财政、人口等省情，另一方面兼顾到了改革推进的范围和改革内容的类型，在一定程度上反映了当前"省直管县"财政改革推进的现状。

（1）主要结论。

从改革的试点范围来看，江苏省属于东部经济发达省份，在2007年在全省所有县实行"省直管县"财政体制；河南省和湖南省都属于中部省份，也都属于辖县大省，但是河南省经过两次试点改革，目前实行财政上由省直管的县仅有20个，还有88个县仍实行"市管县"财政体制；湖南省除了湘西自治州所辖8县和长沙市所属长沙县和望城县（后改为区）外，其余79县在2010年全部实行"省直管县"财政体制。贵州省属于西部地区经济发展滞后省份，辖区内民族自治地区较多，分两次推进"省直管县"财政改革试点范围，目前有42个试点县，仍有33个县并未实行改革，其中绝大部分自治州辖县未参与改革，仍维持"州管县"财政体制。

  从改革的内容来看，江苏省属于渐进型改革，省内财政收支按属地原则划分，但并未列举省与市、县财政支出范围。河南省和湖南省属于激进型改革，较为明确地列举省、市、县固定收入和共享收入及其比例，但两者又有所不同，河南改革主要集中在补助资金管理方面，湖南改革中省对县的财政管理更为全面。贵州省由于地处西部地区，省情复杂，省各级财政财力较弱，自然地理条件艰苦，交通不便，民族自治地区众多，因此该省的改革非常谨慎，属于稳健型改革，暂未调整财政收支范围，而且在第一轮改革中，市对县财政支持责任不变。

  从改革的效果来看，根据对四个案例省份县级面板数据的实证分析，只有东部地区的江苏省的"省直管县"财政改革显著地提高了县级财政教育支出占比。中部的河南省第一次改革对县级财政教育支出占比影响不大，第二次改革扩大试点范围，但是对第二批次参与改革县的教育财政投入努力程度有显著的负面影响。中部的湖南省，除湘西土家族苗族自治州和长沙县、望城县外，2010年全部参与"省直管县"财政改革，改革对参与县财政教育支出占比存在一定的负面影响，但在统计上并不显著。西部的贵州省省情较为复杂，拥有更多少数民族自治地区，改革分两次，第一次改革纳入31个县，改革有利于增加县级财政教育支出占比，第二次改革新增13县，但改革效果并不显著（见表6-18）。

表6-18 四个案例省份改革实施及其效果总结

	东部	中部		西部
	江苏	河南	湖南	贵州
全省人口数量（万人）	7869	9405	6570	3479
辖县数量（个）	50	109	88	78
农村人口占比（%）	39.4	61.48	56.7	66.2
农民人均纯收入（元）	9606	5716	5074	3580
少数民族占比（%）	0.5	1.2	9.1	36.1

第6章 | "省直管县"财政改革对农村义务教育财政的影响：分省案例分析

续表

	东部	中部		西部
	江苏	河南	湖南	贵州
改革实施年份（年）	2007	2004、2009	2010	2009、2012
改革县占比（%）	100	18	91	56
改革内容类型	渐进型	激进型	激进型	稳健性
改革效果	显著正向效果	第一次不显著 第二次显著负向	不显著	第一次显著正向 第二次不显著

注：由于改革集中在2010年前后，人口数量、辖县数量、（县域）农民人均收入都采用2010年数据。改革效果是指改革对县级财政教育支出占比的影响。

这里将本节的实证结果与以往相关实证研究做个对比。正如本书文献评述部分所指出的那样，以往研究受限于数据的可得性，主要考察的区间是2007年之前的改革效果，并不能直接比较，但是可以作个参照。对于"省直管县"财政改革对县级财政教育支出占比的实证分析，可以为全国层面和省级案例两类。在全国层面，陈思霞、卢盛峰（2014）以东部和中部的2002~2007年县级数据，对"省直管县"财政改革（373个县）的效果进行估计，发现改革对教育财政支出占比并没有产生显著影响；拆分样本后，改革对经济贫困组的县级财政教育支出占比具有显著的负向影响，但对于经济水平中等和发达组的影响并不显著。[①] 这个结论与本书对河南省的案例分析结论非常相近，即对于参与首次改革的经济强县，改革效果并不显著，但对于参与第二次改革的县（经济相对落后），改革对其县级财政教育支出具有显著的负面效应。在分省的案例研究中，吴彦、张晓玲（2014）对1998~2007年间黑龙江和江西两个省内全部共144个县的数据进行分析发现，黑龙江的"省直管县"财政改革对县级财政教育支出占比具有显著的负面影响，江西省的改革则有负面影响，但并不显著。由于江西省改革主要试点对象是国家扶贫工作重点县，改革对国家贫困县的教育支出占比并没有显著的影响，可能与国家对贫困县教育支出的强制性要求有关。[②] 这个结论与本研究对两个中部省份改革效应的评估结果相近，

[①] 陈思霞，卢盛峰."省直管县"弱化了资源的城市偏向性配置吗？——财政转移支付视角[J]. 上海财经大学学报，2014（1）：87-95.

[②] 刘佳，吴建南，吴佳顺. 省直管县改革对县域公共物品供给的影响——基于河北省136县（市）面板数据的实证分析[J]. 经济社会体制比较，2012（1）：35-45.

河南省第二次改革对县级财政教育支出占比是显著的负效应,而湖南省的并不显著。

其他的一些实证分析,如刘佳等(2012)对河北"省直管县"财政改革效应的分析、张若楠(2016)对河南第一次"省直管县"财政改革效应的分析,将教育、科技、社保和卫生支出合并为民生类服务型支出,然后分析作为一种分权改革的"省直管县"财政改革对民生类支出占比的影响。由于在数据上并没有将教育支出进行剥离,所以其结论并不能直接和本书进行对比,因此这里不再赘述。

(2)讨论与启示。

第一,"省直管县"财政改革在东部经济发达地区可能会产生更多的正向效应。从江苏省的案例分析来看,改革能够显著地促进县级财政教育支出占比,一方面与县级财政在改革后获得更多的财力从而能有财力保障教育支出有关,另一方面与较强的省级财力及省对县教育专项转移支付有关。根据马斯格雷夫经济发展不同阶段的公共支出结构调整理论,① 经济发达地区市场机制相对比较成熟,投融资渠道较多,政府质量和投资环境优越,基础设施已经相对较为完善,政府投资基础设施的边际收益率较经济落后地区偏低。因此,相对于经济欠发达地区而言,经济发达地区的县级政府在实行财政上省直管后,其增加经济建设类支出、减少民生服务类支出的激励相对偏低。而且对于江苏省很多地区而言,经济发展已经到了一个较高的水平,优质的义务教育已经成为吸引企业及高层次人才落户的重要因素。因此"省直管县"财政改革对县级教育财政投入会产生正面影响。

第二,"省直管县"财政改革在中部辖县大省可能更易产生负向效应。中部地区的河南省和湖南省的案例分析表明,对于中部经济欠发达地区而言,县级财政困难程度较大,"省直管县"财政改革扩大了县级财政自主权,会更加强化县级政府对经济发展和财政创收的激励,从而影响县级财政支出结构,降低投资周期长、外溢性明显的教育支出的份额,以腾出财力空间,增加基础设施等生产建设类支出。相对于第一批经济强县而言,河南省第二批次改革试点县属于经济薄弱县,改革对县级财政教育支出占比的确产生了负向影响。湖南

---

① 马斯格雷夫认为,不同的经济发展阶段,公共支出的结构和重心会有所变化。在经济发展的早期阶段,基础设施和基础产业等公共积累支出占比较高;经济发展的中级阶段,用于弥补市场缺陷方面的公共产品支出比重增加;在经济发展的成熟阶段,公共消费支出比重增加。详见 Musgrave, R. A. Fiscal System [M]. New Haven, CT: Yale University Press, 1969.

第6章 "省直管县"财政改革对农村义务教育财政的影响：分省案例分析

省的改革虽然也是负向效应，但是并不显著，可能是与湖南省的改革方式有关。由于基于经济绩效的官员晋升激励是一种锦标赛模式，考察的主要是相对绩效，如果仅仅是选取部分地区进行试点，试点县与非试点县之间的竞争条件就不再相同，上级政府的预期也不尽相同，必然会导致县级政府行为的变化；如果改革是一次性地在全省范围内铺开，那么对县级政府的竞争环境并没有太大的影响。

第三，"省直管县"财政改革对西部地区县级财政教育支出的影响机理较为复杂。一方面西部地区省、市、县三级财政都比较薄弱，许多县是典型的农业县，或者是主体功能区规划中限制开发的县，经济发展落后，财政上对中央的转移支付依赖度较高，另一方面西部地区有很多民族自治地区，人口构成比较复杂，行政管理体制较为特殊。贵州省第一次改革对改革县的财政教育支出占比有显著的正向影响，而第二次改革效果并不显著。为什么贵州省的改革没有像中部一样引起财政教育支出占比的下降？一个重要的原因是，西部的贫困县和民族自治县主要依靠上级转移支付，财政自主性相对较低，很多预算内教育支出有比较严格的规定，属于"刚性"支出项目，基层政府的调整空间有限。纳入"省直管县"财政管理之后，教育转移支付可以直达县级财政，"财政漏斗"效应减少，因此改革对县级财政教育支出占比的正向影响也在预期之中。

另外，西部推行"省直管县"财政改革比较谨慎，改革尽量不触动原有的利益格局。考虑到"省直管县"财政改革可能会与民族自治原则存在矛盾，影响地区的政治和社会秩序，在自治州辖区基本没有推行。与贵州改革相似，云南省在2009年选择镇雄县、宣威市、腾冲县三个人口大县进行"省直管县"财政改革试点工作，但是在2011年云南省人大会调研组在《关于我省省直管县财政改革试点情况的调研报告》中指出，云南是一个集"边疆、民族、贫困"为一体的特殊省份，由于时机不成熟、条件不具备，因此扩大"省直管县"财政改革试点范围需要慎重。云南辖县117个，位列全国第三，所辖16个地级市中有8个是民族自治州，改革会导致省级财政管理半径延长、管理幅度扩宽。另外，和其他西部省份相似，云南省省级财力有限，占全省财政收入的15.8%，有限的省级财力难以支持县市的经济发展与公共支出需求。[①]这可能是西部地区改革需要注意的地方。当然，这些困难是可以通过设计更加

[①] 云南省人大常委会省直管县财政改革试点情况调研组. 关于我省省直管县财政改革试点情况的调研报告 [EB/OL]. http://www.xyshjj.cn/bz/xyjj/yb/201108/52646.html, 2011-08-08.

符合省情的改革措施加以解决，而且西部的改革中央应考虑加大转移支付等政策支持。

第四，"省直管县"财政改革是由地方政府自主推行，改革设计是省以下各级政府博弈的内生结果，由于各省省情差别较大，最终的改革进程及其效果存在较大差别。正是从这些改革及其效果的差异中，我们得以理解改革在一些地方产生预期的正向效果的条件，以及改革在另一些地方产生负面影响的原因和机理。尤其是对中西部的改革进程及其效应的考察，可以洞察"市管县"财政体制一经形成，由于地级市从现存制度获益较多，而且拥有维持现状的资源和议价能力，导致该体制存在巨大的制度惯性和耐久性，"省直管县"财政改革的推行可能需要更为灵活的制度设计甚至外部力量的推动。

整合第5章和第6章的实证研究结果可以发现，"省直管县"财政改革总体来讲对农村义务教育财政支出具有正向效应，但是中部地区由于一些客观原因和改革配套措施的不完善、监管不到位，导致改革在一定程度上降低了县级财政教育投入的努力程度，造成了一定的负面效应。西部地区由于县级财政自主权较小，上级转移支付较多，因此实施"省直管县"财政改革之后，县级财政教育投入努力程度并不会减少。

第 7 章

"省直管县"财政改革与农村义务教育财政体制调整思路

　　第 5 章和第 6 章的实证分析，旨在理解"省直管县"财政改革对农村义务教育财政支出水平及县级教育财政投入行为的影响。虽然这种影响在不同的地区产生了不同的效果，但这些差异都可以从不同的地区背景下改革对县级公共服务供给能力与支出偏好的影响机理机制来解释。从中央的改革导向和各省的改革实践来看，"省直管县"财政改革的内容集中在省以下财政收支划分和财政管理体制两个方面，其中财政收支划分的核心是收入的划分，支出划分基本没有调整，仍维持属地化的公共产品供给传统。可以说，"省直管县"财政改革仍然是 1994 年分税制改革的延续，在一定程度上缓解了县级财政困难，增强了县级政府供给农村公共产品的财政能力，但由于支出责任并未调整，县级财政依然负担沉重，改革缓解县级财力与支出责任之间失衡上效果仍然有限。而且，在基于经济绩效的地方官员晋升竞争中，分权导向的改革可能会改变财政支出结构，对包括农村义务教育在内的民生类公共服务形成负面影响。因此，未来一方面需要继续推进"省直管县"财政改革，理顺"省直管县"财政体制，另一方面通过配套政策与行政上"省直管县"改革，将改革向纵深方向推进，以最大限度地发挥改革正向效应、规避其可能的负面影响。

　　政府间财政体制是农村义务教育财政体制所嵌合的外在制度环境，制度环境的变化必然会对内嵌于其中的制度运行产生冲击。新的制度环境一方面要求内嵌于其中的制度进行适应性调整，另一方面也为原有制度矛盾的化解提供了新的契机和制度空间。义务教育作为全国性的公共产品，由于实行属地化供给，县级政府承担主要财政责任，导致城市与县域农村之间、同一省份的县域之间差距仍十分显著。"省直管县"财政改革本身为化解这些问题提供了新的契机，也为调整和完善农村义务教育财政体制提供的新的制度框架。在深化"省直管县"财政改革的同时，需要在农村义务教育方面进行事权责任调整，建立"中层集权"的农村义务教育财政新体制，加大中央和省级政府对农村义务教育的财政支出责任，强化省级财政对义务教育的统筹与均衡职能，形成城乡一体的义务教育经费保障机制，缩小义务教育城乡与区域差距，促进基本公共服务均等化。

7.1 深化"省直管县"财政改革与改善治理机制

7.1.1 继续扩大和深化"省直管县"财政改革

"省直管县"财政改革能够提高县级财政地位，减少财政层级，提高财政运行效率，但是由于改革仍处于探索阶段，从东部发达省份浙江省的经验到中、西部地区的迁移，必然面临经济发展阶段、自然地理与人口条件、制度配套措施等诸多因素的限制，短期内新体制的预期效果难以发挥出来，而且由于是财政单项改革，其他方面如行政改革等并未同步进行，造成了县级政府"多头管理"，市、县争利现象仍然存在，体制不顺，监管不到位等问题突出。因此，未来仍然需要继续扩大"省直管县"财政改革的试点范围，争取在条件允许的地区全面铺开，同时适时推进"省直管县"行政改革，在有条件的地区争取财政改革与行政改革同步，并加强省对县级政府的公共服务提供的监督和考核，推动基层政府向公共服务型政府转型。

（1）继续扩大"省直管县"财政改革试点范围。

根据财政部《关于推进省直接管理县财政改革的意见》要求，2012年年底前，力争全国除民族自治地区外全面推进省直接管理县财政改革。政策出台之后，各省都积极探索和推行"省直管县"财政改革。2012年，实行"省直管县"财政体制的县数量达到1079个，占县总量的56%。除了新疆、西藏、内蒙古等民族自治地区外，大部分省份都大规模地推行了"省直管县"财政改革。其中，自中华人民共和国成立以来，浙江、宁夏、海南设省一直执行的是"省直管县"财政体制；辽宁、江苏、江西、福建、广西等省已全面推行"省直管县"财政体制；一些省份，如湖南、安徽、河北、山西、吉林、甘肃

第7章 | "省直管县"财政改革与农村义务教育财政体制调整思路

等省份,除了比较特殊的市、县(民族自治地区等)外,已经基本上全面铺开。然而,由于我国疆域辽阔,各地区情况复杂,一些省份在推行改革试点过程中遇到较大阻力,改革试点范围仍然较小,推广阻力较大。例如,在东部地区,广东省有14个县试点,占该省65个县的22%;山东省有20个县试点,占该省90个县的22%;在中部地区,河南省有20个县试点,占该省109个县的18%;在西部地区,云南省目前仅有3个县试点,占该省116个县的2.6%;四川省59个县试点,占该省136个县的43%;陕西省27个县试点,占全省83个县的33%;青海省9个县试点,占全省39个县的23%。

从地区差异来看,实行"省直管县"的县数以东部和中部地区居多,西部相对较少。在西部的自治区中,宁夏回族自治区从中华人民共和国成立以来一直实行的是"省直管县"财政体制,广西壮族自治区2010年起在全省范围内推广"省直管县"财政体制。为什么广西作为自治区已经全面推广"省直管县"财政改革,而新疆、内蒙古、西藏则没有推行?主要原因在于后面三个自治区面积广袤,地形复杂,交通不便,以及社会政治经济情况特殊,"市管县"体制仍然比较适合当地实际情况,推行"省直管县"财政改革的"机会成本"可能较高,需要特别慎重。①

那么,"省直管县"财政改革是否适合辖县大省呢?的确,目前辖县大省如山东、河南、云南、四川等,开展"省直管县"财政改革试点范围较小,很多人担忧实行直管后,省级财政管理幅度太大,管理效率降低,甚至会给县级政府增加诸多不便,例如开会都到省会城市,交通成本太高等。然而,正是这些地方的县域经济发展滞后,受到束缚较多,"市管县"体制弊端较为集中,很多地级市在当年是由县改市,并不具备市的经济实力,"市本位"现象较为严重,造成县级负担沉重,城乡差距扩大。②

从制度变迁的需求角度来看,这些地区的县对实行"省直管"呼声最高,

---

① 根据《中国统计年鉴(2016)》,广西壮族自治区面积23.67万平方公里,人口4796万人,新疆维吾尔自治区面积166万平方公里,人口2298万人。内蒙古自治区面积118.3万平方公里,人口2504.8万人,西藏自治区122.84万平方公里,人口317.55万人。显然,新疆、内蒙古和西藏的辖区面积过大,地形复杂,交通不便,实行财政省直管存在诸多现实困难。

② 例如,四川在1983年起陆续将德阳、泸州、绵阳、广源、遂宁、内江、乐山7县(市)升格为地级市,缺乏经济辐射力和吸引力,造成头小尾大、弱马拉大车局面。其他地区如河北、河南、山东、云南等都有类似情况。详见杜受祜.探索市领导县体制的新模式——对四川新建七个带县市的思考[J].经济体制改革,1987(1):45-49.傅定国,李劲.小城市市带县问题的思考[J].财经科学,1989(4):42-45.

需求最大，但改革可能触动地级市的利益较多，阻力也比较大。在"小马拉大车"的格局中，"市管县"财政体制的制度优势已经丧失，当年推行"市管县"体制时的通信技术和交通状况等也发生了极大的改变，导致"市管县"财政体制惯性的主要是利益机制，即从现存制度获益较多的地级市政府及其官僚系统拥有维持现状的资源和能力，而县级政府又缺乏必要的政治和经济资源进行有效反抗。在政府间事权界定模糊、财政纵向失衡的格局下，地级市政府有向上级政府争取尽可能大的财权和财力，却将财政支出责任下压给县级政府的倾向。介于省级与县级之间的"中间层次"，市级政府是阻碍"省直管县"财政改革的重利益集团和层次主体。

对于这些省，一方面需要省级政府克服困难，自上而下推动，继续扩大"省直管县"财政改革的试点范围，不能使改革陷入政府间博弈的拉锯战；另一方面要为"省直管县"财政体制运行创造条件，例如提高县财政部门的信息化建设水平等，并对地级市在改革中的利益损失进行"希克斯补偿"。①

以山东省为例，该省"省直管县"财政改革的试点县仅有20个，占全省县数的22%，但全面推行改革的经济技术条件已经具备，需要尽早扩大改革试点范围。第一，该省经济增长较快，财政实力较强，2012年有21个县（市）进入全国百强县，为省管县体制改革提供了较为宽松的经济社会环境和物质条件；第二，通信技术、电子政务和快速交通的发展提供了坚实的技术保障，据统计，2012年山东省公路通车总里程达到24.45万公里，其中高速公路4975公里，通达128个县市区，基本形成以高速公路为主框架、以国省道为依托的公路、铁路网络，省、县之间的空间、时间和心理距离大幅缩短，绝大多数地区已经可以当日往返办公，也为省直管县提供了可能。更重要的是，无论是东部还是中、西部地区，很多比山东辖县数量更多的省都已全面展开改革，积累了丰富的改革经验，为后来者改革提供了很多可供借鉴的做法，可以有效地降低制度变迁的试错成本。

总体来看，推行"省直管县"财政体制，是我国经济体制改革、政府职能转变和理顺省以下财政体制的大势所趋。从国际比较来说，我国政府管理层级过多，虽然有地域、人口等方面的客观因素，但更与我国政府与市场、社会职责边界模糊和政府管理事务、干预经济社会过多有关。市场经济的不断完善

---

① 即推行"省直管县"财政改革后，县级财政、经济等收益的增加大于市级收益的减少，改革的"红利"可以由省级政府来对地级市进行一定的补偿。

要求市场机制在社会资源配置中起决定性的作用,政府主要职责集中于承担宏观经济调控、公共产品供给和收入再分配等方面,同时企业和社会的自我管理能力将不断发展,从而为政府减少行政层级、扩大管理幅度提供了制度空间。我国一些地区已经在大幅度地简政放权,公布政府权力清单和责任清单,仅安徽省,省级权力事项精简率就达 68.3%,市、县级精简率分别超过 50% 和 30%。[①] 当政府直接管理事务减少,权力充分下放,权力程序链条缩短,操作程序简化、规范、透明,即使施行"省直管县"体制,省级政府管理负荷并不会过重。从这个角度来看,转变政府职能、简政放权,与施行"省直管县"财政改革是一种互补性制度调整,前者为后者的顺利推行、高效运转、效应发挥等创造条件。

需要特别注意的是,"省直管县"财政改革虽然是在地方政府层面展开的,但是由于改革对地级市的利益触动较大,中、西部一些省份的省级政府由于缺乏足够的财力进行省内统筹,可能会遭遇较多的阻力,仍需中央政府和财政的支持。

(2) 进一步理顺省以下财政事权与收入划分。

现行的地方财税体制是在 1994 年分税制改革之后,改革造成财力层层向上集中。经过中央、省和地级市的财力集中和公共支出下放,占全国人口 70% 的县域,其县乡财政收入仅占全国财政收入约 20%,但支出却占 40% 以上,财政自给率非常低。而且,省以下财政体制安排,既有分税制的制度安排,又有明显的包干制的痕迹。省对市和市对县的财税制度经常调整,财政收入和支出责任划分很不规范。地方经济社会发展中的一些突出矛盾和民生类公共服务提供中的问题与财政纵向失衡和财税体制安排不合理有直接关系。

然而,对各地区"省直管县"财政改革的内容分析来看,该项改革又是延续了分税制以来我国财政改革的逻辑,即关注的重点仍在政府间的财力分割与调配方面,而相对忽视政府间事权和支出责任的划分。[②] 虽然一些省份在改革中对省以下各级政府的财政支出进行了界定,但仍遵循的是原有划分结构和传统的属地化原则,对建立财政事权与财力之间匹配的政府间财政关系并无太多改进。

---

① 杨玉华、王晖余、岳德亮. 权力清单带来了什么?——地方政府简政放权巡礼之一 [EB/OL]. http://news.xinhuanet.com/politics/2015-08/12/c_1116233651.htm, 2015-08-12.

② 周波,寇铁军. 我国省直管县财政改革的体制性障碍及破解 [J]. 财贸经济,2012 (6):21-25.

如何深化"省直管县"财政改革,并通过此项改革理顺省以下财政体制,将是下一阶段必须着重解决的问题。从改革的深度来看,"省直管县"财政改革可以分为两个层次:第一,由"市管县"财政体制过渡到"省直管县",减少一级财政管理层级,保障上级一般性转移支付和专项转移支付等直接拨付到县,解决市一级财政"上截省、下拿县"等问题,提高省以下财政资金拨付和使用效率;第二,根据财政事权与财力相匹配和公共产品的受益范围原则,明确划分省以下财政收入与支出责任,对于外溢性较强,但是面大量广、基层政府拥有信息优势的公共产品,应该作为省、市和省、县之间的共同事权,合理确定支出责任划分。例如,对于农村义务教育的财政责任划分问题,国家政策明令省级政府担起更大的统筹责任,但是各省并没有真正推进改革。[①]

第二步改革,即重点解决县级政府财力与事权责任严重失衡问题,应该是改革的重点。[②] 如果不进行第二层次的改革,仅仅将县级财政由"市管"转变为"省管",并不能从根本上解决县级财力与其支出责任之间严重失衡的局面。而且,也很难保证省级政府不会集中县级财力和下移财政支出责任给县级政府。下一步改革需要在"省直管县"财政框架下,明确划分省与市、省与县之间的事权和税权,最好通过立法来加以确定,保持相对稳定性,避免朝令夕改。在支出责任划分方面,可适当加大省级政府的支出责任。例如,在农村义务教育方面,省级财政应该承担更大的财政责任。同时,根据公共服务均等化的目标,改革省对市、县的财政转移支付制度,增强基层政府提供公共服务的财力保障。

7.1.2 因地制宜地推进"省直管县"行政改革

"省直管县"财政改革是对"市管县"体制财政维度的单项制度调整,对"市管县"行政体制并没有太大触动,这种不同步性限制了"省直管县"财政体制的运行效率。改革之后,县级政府由原来的一级政府管理变成了两级政府同时管理,"两个婆婆"模式造成了很多问题和矛盾。为了使财政改革和行政改革同步,行政管理体制也要逐步实施"省直管县",形成市、县平级格局,解决多头管理、监督不顺的体制障碍,建立符合我国《宪法》规定的地方行

---

① 2013 年《中共中央关于全面深化改革若干重大问题的决定》强调要"扩大省级政府教育统筹权",但各地主要调整了对教育的转移支付,并没有调整省以下财政事权划分。

② 周波. "省直管县"改革应重点解决政府间财力与事权匹配问题 [J]. 财政研究, 2010 (3): 49-52.

政层级架构。

2010年中央编办在东、中、西三个区域的8个省30个县（市）进行"省直管县"体制改革试点，后又扩大改革试点范围。改革要求，试点地区在实行"省直管县"财政体制和扩大县级经济管理权限的基础上，探索全面实行"省直管县"体制，"改革不能总是停留在打外围战，要触及深层次问题，要突破市管县体制框架设计改革"。① 改革的内容不仅包括经济社会管理权限调整，也要改革党委、政府、人大、政协以及司法管理体制等。2013年11月通过的《中共中央关于全面深化改革若干重大问题的决定》强调这一改革导向，要求"优化行政区划设置，有条件的地方探索推进省直接管理县（市）体制改革。"

根据中央政府的改革要求和各省的实际情况，一些省份已经积极探索开展"省直管县"体制试点工作。2011年河南省颁布《关于印发〈河南省直管县体制改革试点工作实施意见〉的通知》，将巩义市、兰考县、汝州市、滑县、长垣县、邓州市、永城市、固始县、鹿邑县、新蔡县10个县（市）确定为省直管县。除巩义、汝州外，兰考、长垣、滑县等均为农业大县。随后河南省又颁布《赋予试点县（市）经济社会管理权限目录的通知》，将603项省辖市级经济社会管理权限赋予省直管县，省政府各部门也相继出台了推进改革试点的具体政策。② 2013年贵州省颁布《关于推进省直接管理县（市）体制改革试点工作的意见》和《关于推进直接管理县（市）体制改革试点工作的实施意见》，确定仁怀市、威宁彝族回族苗族自治县、福泉市、镇远县、黎平县为试点县（市），先期选择仁怀市、威宁县进行试点，探索和积累经验，然后逐步将福泉市、镇远县、黎平县纳入试点。2014年江西省颁布《关于开展省直接管理县（市）体制改革试点工作的意见》，明确在共青城市、瑞金市、丰城市、鄱阳县、安福县、南城县6个县（市）开展试点，但是强调试点县（市）的经济社会发展仍然是所在地设区市的一个组成部分。

相比于其他省份，湖南省"省直管县"体制改革推进较晚，但是试点范围较广。2015年，湖南省颁布《关于开展省直管县体制改革试点工作的意见》，试点改革主要围绕调整行政管理体制、扩大经济社会管理权限、加快政府职能转变三个方面展开；其中，在扩大经济社会管理权限方面，将赋予试点

---

① 张占斌. 省直管县改革新试点：省内单列与全面直管[J]. 中国行政管理，2013（3）：11-15.

② 张建新.《河南省深化省直管县体制改革实施意见》发布[N]. 河南日报，2013-11-28.

县（市）行使与市州相同的经济社会管理权限。《关于确定省直管县经济体制改革试点单位的通知》确定浏阳市、耒阳市、茶陵县、湘乡市、武冈市、平江县、石门县、慈利县、安化县、宜章县、蓝山县、溆浦县、新化县共13县为省直管县经济体制改革试点单位。湖南省印发《推进省直管县体制改革试点工作部门分工方案》的通知要求：支持直管县加强公共服务平台建设，加快推进城镇基本公共服务常住人口全覆盖；其中，优先在省直管县实施城镇学前教育、义务教育和高中教育相关工程；现代职教体系建设项目，适当向直管县倾斜。此外，适当提高直管县基本公共服务支出转移支付补助系数，对直管县因国家新增政策支出形成的财力缺口，省财政通过一般性转移支付进行调节。从湖南省的改革内容来看，全面"省直管县"体制更有利于对县域农村义务教育的倾斜投入，推动基本公共服务均等化（见表7-1）。

表7-1　部分地区实施"省直管县"体制改革试点情况

	省份	时间（年）	改革文件	试点县数量	试点县名单
东部	辽宁	2010 2011	辽委办发〔2010〕33号 辽委办发〔2011〕36号	2	绥中县 昌图县
	浙江		浙委办〔2006〕114号	1	义乌市
	江苏	2011	苏发〔2011〕39号	3	昆山、泰兴、沭阳
中部	黑龙江	2011	黑办发〔2011〕28	2	绥芬河市、抚远县
	吉林	2013	吉发〔2013〕16号		公主岭、梅河口市
	河北	2013	冀办发〔2013〕13号	2	定州市、辛集市
	河南	2011 2013	豫发〔2011〕7号 豫发〔2013〕12号	10	巩义市、兰考县、汝州市、滑县、长垣县、邓州市、永城市、固始县、鹿邑县、新蔡县
	湖南		湘办发〔2015〕4号 湘办〔2015〕30号	13	浏阳市、耒阳市、茶陵县、湘乡市、武冈市、平江县、石门县、慈利县、安化县、宜章县、蓝山县、溆浦县、新化县
	江西	2014	赣办发〔2014〕16号	6	共青城市、瑞金市、丰城市、鄱阳县、安福县、南城县
	安徽	2011	皖发〔2011〕10号	2	广德县、宿松县

第7章 | "省直管县"财政改革与农村义务教育财政体制调整思路

续表

	省份	时间（年）	改革文件	试点县数量	试点县名单
西部	贵州	2013	黔府发〔2013〕8号	6	仁怀市、赤水市、威宁彝族回族苗族自治县、福泉市、镇远县、黎平县
	宁夏	2010	宁政发〔2010〕25号	2	盐池县、同心县
	陕西	2012 2014	陕办发〔2012〕8号 陕发〔2014〕5号	3	韩城市、神木县、府谷县

资料来源：根据各省政府网站公布的改革文件资料整理。

在行政上实行"省直管县"，主要有以下三个方面的优势：第一，减少行政层级，提高行政效率。原来省级布置任务要开一次会，地级市又要开一次会，重复很多，河北省一试点县的县委书记讲，省直管后，"一年减少五百个会，省管县百利无一害"。[1] 第二，扩大县级决策自主权，释放县域经济活力。县域经济是国民经济最基础的单元，但其发展受到诸多制度制约，普遍存在"没钱、没权、没人、没地"的困境。实行"省直管县"后，县级政府在财政、行政和经济社会管理权限方面有了更多的自主权，使得县级政府功能更加完善，为县域经济社会发展清除体制障碍。根据对陕西试点县实施情况的考察，"省直管县"被认为是行政管理体制中最能释放县域经济活力的改革模式。[2] 第三，推进城乡分治，有利于从省级层面统筹城乡发展，增强了省级政府直接调控能力，实现了各种公共资源的有效分配，推动了基本公共服务城乡和区域均等化。

实行"省直管县"体制是新形势下国家治理体制改革的方向，但是由于历史传统、自然环境、经济发展阶段和省内体制的差异，目前很多地方并不具备全面推进"省直管县"的条件。实施全面"省直管县"体制，需要因地制宜，不能"一刀切"，根据各省实际情况，积极探索，逐步推进。一些反对"省直管县"改革的观点认为，"省直管县"财政改革可能会对地区中心城市

---

[1] 关于推进省直管县改革调研报告[EB/OL]. http://www.jlxy.gov.cn/news.aspx?id=62303, 2014-12-16.

[2] 杨静. 神木府谷调查：陕西两强县首次试点省直管[N]. 陕西日报，2014-07-11.

的形成造成影响。① 从经济学的角度来看，中心城市的形成不是行政命令的结果。以往中心城市具有浓厚的行政经济区色彩，今后城市的发展应该建立在经济要素自由流动和自发集聚的基础之上。因此，"省直管县"改革实际上是政府职能的转变、政府与市场、社会之间分工逐步演进的过程（见图7-1）。

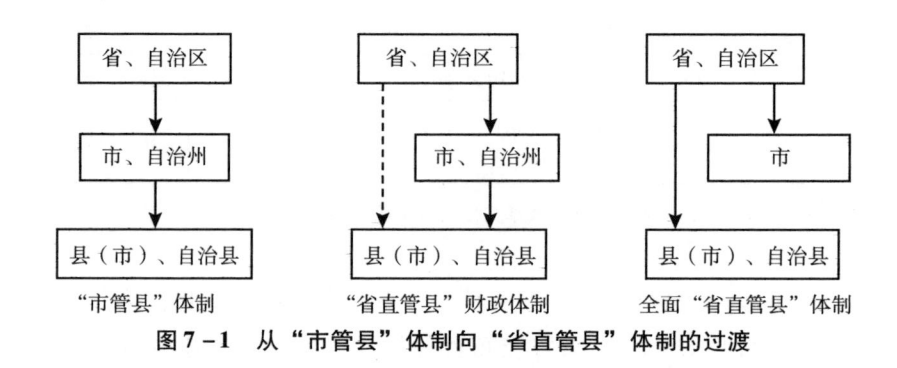

图7-1 从"市管县"体制向"省直管县"体制的过渡

7.1.3 加强对县级政府公共支出的监督与考核

"省直管县"财政改革本质是一种分权改革，改革赋予了县级财政更多的财政自主权，并将县置于更大的竞争范围之中。在基于经济绩效的晋升竞争中，分权改革在赋予县级政府更大自主权的同时，也可能导致县级政府为了追逐政绩而更加重视生产建设性支出而忽视民生福利性支出。这种竞争在不同的经济发展阶段表现形式有所不同，在东部发达地区，基础设施已经相对完善，经济竞争逐步转向政府质量、文化教育、科技创新、生态环境等制度和文化方面的竞争，但是对于中、西部经济正处于起飞阶段的县域经济来说，竞争仍集中在基础设施、土地供给等生产领域，生产建设型支出偏向表现会非常明显。本书全国和分省的案例分析也印证了这一点，东部地区"省直管县"财政改革对试点县教育财政投入努力程度具有一定的正向效应，但是在中西部地区往往会表现出负向效应。

与西方分权改革可能提高地方政府对当地居民需求的反映不同，中国式分权改革对县级财政支出结构极易造成扭曲，忽视当地居民对基本公共服务的需求。县级政府主要对上负责，县级主要官员晋升主要掌握在上级政府尤其是省级政府手中，"省直管县"财政改革后，省级政府的管理幅度变大，尤其是对

---

① 刘尚希. 省直管县改革要唯实 [N]. 中国财经报，2014-11-15.

第7章 | "省直管县"财政改革与农村义务教育财政体制调整思路

于辖县大省而言,省对县的监管可能力不从心。对于县域义务教育服务而言,为每个适龄儿童提供教育服务是县级政府的职责,但是提供教育服务的质量却难以衡量。例如,同样的班级,同样数量的教师,但是班额30人与班额60人,生均成本相差很大,大班额能为县级政府节约很多财政资金以用于经济发展,因此县级政府偏好大规模学校、大规模班级不足为奇。很多农村地区过度"撤点并校",学校进城,最终造成"城满、乡弱、村空"的局面,城镇"65人以上的大班额比比皆是,班额超过100人的也不在少数,教育品质堪忧"。①

随着"省直管县"财政改革的深化,省以下财政体制的理顺,省以下各级政府之间的财政事权逐渐明确,为了确保县级政府基本公共服务的有效提供,省级政府必须加强对县级政府的监督考核和绩效评价,强化县级政府履行包括农村义务教育在内的公共服务财政事权的责任,避免改革对县域农村公共服务供给可能造成的负面效应。从目前各省的改革方案中,对县级财权的监督制约等制度设计明显不足,既缺乏自上而下的监督设计,又缺乏自下而上的舆情监控,更缺乏平级权力之间的制约机制。② 对县级财政的监控和考核,可以从他律、自律和参与三维同时推进。

首先,省对县级政府及其官员的考核应注重公共服务提供绩效,不仅是底线标准和数量标准,更要注重质量和效益指标。不能仅把GDP及增长率作为考核评价政绩的主要指标,要加大科技创新、教育文化、劳动就业、社会保障等民生方面的考核。而且,考核不能仅定一些软指标,要有一些真正能够督促地方政府努力改善公共服务的硬指标。例如,在农村义务教育,不仅要考察学校硬件设施、设备、入学率等因素,还要考察班级规模、生师比、保持率、教师培训、教师交流、学生发展等内容。一些地方使用义务教育毛入学率作为考核评价指标体系,表面上是加入了义务教育考核指标,实际上完全没有监督效力,很多地方义务教育毛入学率早已超过100%。

其次,推进县级政府依法行政和制度建设,强化科学民主决策制度,健全监督机制和责任追究机制。例如,国务院2012年颁布的《关于规范农村义务教育学校布局调整的实施意见》规定:确因生源减少需要撤并学校的,县级政府必须严格履行撤并方案的制订、论证、公示、报批等程序,通过举

---

① 杨东平. 农村教育需要"底部攻坚"[J]. 教育发展研究, 2014 (24): 3.
② 尤光付. 我国县级政府行政监督体系存在的问题及改进措施[J]. 中国行政管理, 2010 (3): 89-92.

行听证会等广泛听取学生家长、学校师生、村民自治组织和乡镇人民政府的意见,保障群众充分参与并监督决策过程。多数学生家长反对,学校撤并后学生上学交通安全得不到保障,并入学校住宿和就餐条件不能满足需要,以及撤并后将造成学校超大规模或"大班额"问题突出的,均不得强行撤并现有学校或教学点。对于已撤并的学校或教学点,有必要的可按程序予以恢复。然而,从国务院2001年发文要求进行布局调整,① 到2012年建立严格的撤点并校听证程序,已经过去了整整10年时间。在这10年的过程中,各地区农村中小学校撤并的数量达到了50%以上,有的甚至高达80%~90%。学校撤并究竟有多少征求过学生家长的意见呢?东北师范大学农村所曾对全国8个县的调查,有45.4%的村小学撤并过程中没有进行认真调研和征求村民代表意见。县级政府的行政操作失范造成了新的"上学难、上学远、上学贵"问题突出,农村辍学率又重新抬头。国家审计署2013年关于《1185个县农村中小学布局调整情况专项审计调查结果》显示,重点核实的52个县辍学人数增加了1.1倍。②

最后,要推进县级财政支出信息透明度,健全政务公开制度,加强社会舆论监督。《政府信息公开条例》虽已推行多年,但是县级政府政务和财政信息公开程度仍然较低。就财政信息而言,县级政府往往以政府预算和决算报告已经公布等为由,很多信息细节并未公开。一年一度的县级财政预算和决算报告非常粗线条,连审核预算的人大代表都难以知晓财政资金的具体项目用途,更别说普通大众。以国际货币基金组织(IMF)建立的财政透明度最低标准和实施要求来衡量,我国政府的财政透明度达不到最低标准,在国际排序中处于最低国家之中。③ 县级财政信息公开的难点在于主要官员对信息的垄断、保护财政资金运用隐私,以及方便进行幕后财政决策。因此,增加县级财政信息的透明度,本身就是改善县级政府质量、建立法治政府、实现县域良性治理的重要途径。

---

① 2001年国务院颁布《关于基础教育改革与发展的决定》提出:"按照小学就近入学、初中相对集中、优化教育资源配置的原则,合理规划和调整学校布局。农村小学和教学点要在方便学生就近入学的前提下适当合并,在交通不便的地区仍需保留必要的教学点,防止因布局调整造成学生辍学。"但是,并没有对撤点并校的程序作出规定。

② 国家审计署.1185个县农村中小学布局调整情况专项审计调查结果[EB/OL]. http://www.audit.gov.cn/n1992130/n1992150/n1992500/3274274.html,2013 - 05 - 03.

③ 谭建立.论政府财政信息的透明化[J].财政研究,2014(2):40 - 44.

7.2 构建"中层集权"的农村义务教育财政体制

"省直管县"财政改革在全国范围内的快速推进,不仅对农村义务教育财政形成了冲击,而且该体制一经建立将会不断自我强化,成为农村义务教育财政体制嵌入和赖以运行的刚性制度环境。新的制度环境要求嵌入其中的制度进行适应性调适,同时也为更加合理的制度安排提供新的平台和契机。农村义务教育财政体制自从实行"以县为主"和"新机制"以来,仍然存在着负担重心偏下、各级政府事权模糊、城乡和区域差距扩大等问题。"省直管县"财政体制虽然不能完全解决这些问题,但却为解决这些问题、调整农村义务教育财政体制创造了条件。

同样是针对分税制后的财政纵向失衡问题,之前的"省直管县"财政改革主要集中于财力划分与财政管理层级问题,本节则集中讨论在"省直管县"财政体制下事权划分问题,并聚焦于农村义务教育财政事权与支出责任划分方面,希望为推进"省直管县"财政事权方面的改革提供一些参考。

7.2.1 明确农村义务教育财政事权与支出责任划分

财政事权是一级政府应承担的运用财政资金提供基本公共服务的任务和职责,支出责任是政府履行财政事权的支出义务和保障。[①] 1994 年的分税制改革,包括作为分税制改革延续的"省直管县"财政改革,都集中在财政收入的划分上,并未触动政府间财政事权和支出责任划分,目前政府间支出责任划分不清晰、不合理、不规范等问题突出。[②] 具体到农村义务教育财政体制方面,近 20 年虽然从"乡村自给"到"以县为主"再到"新机制"的变迁,但是目前县级政府仍然承担大部分的农村义务教育财政责任。"新机制"后针对农村义务教育的数项支出项目,中央和省级财政按照一定比例负担的方式对县进行专项补助。从制度设计来看,"新机制"只是专项补助的一种分担方式,并没有真正触动财政事权责任,更多地是一种"增量"改革。[③]

[①] 对这两个范畴的界定来自于《关于推进中央与地方财政事权和支出责任划分改革的指导意见》(国发〔2016〕49 号)。
[②] 楼继伟. 中国政府间财政关系再思考[M]. 北京:中国财政经济出版社,2013:287.
[③] 王蓉. 加大教育财政投入 需完善相关体制与机制[J]. 人民教育,2008 (9):2-5.

对于县级政府而言，农村义务教育的外溢性非常强，而且投资收益周期太长，由县级政府承担其主要财政职责，显然既不符合政府辖区与公共产品外溢范围对等的受益对等原则，也不符合中国式分权下地方官员晋升竞争的激励相容原则。① 然而，在农村义务教育"以县为主"的管理体制下，除了几个特定项目有中央和省级分担以外，其余所有财政支出责任仍主要由县级政府负担，"新机制"并没有改变这种重心过低的格局。

对于省级政府而言，除了"新机制"相关资金配套外，国家越来越强调省级政府的统筹责任，同时要求省级政府要加大对省内经济欠发达地区的转移支付。2010年《国家中长期教育改革和发展规划纲要（2010～2020年）》要求"进一步加大省级政府对区域内各级各类教育的统筹……完善省对省以下财政转移支付体制，加大对经济欠发达地区的支持力度"。2013年《中共中央关于全面深化改革若干重大问题的决定》强调要"扩大省级政府教育统筹权"。2015年国务院《关于进一步完善城乡义务教育经费保障机制的通知》要求："省级人民政府要切实发挥省级统筹作用，制定切实可行的实施方案和省以下各级政府间的经费分担办法，完善省以下转移支付制度，加大对本行政区域内困难地区的支持。"然而，如何"统筹"，"统筹"到何种程度，转移支付要加大到何种程度等，既没有清晰界定，也缺乏可操作性的指导意见，有相当一部分省级政府没有承担均衡省以下财力、保障县级政府教育支出的统筹责任。可以说，省级政府对农村义务教育的财政责任仍非常模糊和笼统。

对于中央政府而言，"新机制"后中央财政对农村义务教育的投入快速增加，有效地保障了农村义务教育免费政策的实施、校舍维修改造、基本公用经费和贫困生资助。但是，如果长期沿袭这类改革方式的话，可能导致两个严重的问题：一是农村义务教育财政投入的发动力向中央集中，所有重要项目都将以中央投入为引子，地方政府将会采取策略性行为，将更多的农村义务教育财政投入向中央推卸。一些实证研究已经证实，"新机制"后上级政府的转移支付对县级农村义务教育支出具有一定的"挤出效应"。② 另一个不能忽视的问题是加重了中央介入微观管理的倾向，分割地方政府根据实际情况统筹决策的

---

① 李世刚，尹恒. 县级基础教育财政支出的外部性分析——兼论"以县为主"体制的有效性 [J]. 中国社会科学，2012（11）：81-97.

② 孙志军，杜育红，李婷婷. 义务教育财政改革：增量效果与分配效果 [J]. 北京大学教育评论，2010，08（1）：83-100.

能力,可能导致资源误置与效率损失。①

"新机制"是对"以县为主"体制的"增量"调整,虽然硬性规定了各级政府在具体项目支出上(基准范围内)的分担比例,但是这种分担存在一些错位问题,如校舍维修改造资金,中央政府不具备信息优势,但却分担了较多的份额;② 而且,对一些专项的分担不仅没有让农村义务教育的事权更加清晰,而且造成了职责不清与地方政府卸责问题,很多地方农村中小学公用经费不足与地方政府卸责有关。

考虑外溢性、信息复杂性和激励兼容等方面的因素,农村义务教育应该是中央政府和地方政府的共同事权,其财政支出责任应由中央和地方共同承担。中央承担农村义务教育财政责任,主要职能在于补偿地方教育投入外溢性、保障流动儿童教育权利、推动基本公共服务均等化;在地方各级政府中,省级政府应该承担主要财政和统筹职责,扭转农村义务教育财政负担重心过低的局面,同时通过一般和专项转移支付,确保县级政府提供义务教育的基本财力和区域均衡;县级政府由于更接近居民和学校,具有较强的信息优势,应承担一定的直接财政责任和主要的管理职责,确保各级政府的财政投入集结到县级财政后能够统筹使用,切实有效地用于发展义务教育。

(1)作为中央和地方共同事权,中央政府应直接承担一定农村义务教育财政责任,但比例不宜过大,更多责任应通过转移支付来委托地方承担,保障地方政府提供基本公共服务所需基本财力。

义务教育属于最基本的公共服务,既关涉劳动力跨区域自由流动,也体现国民待遇和公民权利,需要中央政府直接承担部分财政责任。一方面,义务教育属于公民最基本的权利,而且具有很强外部性和区域外溢性。义务教育使得受教育者通过内化、构建和养成与特定社会制度与社会价值相容的观念和行为,降低了整个社会的交易费用,具有巨大的正外部性。同时,义务教育公平事关社会公平和社会信任,过度不公平将会导致社会分裂。③ 另一方面,无论是通过升学流动还是工作流动,初中生毕业后的流动范围很大,而且随着劳动力市场的完善和人口流动的常态化,教育的区域外溢性会越来越大。④ 因此,

---

① 王蓉. 加大教育财政投入 需完善相关体制与机制 [J]. 人民教育, 2008 (9): 2-5.
② 汪传艳. 农村义务教育经费保障新机制研究 [D]. 华中师范大学, 2014: 149-154.
③ 史宇鹏, 李新荣. 公共资源与社会信任: 以义务教育为例 [J]. 经济研究, 2016 (5): 86-100.
④ 宗晓华. 公共教育财政制度的规范理论与构建路径 [J]. 西南大学学报(社会科学版), 2011, 37 (1): 122-126.

中央政府应该承担农村义务教育的财政责任，但是直接承担的比例不宜过大，避免分割地方事权或过多介入微观管理。中央政府的间接责任在于通过一般性转移支付，确保省级政府提供包括义务教育在内的基本公共服务的财力。正是从这个角度来说，义务教育具有全国性公共产品属性。

流动儿童群体的义务教育权利保障需要中央财政介入。根据第六次人口普查数据，我国人户分离的人口达到2.6亿人，跨省流动0.85亿，占33%，跨省流动人口80%属于农民工。流动人口主要从中、西部地区向经济发达的东南沿海地区迁移，其中13个大城市集聚了全国65%的流动人口。在流动人口中，17岁以下流动儿童3581万人，农村留守儿童6103万人，后者多是无条件随父母流动的儿童。[①] 流动儿童入学"以流入地为主、以公办学校为主"的政策执行，完全由流入地的地方政府（基层政府）承担，既不合理，也不符合激励兼容原则。对于因接受流动儿童而产生的财政支出，应该由中央和省级政府承担一定比例的财政责任。其中，中央财政负担跨省流动儿童部分教育成本，省级政府承担省内流动儿童部分教育成本，两者都可以通过专项转移支付委托基层政府承担。

（2）省级政府要根据本省实际，合理确定省以下各级政府对于农村义务教育的支出责任，避免将过多支出责任交给基层政府承担，原则上省本级财政承担的农村义务财政责任不能低于县级财政，但这种责任承担可以通过转移支付委托县级政府执行，从而发挥基层政府在中小学教育方面的信息和管理优势。省政府应明确承担通过转移支付推进省内义务教育均等化的职责。

由于中小学量大面广，教育事务本身具有较强的专业性，具体管理信息比较复杂，因此应有地方政府负责主要的管理职责。但是，中国的省域规模较大，无论是在行政区域面积还是在人口规模上，都相当于一个中等规模国家，只有县乡基层政府才是真正直接接触居民的一线政府。从信息复杂性的角度来看，农村义务教育"以县为主"的管理体制不能动摇，但是不能一直延续"以县为主"的财政体制。"以县为主"的财政体制作为实际运行的制度，主要缺陷在于财政负担重心过低，无法解决县域农村义务教育显著的区域外溢性和县级政府的激励兼容问题。在地方财政范围内，要纠正这种财政负担重心过低问题，必须将更多的财政负担上移到省级政府，建立"中层集权"的农村义务教育财政体制。中西部地区一些省级财力薄弱无力负担的，可由中央增加

---

① 国家计划生育委员会. 中国流动人口发展报告［M］. 中国人口出版社，2011：1-3.

第7章 | "省直管县"财政改革与农村义务教育财政体制调整思路

转移支付解决。关于"中层集权"财政体制的构想,将在下文详加阐述。

从世界范围来看,虽然各国财政体制差异很大,但大部分国家在义务教育财政体制上都选择了集中模式或相对集中模式,投资主体或是中央政府,或是地方高层政府,完全采取以基层地方政府作为投资主体的分散模式的国家为数较少。[①]

这里以日本和美国为例进行对比。日本和美国都是典型三级财政,中央财政收入占比约为60%。中国中央财政收入占比约为50%,"省直管县"和"乡财县管"财政体制的推行使得原有五级财政演变为国际上较为普遍的三级财政,因此可以进行一下比较和参考。

日本中央财政收入占比在60%以上,其义务教育事权划分模式偏向中央集权。日本各级财政对义务教育的分担由《义务教育国库负担法》等法律明确规定,分担方式主要是按照项目来分担:义务教育阶段教师工资,中央政府负担1/2,都道府县级政府负担1/2,市町村级政府不负担任何教师工资;校舍建设经费,根据地区差异,中央政府负担1/2或2/3,市町村级政府负担1/2或1/3;教材和教具等公用经费,中央政府负担1/2,都道府县级政府负担1/2;入学财政援助,中央政府负担1/2,都道府县级政府负担1/2。[②]

美国中央财政收入占比约为60%,但在义务教育事权划分上偏向地方分权,在地方政府内部,则由高层政府(州政府)负担主要财政责任。美国公立中小学教育财政中,2008年联邦、州和地方三级政府的具体投资比例分别为:联邦政府8.1%,州政府48.3%,当地政府43.7%;在60年前(1949年),美国联邦政府承担的比例为2.9%,州政府为39.8%,当地政府为57.3%。相比而言,美国联邦政府和州政府承担的比例都在不断增加,其中联邦政府的大部分资金直接用于支持低收入群体。从分担比例来看,美国义务教育财政负担的主体从以当地政府为主向以州政府为主转变,[③] 尤其是加州Serrano vs Priest 诉讼案胜诉之后,美国大部分州都以立法方式,明确州政府义务教育财政投入和均等州内学区间经费差异的责任。[④]

综上所述,当前我国农村义务教育经费责任分担模式存在诸多需要改进的

[①] 范先佐等. 义务教育均衡发展与省级统筹 [J]. 教育研究, 2015, (2): 67 - 74.

[②] 高如峰. 农村义务教育财政体制比较:美国模式与日本模式 [J]. 教育研究, 2003 (5): 64 - 70.

[③] U. S. Department of Education, Educationfinance Statistics [EB/OL]. http://nces.ed.gov/edfin/index.asp, 2014 - 11 - 15.

[④] King R A, Swanson A D, Sweetland S R. Designing Finance Structures to Satisfy Equity and Adequacy Goals [J]. education policy analysis archives, 2005, 13 (15): 1 - 26.

地方，其中负担重心过低仍然是主要症结所在，即使在"省直管县"财政体制框架下，增加县级财力性转移支付，也很难解决外溢性和激励问题。参考国际通常做法，结合我国实际情况，应纠正农村义务教育财政负担层级偏低的状况，将农村义务教育的主要支出责任上升到中央和省级政府，建立起全国底线标准和跨区域补偿机制，并由省级政府承担起核心职责，统筹省内义务教育投入与发展，才能形成起更为公平、城乡一体、运转高效的义务教育财政体制。

7.2.2 构建"中层集权"的农村义务教育财政体制

基于上文关于事权与支出责任的原则分析，本部分重点阐述农村义务教育财政"中层集权"体制的构想，作为解决义务教育财政问题的一种思路，供大家探讨。

简要回顾一下省级政府在农村义务教育财政中所扮演的角色。自1985年教育体制改革以来，省级政府对农村义务教育的责任一直处于改革变化之中。在"乡村自给"阶段，省级政府除了制定相关的经费标准外，也只承担少量的对贫困地区农村义务教育经费补助责任；在"以县为主"阶段，省级政府主要统筹安排财力，通过转移支付，解决财政困难县的中小学教师工资缺口，并增加危房改造资金；在"各级政府共担"阶段，省级政府主要统筹落实省以下各级政府应承担的经费，完善财政转移支付制度。在中西部地区，地方各级政府农村义务教育经费分担中（"新机制"规定的支出项目），省级政府要"拿大头"。由此可见，当前在农村义务教育财政责任方面，省级政府主要是"配套"和"统筹"，平衡农村义务教育地区间差异。相较"乡村自给"和"以县为主"阶段，目前省级政府对农村义务教育财政责任有所增加，但是"配套"性支出反映其在承担责任方面仍较为被动，统筹责任不明，很多地方省对县的教育财政转移支付规模仍然较小，对均衡省内城乡和区域差距作用微弱。

综合我国政府间财力配置格局和多级财政体制的国际经验，未来应建立以"中层集权"为核心的政府间教育财政分担体制，逐步加大省级政府对农村义务教育的财政事权与支出责任。"中层集权"与当前政策话语体系中的"省统筹"和省财政"拿大头"有一定的联系和区别。"省统筹"主要强调的是省财政对辖区内农村义务教育横向均衡责任。省政府"拿大头"主要针对"新机制"中的几个项目，中西部地区省级政府与市、县级政府对农村免杂费、补助公用经费以及校舍维修改造等资金的分担上，要负担50%以上。"中层集权"是将农村义务教育的主要投入责任上升到省级政府，建立以省级财政为中心的

第7章 | "省直管县"财政改革与农村义务教育财政体制调整思路

义务教育财政体制。

具体改革思路是：在2016年城乡义务教育经费保障机制中央和地方支出责任划分的基础上，适度增加中央财政直接负担义务教育的比重，但改变中央财政对农村义务教育的负担方式。将中央应分担的各种农村义务教育专项经费进行较大幅度归并，并匡算流动儿童可携带的中央支付经费，然后通过义务教育专项转移支付形式转入省级财政，由省级政府统筹安排支出。这种调整在保持和加强中央财政责任的同时，还有两个方面的考虑，即尽量避免对地方政府微观管理事权的分割，并对接受流动儿童的地区进行部分成本补偿。在地方政府内部，将不需要太多决策信息的农村义务教育经费支出项目，从县级政府上收至省级政府，由省级财政承担主要责任；对需要部分决策信息的农村义务教育经费支出项目，由省级财政和县级财政按比例分担。同时，加大省对辖区内经济薄弱地区和流动儿童入学集中地区的义务教育专项转移支付，确保省内义务教育投入的充足、公平和城乡一体的机制运行。县级政府仍承担农村义务教育经费的管理职责，坚持"以县为主"管理体制，发挥基层政府在中小学管理方面的信息优势和积极性，严格上级政府对县级政府统筹使用义务教育经费、发展义务教育事业的问责机制。总体来讲，在省—县农村义务教育财政责任划分中，省级财政负担的比重应不低于县级政府，但保持县级政府在微观管理方面的优势和责任。

（1）适度增加中央对农村义务教育的财政责任，调整财政直接负担方式。

"新机制"实施以来，中央财政按照"分项目、按比例"的方式承担了农村义务教育免杂费资金、补助公用经费资金、校舍维修改造资金、免教科书资金以及补助寄宿生资金等，在中西部地区，中央负担相关经费的比例都在50%以上。除此之外，中央还设置了农村义务教育专项补助项目，如农村寄宿制学校建设工程项目、中西部农村初中校舍改造工程项目、新农村卫生新校园建设工程项目等。据不完全统计，2007~2015年中央通过国库直接支付、专项转移支付等方式累计投入"新机制"配套资金达5899.34亿元。中央政府持续的财政投入有效缓解了农村义务教育经费短缺和办学条件落后等问题，为农村义务教育的发展提供了经费保障。

然而，我国是多级政府，管理链条较长，而且幅员辽阔，每一级政府的管理幅度都较宽，政府间以及政府与学校间信息不对称问题突出。即使在"以县为主"管理体制下，县级政府及其派出机构管理几十万元甚至上百万元居民子女的义务教育，并根据实际情况进行灵活决策和应对，也面临着非常大的信息负荷和挑战。① 对于面大量广的中小学校,中央政府根本不可能掌握详细的决策信息,政策实施的负面反馈信息更是难以获取。而且,国家宏观政策必须保持维持相对稳定,无法适应差别巨大且处于动态变动的基层情况。作者在一些地方的实地调研中发现,中央政府的一些农村义务教育专项如校安工程,由于设置了非常细致而严苛的管理规定,已经严重束缚了基层政府根据具体情况综合决策权力和激励,"买酱油的钱绝对不能用来买醋",造成了很多资源误置甚至浪费。另外,"新机制"项目中有纳入学校运转需要正常列支的项目,例如代课教师、教辅与后勤人员工资、中心校(原乡教育办公室)运转资金、配套设施建设资金、教师进修培训开支等,导致很多地区农村义务教育经费不足,不得不违规列支一些现实必需的项目。

因此,未来在继续适度增加中央政府直接负担的农村义务教育经费的同时,需要改变财政负担的方式,避免承担过多的信息负荷和集中过多的管理责任,防止过多的专项转移支付将基层政府和学校的经费使用权力分割化和碎片化。要将名目繁多的义务教育专项转移支付进行适当归并,包括校舍维修改造、寄宿制学校建设、中西部农村初中校舍改造工程、新农村卫生新校园建设工程等,作为专项性一般转移支付,统一打包拨付给省级财政,然后由省级政府依据各县义务教育发展的需要,统筹配置和安排农村义务教育经费。对于"保运转"的农村义务教育专项资金,如免杂费资金、补助公用经费资金、免教科书资金、补助寄宿生资金以及中小学教师工资转移支付资金等,依然还可以采用国库集中支付的方式,由中央财政直达县级财政,确保经费及时、足额的拨付到农村中小学校。

通过改革中央对农村义务教育的财政负担方式,构建省级统筹的农村义务教育财政体制,由省政府制定本省的农村义务教育支出标准及其动态调整的原则。这种调整既保持了一部分专项资金的功能,促进义务教育均衡发展,补偿区域外溢和跨区域流动儿童教育成本,又在一定程度上保障地方事权完整性,硬化地方财政的预算约束。②

(2) 建立多级共担的农村中小学教师薪酬分担机制,落实省级统筹责任。
"中层集权"体制下,省级政府对农村义务教育的主要财政权力和职责在

---

① 陈静漪,宗晓华. 中国农村义务教育供给机制变革及其效应分析——基于"悬浮型"有益品的视角 [J]. 江海学刊, 2012, (4): 226 – 234.
② 刘明兴. 关于中央财政转移支付体系改革的若干政策建议 [R]. 中国教育财政科学研究所简报, 2013, (9): 1 – 14.

第 7 章 | "省直管县"财政改革与农村义务教育财政体制调整思路

于:确定省级以下各级政府的财政分担比例;统筹安排中央转移支付资金;统筹制定辖区内经费保障机制改革的各项具体政策措施。其中,省级以下各级政府的资金分担比例,应该将农村义务教育教师薪酬包括进来。

在农村义务教育经费支出结构中,教师薪酬是农村义务教育财政负担的真正"大头"。关于农村义务教育教师薪酬,中央财政在"税费改革"与"新机制"实施过程中,为了保证中西部地区农村教师工资发放,对中西部及东部部分地区农村中小学教师工资给予专项补助。2008年国务院出台《关于义务教育学校实施绩效工资的指导意见》规定,绩效工资(占教师薪酬30%)部分按照"管理以县为主、经费省级统筹、中央适当支持"原则落实,最终的结果是县级财政承担了绩效工资落实的大部分责任。以江苏省为例,2009年省政府颁布《义务教育学校绩效工资实施意见的通知》规定,"按照管理以县为主、经费市县自筹、省级适当支持的原则,确保义务教育学校实施绩效工资所需资金落实到位。"另据全国人大在湖北省的调研,湖北省实施义务教育教师绩效工资58亿元,其中中央财政分担4.8亿元,省级财政分担12亿元,县级财政承担41.2亿元,占71%。[①] 2015年国务院颁布的《关于进一步完善城乡义务教育经费保障机制的通知》规定:"中央继续对中西部地区及东部部分地区义务教育教师工资经费给予支持,省级人民政府加大对本行政区域内财力薄弱地区的转移支付力度。县级人民政府确保县域内义务教育教师工资按时足额发放。"也就是说,教师薪酬并未纳入"多级共担"范围,仍维持原来体制,主要由县级财政负担。

表 7-2　　　　　　　　　农村义务教育经费支出结构

		合计	个人部分		公用部分	基建部分
			个人部分小计	其中:工资福利		
经费投入 (亿元)	农村小学	4123.28	2881.15	2041.73	1171.57	70.56
	农村初中	2330.05	1531.62	1142.37	732.00	66.44
	合计	6453.33	4412.76	3184.10	1903.57	137.00
经费结构 (%)	农村小学	100	69.88	49.52	28.41	1.71
	农村初中	100	65.73	49.03	31.42	2.85
	合计	100	68.38	49.34	29.50	2.12

资料来源:根据《中国教育经费统计年鉴(2014)》计算整理。

---

① 崔帆. 绩效工资:好政策呼唤有力的财政保障 [N]. 中国教育报, 2010-03-14.

教师薪酬作为农村义务教育经费中最大份额的项目,由中央、省、县三级财政中财力最为薄弱的县级政府承担,显然是避重就轻,存在错位,既不能保障教育公平,又阻碍了教育质量提高。县级财力相对薄弱,入不敷出,势必导致农村中小学教师工资长期处于较低水平,缺乏竞争力和吸引力。近20年来,中小学教师工资长期低于公务员工资,其中小学教师工资甚至长期低于制造业劳动者工资。[①] 农村教师队伍老龄化严重,大量人才流失,且难以补充年轻教师,与长期低迷的薪酬待遇不无关系。另外,"以县为主"体制下,农村中小学教师薪酬高度依赖于县域经济发展水平和财政收入状况,城乡间、地区间农村中小学教师收入差距明显,严重挫伤乡村教师的积极性,加剧教育不公平现象。

因此,应建立起多级共担的农村中小学教师薪酬分担机制,实现教育财政中立,逐步消除县域经济发展水平对教师薪酬水平的制约。政府间农村中小学教师薪酬分担机制的设计既要考虑到各级政府的财政供给能力,也要考虑到各级政府的财政供给意愿,同时还要考虑到与现有刚性体制兼容问题,所以要重点解决好政府间财力与事权的对等、信息效率、激励相容以及机制的实施基础等问题。

基于此,本书提出农村中小学教师薪酬"项目分解、各级分担,以省为主"机制的设计思路,即将农村中小学教师薪酬分解为基本工资、岗位津贴和绩效福利三个部分,依据各部分经费供给总量、对教师信息的需求程度以及供给主体的供给能力及意愿等影响因素划分政府间的财政分担责任。具体来看:

第一,农村中小教师的基本工资部分,中、西部地区由省级政府负担,东部地区省内分类实施,并逐步提高基本工资占教师薪酬的比重。

农村中小教师的基本工资主要按在编教师数量发放,所需教师信息较少,由省级政府统一发放具有很强的可操作性。农村中小学教师编制标准由中央出台指导意见,省级政府根据本省实际情况制定,教师数量如超出编制标准,超出部分由县级政府负担,如低于编制标准,则根据实际在编教师人数拨付资金。中、西部地区县级财力普遍较弱,由省级政府负担其农村中小教师的基本工资,一方面可以减轻县级财政负担,另一方面为缩小县际教师收入差距创造条件。东部各省可依据省内各县、市的经济发展状况划片分类实施,对于省内经济发展落后地区可由省级财政来分担或负担农村中小学教师的基本工资。如

---

① 姜金秋,杜育红. 我国中小学教师工资水平分析(1990~2010年)[J]. 上海教育科研,2013(05):10-13.

江苏省，可依据苏北、苏中和苏南三片地区的经济发展状况，省级财政负担苏北和苏中地区农村中小学教师的基本工资，苏南地区由各县、市自主负担。

第二，农村中小学教师岗位津贴部分，由省级财政负担，中、西部地区省级财政供给不足的部分，由中央财政通过专项转移支付的方式来补缺。农村中小学教师岗位津贴是针对所有农村中小学教师岗位设置的，是基于岗位特征安排的补偿性工资，目的是提高在岗教师待遇、稳定农村教师队伍和吸引优秀人才。2008年以来我国大多数省区都开始实施了农村学校教师补贴政策，2013年国家在连片特困地区对义务教育乡、村学校和教学点工作的教师实施了生活补助政策，这些都是以体现教师任教"农村性"的补偿政策，但是由于补贴额度低、受益面窄而没有达到预期的效果。因此，省级政府可在此基础上建立农村中小学教师岗位津贴制度，按照农村中小学教师岗位的艰苦、边远程度设置不同的津贴标准，补贴额度可参照农村学校教师基本工资的1～3倍发放，以提高农村中小学教师岗位对优秀师资的吸引力。

第三，绩效工资、津贴补贴等绩效福利部分主要由县级政府负担，中、西部地区省级财政设立绩效工资专项转移支付，对省内经济薄弱地区进行补助。由于绩效福利部分主要依据教师工作业绩、综合表现以及其他相关的个人信息来发放，所以信息复杂性程度较高，由最贴近学校教育活动的基层政府来提供和管理，能够做到效率与公正兼顾。然而，绩效工资、津贴补贴等是造成各地教师薪酬差别最主要的部分，为了缩小省内农村和城市、不同地区之间的教师薪酬差异，中、西部地区省级财政应明确设立绩效工资专项，对经济薄弱地区补助。东部地区各省应依据省内各县市的经济和教育发展情况，对财力薄弱的县市也要给予一定的补助。为什么绩效工资不宜由中央和省级政府比照新机制公用经费分担办法进行分担？因为从长远来看，高层政府负担绩效工资并无效率。相比于基本工资和岗位津贴，绩效工资的拨付和分配显然需要更多关于学校和教师工作绩效的详细信息，这是中央和省级政府无法准确获取，也没有能力有效处理的任务。

农村中小学教师工资"以省为主"在实践中已有经验可循。如湖北省自2004年启动"农村教师资助行动计划"以来，省级财政不断完善农村中小教师待遇改善机制，2012年实施了农村教师补充机制，实行"全省统招统派、经费省级负担、县级教育行政部门管理、农村学校使用"的教师补充省级统筹方式，较好地解决了"以县为主"体制短期内难以解决的县域经济发展不均衡、县级财政紧张而不愿主动补充乡村教师的瓶颈问题[①]。另外，广东省也在2009年落实教师待遇"两相当"（县域内中小学教师平均工资水平和当地公务员平均工资水平大体相当、农村中小学教师平均工资与城镇中小学教师平均工资水平大体相当）政策，省级财政对未实现"两相当"的县（市、区），按所需资金的80%、50%、30%三个不同比例分别给予分担，对于财政困难县来说，做到了农村中小学教师工资"以省为主"[②]。

（3）调整"新机制"中校舍维修改造资金分担方式，改由省和县共担。

校舍是学校办学的最基本条件，目前校舍维修改造资金的分担方式是，中西部地区由中央和地方按照5:5比例分担，东部地区地方政府自行承担，中央给予适当奖励。另外，中央设有农村义务教育薄弱学校改造计划等相关专项，要求地方各级政府配套，用于农村义务教育校舍安全和维修改造等。然而，在河南、湖南和江苏一些县的实地调研中也发现，这项政策在运行中也存在一些不可忽视的问题，概括起来主要表现在两个方面：第一，上级资金拨付少，县级配套筹措资金困难，导致维修改造资金不足，一些地方农村校舍破败问题得不到改善，尤其是偏远、薄弱的农村小规模学校情况堪忧，农村中小学新增债务与此有关；第二，专项资金拨付和使用方式不合理，由于有中央财政介入，管理链条过长，申报手续复杂，资金到位不及时，而且管理僵化，资金主要用于教学用房、学生宿舍、食堂、厕所等项目的资金，对水路、电路、监控系统、操场等相关附属配套设施、设备建设支出投入不足，导致很多项目建设完工但维护不力，使用不便。

将来可以尝试探索校舍安全与维修改造资金由"省、县共担，以县为主"的方式分担。从财力上来看，将教师基本工资和岗位津贴部分上移到省财政负担后，县级财政对农村义务教育财政的负担将大为减轻，完全有能力来负担相关经费开支。从信息优势和激励上来看，地方政府尤其是县乡基层政府更接近学校，完全有能力到学校实际勘察，对基建需求预算进行审核，而且能够与学校管理人员直接互动，把握基建项目的轻重缓急。基建项目的成效较为客观，相关政绩易于检查和测量，县级政府也有激励去进行投入。因此，从长远来看，校舍安全与维修改造应划入地方事权，由省级和县级财政共担、以县级财

---

① 柯进、黄兴国、程墨. 省级统筹破解农村师资困局——湖北探索农村教师补充新机制调查[N]. 中国教育报，2014-06-25.

② 雷丽珍. 义务教育经费省级统筹的现状与问题——以广东省为例[J]. 教育发展研究，2010，(9)：45-48.

政为主来负担。中央相关项目投入资金进入省级财政后,由省级政府统筹安排,省内具体分担比例,由省级政府根据省内情况制定。

以上是对构建"中层集权"农村义务教育财政体制的一些初步设想,但改革不可能一步到位,很多政策思路需要进行试点探索和分步推进。总体来讲,"中层集权"体制设计的主要考量在于:第一,农村义务教育的负担重心上移,由财力更为充裕的中央和省级政府负担更多责任,更好地保障农村义务教育的经费充足;第二,省级政府承担更多的统筹责任和权力,可以更有效地推动城乡一体化和区域均衡,保障义务教育财政体制的效率和公平;第三,中央财政尽量不介入农村义务教育经费的微观管理、分割地方事权,同时保持和发挥地方政府尤其是县乡基层政府的信息优势和管理责任。①

需要强调的是,构建"中层集权"的农村义务教育财政体制并不是虚化县乡政府对农村义务教育的供给责任,而是从农村义务教育管理以及教育治理层面,对基层政府提出了更高的要求,毕竟中央和省级政府对农村义务教育的拨款最后都要通过县级政府统一调配和划拨到农村中小学校,"上面千条线,下面一根针",县级财政部门和教育管理部门对农村义务教育财政配置效率具有至关重要的影响。因此,在"省直管县"的财政体制和"中层集权"的农村义务教育财政体制下,为了更好地落实农村义务教育财政政策、更好地发展农村义务教育,县乡政府需要从两个层面加强努力:一是加速转向公共服务型政府,加强对农村义务教育的管理和规划。二是构建县乡政府与乡村社会的良性治理机制,解决农村义务教育发展中的深层次问题。

7.2.3 完善平衡省内差距的义务教育转移支付制度

"中层集权"的农村义务教育财政体制既强调纵向上省级财政对农村义务教育的财政支出的分担责任,同时也强调横向上省级财政对省内义务教育发展的均衡职责。省内各地区之间的义务教育财政差距是客观存在的,但这种差距必须控制在社会可接受的范围之内,才能实现社会公平与稳定。缩小省内义务教育投入差距,主要依靠省对县的财力性转移支付和义务教育专项转移支付。其中,义务教育专项转移支付由于指定明确用途,对义务教育均衡发展的作用更为直接。

---

① 宗晓华,陈静漪."新常态"下中国教育财政投入的可持续性与制度转型[J].复旦教育论坛,2015,(6):5-11.

在转移支付方面，国家一直强调要加大省对经济薄弱地区的转移支付。例如，2010年《国家中长期教育改革和发展规划纲要（2010~2020年）》要求"完善省对省以下财政转移支付体制，加大对经济欠发达地区的支持力度"。2011年国务院《关于进一步加大财政教育投入的意见》要求："省级人民政府要根据财力分布状况和支出责任划分，加大对本行政区域内经济欠发达地区的转移支付力度。"2015年国务院颁发《关于进一步完善城乡义务教育经费保障机制的通知》要求："完善省以下转移支付制度，加大对本行政区域内困难地区的支持"。

然而，很多实证研究表明，我国转移支付资金的分配并不公平，[①] 尤其是专项转移支付，由于分配决策需要相机抉择，"跑部钱进"现象更为突出，且多数项目要求地方配套，易于导致"逆向选择"，在平衡区域财力差距方面甚至起到了反向的作用。[②] 更严重的是，上级转移支付可能对县本级教育财政投入具有"挤出效应"。[③] 如果上级转移支付只是"挤出"或者"替代"原有本级教育投入，那么就难以改变由本级财力差异造成的区域间不均等。由此看来，省对县的义务教育财政转移支付能否提高农村义务教育支出水平，以及能否缩小省内县际之间的差距，并不是简单的事情，而是要看具体的转移支付资金分配结构与激励效应。

在"省直管县"财政体制下，省对县的义务教育专项资金不用担心地级市政府的截留和挪用，县申请相关省级专项也不用经过地级市政府，行政和资金运转效率都会提高。因此，"省直管县"财政改革对于构建"中层集权"农村义务教育财政体制、通过加大省对县转移支付缩小省内差距十分有利。目前，东部的江苏省从2007年在全省范围内实施"省直管县"财政体制以来，在义务教育转移支付方面做了较多的探索，可以为"省直管县"财政体制下省对县的义务教育转移支付设计提供一些经验参考。江苏省是一个较为典型的省份，省内区域间差距非常大，苏南、苏中、苏北三大区域经济落差明显，与国家的东部、中部和西部之间的发展落差十分相近。在履行省对县的统筹职责方面，该省也具有很强的代表性。由于省级财力雄厚，2016年以来省对县有

---

① Raiser M. Subsidizing Inequality: Economic Reforms, Fiscal Transfers and Convergence across Chinese Provinces [J]. Journal of Development Studies, 34 (3): 1-26. 王绍光. 中国财政转移支付的政治逻辑 [J]. 战略与管理, 2002 (03): 47-54.

② Huang B, Chen K. Are intergovernmental transfers in China equalizing? [J]. China Economic Review, 2012, 23 (3): 534-551.

③ 尹恒, 朱虹. 中国县级地区财力缺口与转移支付的均等性 [J]. 管理世界, 2009 (4): 37-46.

14 项涉及义务教育的专项转移支付,资金规模从 2007 年的 9.3 亿元增长到 2012 年 46.4 亿元,在缩小省内义务教育财政投入差距方面起到了一定的作用。

这里从 2007~2012 年的江苏教育经费基层报表数据中,选取经费投入、人力资源投入和物力资源投入三个维度选取六个有代表性的指标,构成衡量县际义务教育财政投入的差距。可以发现,2007 年"省直管县"财政改革以来,虽然县际间义务教育财政投入绝对差距有所扩大,但是除了生均公用经费之外,生均预算内经费、教师薪酬、绩效薪酬、生均固定资产和生均专用设备值的相对差距(基尼系数)都有所缩小。

表 7-3　　　　　　　　县际之间的义务教育差距变动

年份	生均预算内教育经费（元）绝对差距	相对差距	生均预算内公用经费（元）绝对差距	相对差距	教师薪酬（元/年）绝对差距	相对差距	教师绩效薪酬（元/年）绝对差距	相对差距	生均固定资产值（元）绝对差距	相对差距	生均专用设备值（元）绝对差距	相对差距
2007	1724	0.23	401	0.25	12779	0.19	6885	0.57	4051	0.29	845	0.43
2008	1662	0.20	293	0.19	14256	0.20	8494	0.57	4125	0.26	841	0.39
2009	1996	0.20	188	0.13	17613	0.21	12389	0.48	4604	0.24	722	0.34
2010	2704	0.20	288	0.16	20643	0.20	15428	0.39	5683	0.25	921	0.34
2011	2749	0.17	729	0.25	17069	0.16	14827	0.41	5626	0.22	945	0.32
2012	2893	0.15	1030	0.29	18446	0.16	14688	0.34	5954	0.20	995	0.29

注:绝对差距是用标准差度量,相对差距是用基尼系数度量。原始数据均根据 CPI 调整至 2010 年不变价格。

该省省内义务教育财政县际差距的缩小,在一定程度上归功于省对县的义务教育转移支付见表 7-4。我们将县级政府对上级义务教育转移支付的策略性行为考虑在内,通过两阶段最小二乘法和 Shorrocks(1999) 的夏普利值分解方法证实,义务教育转移支付对义务教育财政投入的县级差距(基尼系数)

贡献为负，对总系数的贡献在 -1.08% 至 -4.4% 之间，即对县际差距的缩小幅度在 1.08% 到 4.4% 之间。总体而言，义务教育转移支付分配结构上，越是经济落后的地区，所得到的资金越多，有效地起到了缩小地区教育支出差距的作用，但是缩小的幅度仍然有限。尤其是与人均自有财力相比而言，后者对县级差距的相对贡献非常大（33%~46%）。[①]

虽然江苏省的义务教育转移支付缩小了生均预算教育经费的县际差距，但贡献幅度仍然较小。今后转移支付政策的调整还存在较大的空间。依据差距分解的原理，可以发现，规模和结构对转移支付的贡献起着重要的作用，这是未来政策改革的两个可选择的方向。下表对义务教育转移支付的规模进行了简单的政策模拟，在不改变分配结构的基础上，将生均义务教育转移支付逐步扩大，推测出一个新的生均预算教育经费支出数据，根据这个推测的支出数据计算其基尼系数。根据模拟结果可以发现，随着义务教育转移支付规模的扩大，生均预算教育经费支出的基尼系数在不断缩小，但是规模扩大导致地区差距缩小的幅度存在边际递减。边际递减规律说明，一味地通过扩大转移支付的规模并非有效率的，有必要按重构转移支付的分配机制，调整义务教育的分配结构（见图 7-2）。

表 7-4　　生均义务教育转移支付规模的均等效应模拟结果

年份	初始规模	1.2 倍	1.4 倍	1.6 倍	1.8 倍	2 倍
2007	0.2971	0.2749	0.2552	0.2382	0.2236	0.2118
2008	0.2804	0.2627	0.2467	0.2328	0.2208	0.2110
2009	0.2302	0.2104	0.1929	0.1774	0.1638	0.1522
2010	0.2097	0.1905	0.1738	0.1594	0.1467	0.1357
2011	0.2055	0.1882	0.1731	0.1600	0.1487	0.1389
2012	0.1882	0.1738	0.1613	0.1506	0.1416	0.1341

---

① 要衡量省内义务教育转移支付对县际差距的影响，首先要清楚接受转移支付之前县级义务教育财政投入的分布，然后将其与转移支付之后的分布进行对比，衡量县际差距是否扩大或缩小。然而，义务教育转移支付对县本级教育财政行为具有或正或负的影响，简单地将转移支付后的教育支出减去转移支付数据，并不等于在没有教育转移支付情况下的县本级教育支出。也就是说，我们只能观测到转移支付发生后的教育支出数据，原有的县本级教育支出数据无法观测，必须通过计量模型来推断县级义务教育支出的反应函数。因此，对省内义务教育转移支付的激励效应和均等效应的估计较为复杂，具体的计量模型和实证结果详见本课题组发表的文章，义务教育转移支付的激励效应与均等效应——以江苏省为例 [J]. 教育经济评论，2016（1）：56-69.

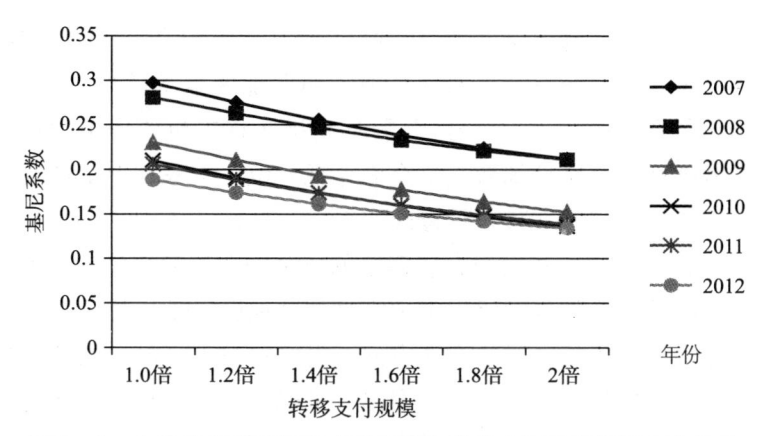

第7章｜"省直管县"财政改革与农村义务教育财政体制调整思路

图 7-2 生均义务教育转移支付规模与教育支出县际差距变化趋势

由于我国政府间考核的经济偏好和义务教育投资收益的长期性与区域外溢性，基层政府投资义务教育往往激励不足，一般性转移支付很难保证义务教育财政支出水平与县级可支配财力同比例提高，而专项转移支付存在"跑部钱进"与"逆向选择"问题，易于流向寻租和配套能力较强发达地区，在平衡区域发展方面往往事与愿违。然而，江苏省义务教育专项转移支付在一定程度上缩小地区间享有义务教育财政资源的差距，为什么会出现这样积极的结果？对相关专项转移支付政策文本的深入分析发现，案例省份在政策设计中有三个方面的特征是保证转移支付均等化功能实现的重要因素，可以作为"省直管县"财政体制下义务教育转移支付设计的参考。

（1）转移支付定位清晰，注重公平取向与"兜底"功能。

通过对江苏省 2007 年以来的主要义务教育转移支付政策文本分析可以看出，每项政策设计都十分注重省级财政对经济薄弱地区的扶持。第一，在公用经费方面，2007 年全面推行"新机制"的过程中，省政府在《关于深化农村义务教育经费保障机制改革的通知》中明确强调："省财政按照免收学杂费的补助比例安排对经济薄弱地区的公用经费补助资金，其余部分由县级财政在预算内足额安排。"该省小学和初中的生均公用经费财政拨款基准定额从 2007 年的每人每年 230 元、350 元，逐步提高到 2009 年的 350 元和 550 元。仅 2009 年当年，全省各级财政共安排义务教育公用经费 28.57 亿元，其中省财政下达专项补助 14.23 亿元，占义务教育学校公用经费的将近一半，有力地保障了经济薄弱地区县的义务教育公用经费支出。第二，在教师工资方面，《江苏省义务教育学校绩效工资实施意见》规定："按照管理以县为主、经费市县自筹、省级适当支持的原则,确保义务教育学校实施绩效工资所需资金落实到位。省级财政统筹确定经费分担办法,对部分财力薄弱地区给予适当支持。"在绩效工资实施当年,省政府对31个经济薄弱县安排转移支付资金10.58亿元,将政策确定的基础性和奖励性绩效工资全面兑现到位,义务教育学校教师待遇得到较大幅度提高。第三,在校舍维修改造方面,安排"农村中小学校舍维修改造长效管理机制"专项,省财政在省确定的校舍安全工程实施期内安排奖补资金,对经济薄弱地区及地处七级以上地震高烈度地区给予支持。由此可见,在公用经费、教师工资和校舍维修改造方面,省级财政出台的专项转移支付都明确规定支持经济薄弱地区,政策设计突出公平取向和"兜底"功能。

(2) 省内区域划分合理,转移支付分配机制设计因地制宜。

专项转移支付"兜底"功能的实现取决于扶持地区选择的"精准",只有这样才能将有限的教育财政资金投入到最需要的地方。江苏省区域发展落差十分明显,苏南、苏中和苏北之间经济和教育发展水平差距较大,与我国东、中、西三大区域的划分十分类似,这也是国家许多政策优先选择江苏作为改革试点的重要原因。案例省份在设计义务教育专项转移支付时,一般会按照苏南、苏中和苏北三个区域分别设置补助"档位",对苏北地区的专项转移支付明显高于其他地区。以2012年为例,苏北各县的生均转移支付资金为1223.35元,分别为苏中和苏南的2.14倍和1.82倍。然而,从经济发展的实际格局来看,苏北地区也有"富县",苏中地区也有"穷县",如果仅从南、中、北三大区域划分来设计具体的专项转移支付,可能会导致中部地区的一些"穷县"被遗漏,北部地区的一些"富县"被错补。因此,江苏很多专项转移支付政策不仅按照三大区域来简单划分,而且还根据具体的经济社会和教育发展客观条件来进行更为精细的划分,例如在实施绩效工资过程中,省政府根据县级客观财力供需缺口确定31个经济薄弱县安排专项补助资金,既包含有苏北县市也包含有部分苏中县市。

(3) 综合使用补助和奖励手段,尽量规避转移支付的挤出效应。

无论是配套还是非配套的专项,都可能对县本级义务教育财政总投入产生挤出效应。为了规避转移支付的挤出效应,案例省份综合采取补助和激励两种手段,在保障经济薄弱地区的县域义务教育财政支出的同时,尽量规避由"挤出效应"所造成的政策效果折扣。例如,省级财政全额补助经济薄弱地区免费提供课本所需资金,不需要任何配套和条件,属于扶持性的直接补助。这种直接补助容易形成一些地方"等靠要"的惯性思维,为了激活县域内生发展动

第 7 章 | "省直管县"财政改革与农村义务教育财政体制调整思路

力,调动县级政府教育投入的积极性,省政府常采取"以奖代补"方式拨付转移支付资金。例如《关于中小学校舍安全工程的实施意见》规定:"实施中小学校舍安全工程所需资金由各市、县(市、区)人民政府负责筹措,省根据工程实施的实绩对经济薄弱地区采取以奖代补方式给予适当补助。"另外,为引导和激励市县建立健全教育经费保障机制,稳步提高经费保障水平,省财政设立"市县教育经费保障机制综合奖补专项资金"。根据《市县教育经费保障机制综合奖补专项资金管理暂行办法》,省对县的综合奖补资金根据绩效评分来拨付,其中有两个评分指标分别是"小学生均预算内事业费水平"和"初中生均预算内事业费水平"。分值计算办法为:分苏南、苏中、苏北三个区域分别统计计分,取各区域生均预算内事业费平均值为中值,区域内各市、县(市)具体得分根据与中值比较情况,按正相关比例计算结果。这种政策设计思路采取在发展水平近似的区域内开展"锦标赛"的激励方式,既能有效地照顾到苏北和苏中经济欠发达地区,又能激励同一区域发展水平接近的县开展竞争,较好地兼顾到"公平"与"效率"两种价值取向。

需要指出的是,与其他因素相比,省内义务教育转移支付在平衡县级差距方面效果仍然有限,尤其是与人均自有财力相比而言。这一方面反映了江苏省内区域经济发展落差过大,苏南地区的经济社会发展已经接近中等发达国家的水平,而苏北地区仍处在建设小康社会阶段;另一方面也说明,相对于省内巨大的区域差距而言,省对县的义务教育财政转移支付规模仍然过小。因此,未来推进基本公共服务均等化、缩小省内义务教育投入差距,必须进一步强化省级统筹力度,扩大省对县的义务教育转移支付规模,对于不需要太多决策信息的财政支出项目如教师基本工资方面,可以考虑实施"以省为主"体制,缓解经济薄弱地区的财政压力。

然而,本书研究的政策模拟部分表明,转移支付规模扩大对义务教育投入县际差距的缩小效果可能存在边际递减趋势。未来缩小县际义务教育投入差距,可以采取扩大转移支付规模和调整分配结构并行的策略。具体转移支付制度设计可根据设定的均等化目标,综合考虑经济、财力、人口、成本以及财政努力程度等因素,按照因素法来分配转移支付资金,使转移支付分配机制更为客观、透明,保证新增资金更多地向经济薄弱地区倾斜。

第 8 章

主要结论与展望

从20世纪80年代以来,我国经济体制和财政制度都发生了翻天覆地的变化。无论是"税费改革"还是"省直管县"财政改革,无论是农村义务教育财政体制从"乡村自给"到"以县为主"的变革,还是从"新机制"到城乡一体保障机制的建立,虽然都是公共财政领域范围内的改革,但却都从深层次上反映了我国经济与社会关系、城市与农村关系、工业与农业关系的结构性转型。"天有显道,厥类惟彰"。借用波兰尼在《大转型:我们时代的政治与经济起源》所提出的概念,当前针对县级财政和农村义务教育领域的一系列改革实质上是对市场化改革进程的一种"保护性反向运动",是为了让更广大的人民尤其是农民群体平等地参与到现代化进程之中、分享现代化的成果。然而,制度变革的深度和广度会受到原有制度参与主体利益格局与博弈能力的制约,因而具有很强的路径依赖和内生性质,并导致制度变革的效果具有不确定性。

本书将农村义务教育财政体制视为嵌合于中国式财政分权体制之中的制度安排,从理论、实证、制度分析等多个角度透视"省直管县"财政改革与农村义务教育财政体制之间的关系,把握"省直管县"财政改革对农村义务教育财政的影响,探索在建立财政事权与支出责任相适应的现代财政制度目标下,如何深化"省直管县"财政改革,并在此基础上适时调整农村义务教育财政体制的政策思路。本部分作为结语,对上述研究发现和主要观点进行简要梳理总结,并对未来改革发展提出一些展望。

8.1 主要结论

与西方财政联邦主义原则不同，中国式财政分权体制是经济性分权与政治性集权的紧密结合，政府间虽然在财政收入上有较为清晰的划分，但是在财政事权责任上则是相互重叠、高度同构的。中央政府依靠目标责任制建立起一套垂直管理系统，将公共支出责任逐级发包下放至最基层政府，并通过属地化管理和基于绩效考核的官员晋升机制来调控地方政府财政行为，激励地方政府发展热情，实现中央政府的政策偏好和发展目标。

在这种行政逐级发包和属地化管理的体制中，上级和下级政府的事权责任不是分工关系，而是层层发包和监督激励关系。我国自改革开放以来，财政体制经历了从高度集中的"统收统支"到"分灶吃饭""包干制"，再到分税制的数次变革，但历次改革都更注重财政收入的划分，在事权责任方面仍延续政府间逐级发包的行政治理传统，事权及相应的支出责任层层下移，基层政府的公共支出负担日益沉重，财政压力越来越大。我国长期高度分权、负担重心过低的农村义务教育财政体制安排就是这种逐级发包的典型。因此，在理解我国教育财政制度安排时，必须将其置于中国式财政分权的背景之中，并在行政逐级发包和目标责任制的框架下来透视教育财政运行中存在的问题及其根源。

分税制后，由于层层上收财权、集中财力，县乡政府财政困难加剧，为了完成上级政府的硬性目标责任，基层政府将沉重的财政负担向农民转嫁。在"乡村自给"的筹资模式下，农村义务教育虽然在世纪之交实现了国家确定的"普九"目标，但也几乎耗干了基层政府和乡村社会的财力。"普九"欠债的化解工作一直延续了将近十年时间，农村教师工资出现全国范围内的大面积、长时间拖欠，农村学校公用经费几乎全部依靠收取学生杂费来支付。为了减轻农民负担，国家开启了"税费改革"，并同时将农村义务教育财政负担主体上移到县级财政，实施"以县为主"管理体制。本研究的数据显示，2000年以来，县级政府收入占全国比例徘徊约为10%，但其财政支出占全国的比例却迅速攀升约为30%，县级财政负担陡然加重，县级财政自给度也几乎降到了历史最低点。

为了解决财政纵向严重失衡的局面，国家一方面支持各省积极探索"省直管县"财政改革，通过"留利于县"的分权方式提高县级财力，加大省对县的转移支付,限制地级市政府的"财政漏斗"效应;另一方面开启农村基本公共服务方面的集权取向改革,在农村义务教育领域,国家通过多项专项转移支付和"新机制"改革,加大了中央和省级财政投入,初步建立了农村义务教育财政责任"多级共担"体制,迅速扭转了农村义务教育经费极度匮乏的局面。但是,由于财权的上移,很多决策权和管理将发生伴随性上移,上级政府介入微观管理的倾向明显。在行政逐级发包体制和目标责任制下,政府间固有的信息不对称、激励不兼容,以及基层政府主要对上负责的行为逻辑,使得集权取向的改革也带来了一些意想不到的问题。2000年后农村义务教育被过度地"撤点并校",并由此导致家校距离过远、交通安全问题频发、家庭负担成本上升、大班额与隐形辍学等问题等,都与此不无关系。可以说,集权取向的改革对于农村义务教育发展是一把"双刃剑"。

正是在这种形势下,分权取向的"省直管县"财政改革,对于充实基层政府财力、提高农村义务教育经费保障水平则具有更为重要的政策意义。自2002年以来,除部分民族自治区域、直辖市和一直实行"省直管县"财政体制的三个省份之外,全国其他所有省份都进行了"省直管县"财政改革试点探索,目前实行"省直管县"财政体制的县已经达到1079个,占县总量的56%。然而,经过十几年的实验和实践,"省直管县"财政改革究竟是否有效缓解了县级财政困难、提高了农村义务教育经费的保障水平?

根据全国层面1998~2012年的省级面板数据的实证分析显示:财政上"省直管县"改革总体上有利于农村义务教育财政支出水平的提高,但提高的幅度有限,其中对初中阶段的影响高于小学阶段。这说明实行"省直管县"财政体制后,无论是从财政增收角度还是从转移支付角度,县级财政保障农村义务教育经费的能力的确有所增加,正向的收入效应明显。但是,在不同地区,改革的效应并不完全一致。在东部地区,无论是小学阶段还是初中阶段,"省直管县"财政改革都显著地提高了农村义务教育财政支出水平,改革的收入效应明显。但是,在中部和西部地区,改革对农村义务教育财政支出水平都存在一定的负面效应,虽然统计上都不显著。可以说,与"以县为主"和"新机制"这种直接针对农村义务教育财政体制的改革相比,"省直管县"财政改革对农村义务教育财政支出的效果并不直接,而且可能存在对县级财政支出结构调整的替代效应,改革效果在不同的自然和社会条件下也不确定。

基于东、中、西三大区域的四省案例分析也进一步印证和解释了改革效果的区域差异。对于东部经济发达的江苏省来说,改革对于县级财政教育支出占比的提高具有显著的正向效应。对于中部的辖县大省河南省，改革对第一批改革县（经济强县）的县级财政教育支出占比影响并不显著，但对第二批次改革试点县（经济薄弱县），改革对县级财政教育支出占比产生了显著的负向影响。湖南省的改革虽然也是负向效应，但是并不显著，可能是与湖南省的改革方式有关。贵州省第一次改革中，"省直管县"财政改革对于试点县的财政教育支出占比有显著的正向影响；在第二次改革中，改革虽有正向影响，但在统计上并不显著。

这种改革效应的差异可以从分权改革在不同的经济发展阶段所产生的替代效应差异来解释。根据马斯格雷夫经济发展不同阶段财政支出结构调整理论，在经济发达地区，由于市场机制成熟，基础设施相对完善，政府生产建设性支出的边际收益率与经济欠发达地区相比偏低，县际竞争已经在向政府质量、人文教育、医疗卫生、生态环境等高端方面转型，因此在实施分权取向的"省直管县"财政改革后，虽然县级财政自主度增加，但是并不会出现明显的生产建设性支出对民生福利类支出的替代效应；相反，在经济欠发达的地区，这种替代效应就会更为明显。尤其是对于中部的辖县大省而言，改革增加了省级财政的管理幅度，扩大了县级财政自主权，"省直管县"财政改革的"替代效应"会更为明显。改革的替代效应在西部地区并不明显，甚至会被收入效应所遮盖，主要是因为西部的贫困县和民族自治县主要依靠上级转移支付，财政自主性相对较低，且上级教育专项转移支付较多，纳入"省直管县"财政管理之后，教育转移支付资金直达县级财政，减少地级市的"财政漏斗"效应，因此改革后县级教育支出水平有所提高也在预期之中。正是从不同地区的"省直管县"财政改革及其效果差异中，我们得以理解改革对农村义务教育财政影响的深层机理与依存条件。

毋庸讳言，改革在一些地区尤其是少数中西部省份遭遇了较大的阻力，阻力主要来自于"小马拉大车"型的地级市层面，例如河南商丘与永城之争。然而，从发展大势来看，无论是从我国两千年郡县制演变的历史来看，还是从国际上大国财政分权的经验来看，无论是从当前减少财政层级、理顺财政关系、统筹城乡发展的改革导向来看，还是从已推行改革的经验及其成效来看，未来都要进一步深化"省直管县"财政改革，继续扩大改革的试点范围，采取更为灵活多样的制度设计，有条件的地方可以通过配套政策与行政上"省直管县"改革，将改革向纵深方向推进。同时，要加强对县级政府财政支出的监督和考核，以最大限度地发挥改革正向效应、规避其可能的负面影响。

"省直管县"财政改革不仅对农村义务教育财政形成了冲击,而且该体制一经建立将会不断自我强化,成为农村义务教育财政体制嵌入和赖以运行的刚性制度环境。新的制度环境要求嵌入其中的制度进行适应性调适,同时也为更为合理的制度安排提供新的平台和契机。农村义务教育财政一直存在着负担重心偏下、各级政府事权模糊、城乡和区域差距显著等问题。"新机制"只是对"以县为主"体制的"增量"改革,虽然中央和省级财政加大了对农村义务教育的财政投入,但由于"多级共担"机制并没有覆盖占农村义务经费约为50%的教师工资,而且"分项目、按比例"机制设计本身存在一些错位,因此现实运行中也存在很多不可忽视的问题。

"省直管县"财政体制虽然不能完全解决这些问题,但却为解决这些问题、调整农村义务教育财政体制创造了有利条件。随着"省直管县"财政改革的深化和"乡财县管"的推行,我国正在逐步形成中央、省和县三级财政体制。在新的财政体制下,考虑外溢性、信息复杂性与激励兼容等因素,农村义务教育应逐步构建起以省级财政为中心的"中层集权"的财政体制。具体的改革思路是:(1)在2016年城乡义务教育经费保障机制中央和地方支出责任划分的基础上,适度增加中央财政直接负担义务教育的比重,但改变中央财政对农村义务教育的负担方式。将中央应分担的各种农村义务教育经费专项进行较大幅度归并,并匡算流动儿童可携带的中央支付经费,然后通过义务教育专项转移支付形式转入省级财政,由省级政府统筹安排支出。(2)将不需要太多决策信息的教师基本工资和岗位津贴,从县级政府上收至省级政府,由省级财政承担主要责任;对需要部分决策信息的绩效工资部分,主要由县级财政负担,中、西部地区省级财政对省内经济薄弱地区进行补助。(3)调整"新机制"中校舍维修改造资金分担方式,逐步建立"省、县共担,以县为主"的分担机制,中央相关专项资金进入省级财政后,由省级政府统筹安排,省内具体分担比例,由省级政府根据省内情况分类制定实施。(4)加大省对辖区内经济薄弱地区和流动儿童入学集中地区的义务教育专项转移支付,确保省内义务教育投入的充足、公平和城乡一体的机制运行。对案例省份省对县义务教育转移支付的数值模拟分析显示,增加转移支付的规模与调整转移支付的分配结构应同时进行。

总体来讲,"中层集权"制度设计思路的潜在优势在于:第一,农村义务教育的负担重心上移,由财力更为充裕的中央和省级政府负担更多责任,更好地保障农村义务教育的经费充足;第二,省级政府承担更多的统筹责任和权力，可以更有效地推动城乡一体化和区域均衡，保障义务教育财政体制的效率和公平；第三，中央财政尽量不介入农村义务教育经费的微观管理、分割地方事权，同时保持县乡基层政府的信息优势和管理责任。然而，这种设想是一种比较理想的状态，不可能一蹴而就，需要更多的实验探索和经验积累。

8.2 未来展望

在人口大规模流动和城镇化的背景下，我国农村义务教育的财政问题已经不是单纯地局限在乡村空间范围内的问题，思考和解决相关问题也必须采取更广阔的视野、站在更高的视点上。传统上界限分明的城乡二元结构正在被农村、城市和流动人口"三元结构"所取代，这对行政逐级发包与属地化管理的传统公共产品提供与治理模式提出了根本性的挑战。在传统体制下逐步构建起来并修补所形成的农村义务教育财政体制已经难以适应未来的长期发展趋势。国务院也深刻地认识到现行的政府间财政事权和支出责任安排"与建立健全现代财政制度、推动国家治理体系和治理能力现代化的要求不相适应"。[①] 然而，诚如本书在开篇中所阐述的那样，当前我国农村义务教育财政改革的制度关联度很高，外围增量型改革已经空间有限，很多问题的解决要触及深层次的体制矛盾，需要多种政策的协同，单项改革或局部突破的套路已经难以奏效。

正是基于这种认识，本书从教育财政与宏观财政体制的关联角度，选取当前仍在进行的"省直管县"财政改革与农村义务教育财政体制调适这一议题切入进行研究。但在研究过程中也发现，很多问题已经超出了本议题最初设定的范围，改革的影响机制、多重效应及其依存条件都超出了单纯的财政和教育范畴，而扩展到政府间治理机制演变、政府与社会、城市与农村关系调整，以及信息技术创新与制度变革等一系列问题。例如，"省直管县"财政改革对于辖县大省来说，省级管理幅度成倍扩张，如果不能加快政府职能转型与改革，大幅度地简政放权，透明权力与责任清单，建立政府与市场、社会之间的新秩序，那么改革后一方面省级政府的管理负荷过大，另一方面对县级公共财政的监督也必然会力犹不及。可以说，省对县的分权与政府对市场、社会的还权是

---

① 详见2016年国务院《关于推进中央与地方财政事权和支出责任划分改革的指导意见》（国发〔2016〕49号）。

相辅相成的，政府间分权体制的调整与法治、民主型财政的建立也应该同步推进，仅靠调整政府间的财政层级可能效果有限，甚至会产生一些非预期的后果。再例如，加大中央财政对跨省流动儿童义务教育成本的补偿，以及加大省级财政对省内流动儿童集中地的转移支付，实现上级补助经费可携带，都依赖学籍管理信息化的加速推进，以及教育管理信息大数据平台的建立与应用。当然，还有很多类似的例子，不再一一列举。这些问题都很关键，甚至是本书所提出的政策思路实施的必要条件，但由于时间和知识储备等方面的局限，在本书中都没能充分地深入展开，希望在今后的研究中能够逐步深入下去，为国家财政体制的改革、为农村义务教育的可持续发展提供更多的参考。

参 考 文 献

1. 才国伟，黄亮雄. 政府层级改革的影响因素及其经济绩效研究 [J]. 管理世界，2010（8）：73－83.

2. 才国伟，张学志，邓卫广. "省直管县"改革会损害地级市的利益吗？[J]. 经济研究，2011（7）：65－77.

3. 陈静漪，宗晓华. 中国农村义务教育供给机制变革及其效应分析——基于"悬浮型"有益品的视角 [J]. 江海学刊，2012（4）：226－233.

4. 陈静漪，任维燕. 农村义务教育经费供给政策反思与机制改进——机制设计理论视角 [J]. 现代教育管理，2014（9）：59－63.

5. 陈静漪，宗晓华. 从城乡分立到城乡一体化——中国农村义务教育供给机制演进路径分析 [J]. 西南大学学报（社会科学版），2013（5）：75－84.

6. 陈静漪，宗晓华. 实施"新机制"后农村义务教育发展机制分析 [J]. 教育发展研究，2011（11）：7－12.

7. 陈静漪. 中国义务教育经费保障机制研究 [M]. 长春：东北师范大学出版社，2012.

8. 陈思霞，卢盛峰. "省直管县"弱化了资源的城市偏向性配置吗？——财政转移支付视角 [J]. 上海财经大学学报，2014（1）：87－95.

9. 崔会敏. 省直管县体制改革中防止利益冲突问题分析——以河南省永城市为例 [J]. 四川行政学院学报，2012（5）：18－23.

10. 戴维斯，诺斯. 制度变迁的理论：概念与原因 [A]. 财产权利与制度变迁 [C]. 上海：上海三联书店，1991：270－271.

11. 杜受祜. 探索市领导县体制的新模式——对四川新建七个带县市的思考 [J]. 经济体制改革，1987（1）：45－49.

12. 范先佐，付卫东. 农村义务教育新机制：成效、问题及对策 [J]. 华中师范大学学报（人文社会科学版），2009（4）：110－112.

13. 范先佐,朱苏飞.21世纪以来我国农村义务教育财政体制的改革与完善 [J]. 河北师范大学学报(教育科学版),2010(5):5-14.

14. 范先佐. 农村义务教育新机制:成效、问题及对策 [J]. 华中师范大学学报(人文社会科学版),2009(4).

15. 范先佐. 税费改革后农村义务教育面临的问题及对策 [J]. 华中师范大学学报(人文社会科学版),2004(6):81-86.

16. 范先佐等. 义务教育均衡发展与省级统筹 [J]. 教育研究,2015(2):67-74.

17. 符平. "嵌入性":两种取向及其分歧 [J]. 社会学研究,2009(5):141-164.

18. 傅定国,李劲. 小城市市带县问题的思考 [J]. 财经科学,1989(4):42-45.

19. 傅勇,张晏. 中国式分权与财政支出结构偏向:为增长而竞争的代价 [J]. 管理世界,2007(3):4-12.

20. 高蒙蒙. "省直管县"改革对县级地方小学教育财政支出的影响分析 [D]. 南京财经大学,2015.

21. 高如峰. 对农村义务教育各级政府财政责任分工的建议方案 [J]. 教育研究,2005,26(3):17-22.

22. 高如峰. 农村义务教育财政体制比较:美国模式与日本模式 [J]. 教育研究,2003(5):64-70.

23. 葛大汇. 政策执行中的地方决策与变异:安徽农村义务教育经费现状调查之一 [J]. 教育理论与实践,2006(5):27-31.

24. 辜胜阻. 解读中央一号文件:"市管县"四大弊端"扩权强县"五个问题 [J]. 理论导报,2009(3):23.

25. 顾昕,方黎明. 自愿性与强制性之间——中国农村合作医疗的制度嵌入性与可持续性发展分析 [J]. 社会学研究,2004(5):1-18.

26. 郭建如. 中国农村义务教育财政体制改革与义务教育发展 [M]. 北京:民族出版社,2010.

27. 郭平,郑莉娜. 构建农村义务教育经费政府分担机制的思路与对策 [J]. 当代财经,2007(7):35-39.

28. 国家教委基础教育司义务教育处. 农村集资办学违背中央精神吗? [J]. 人民教育,1994(11):33.

29. 何丽. 农村义务教育经费保障机制改革的地区成效差别——基于地方财政行为的考察［J］. 中国软科学，2014（3）：88-98.

30. 何显明. 省管县体制与浙江模式的生成机制及其创新［J］. 浙江社会科学，2009（11）：2-7.

31. 何显明. 市管县体制绩效及其变革路径选择的制度分析——兼论"复合行政"概念［J］. 中国行政管理，2004（7）：70-74.

32. 胡鞍钢. 分权是有底线的——前南斯拉夫分裂的教训与启示［J］. 改革，1996（3）：123-126.

33. 胡涛. 从税费改革看农村义务教育——对江西省三个乡镇的调查与思考［J］. 教育发展研究，2002（4）：18-21.

34. 胡显伟. 关于农村教育经费问题的调查与思考［J］. 辽宁教育研究，2000（1）：25-27.

35. 胡彦杰. 中部农村义务教育经费筹措问题研究（1986—2005）［D］. 华东师范大学，2005.

36. 华林甫. 隋唐五代政区研究述评［J］. 中国史研究动态，2008（8）：15-25.

37. 贾俊雪，宁静. 纵向财政治理结构与地方政府职能优化——基于省直管县财政体制改革的拟自然实验分析［J］. 管理世界，2015（1）：7-17.

38. 贾俊雪，张永杰，郭婧. 省直管县财政体制改革、县域经济增长与财政解困［J］. 中国软科学，2013（6）：22-29.

39. 贾俊雪，郭庆旺，宁静. 财政分权——政府治理结构与县级财政解困［J］. 管理世界，2011（1）：30-39.

40. 贾康，白景明. 县乡财政解困与财政体制创新［J］. 经济研究，2002（2）：3-9.

41. 贾康，于长革. 辖县大省"省直管县"财政改革应对措施与政策建议［J］. 经济研究参考，2010（70）：15-16.

42. 贾康，于长革. 辖县大省"省直管县"财政改革情况探析——基于河北省的调研［J］. 地方财政研究，2010（11）：4-8.

43. 姜金秋，杜育红. 我国中小学教师工资水平分析（1990~2010年）［J］. 上海教育科研，2013（5）：10-13.

44. 靳卫东，徐银良. 以"县为主"体制和"新机制"的农村教育财政投入改革绩效评价［J］. 当代财经，2015（12）：33-45.

45. 靳卫东. 农村义务教育经费保障机制改革的成效评价 [J]. 统计研究, 2014 (12): 61-68.

46. 靳永翥, 姜美琳. 从"与民争利"到"服务于民"——我国县级政府绩效考核指标体系研究 [J]. 行政科学论坛, 2016 (4): 22-34.

47. 雷丽珍. 论省级政府作为农村义务教育的财政责任主体——基于广东省×县"以县为主"体制的调查 [J]. 教育理论与实践, 2009 (12): 23-25.

48. 雷丽珍. 义务教育经费省级统筹的现状与问题——以广东省为例 [J]. 教育发展研究, 2010 (9): 45-48.

49. 李猛. "省直管县"改革的经济影响 [J]. 经济学家, 2012 (3): 55-58.

50. 李世刚, 尹恒. 县级基础教育财政支出的外部性分析——兼论"以县为主"体制的有效性 [J]. 中国社会科学, 2012 (11): 81-97.

51. 李晓玉. 中国市管县体制变迁与制度创新研究 [D]. 华中师范大学, 2008.

52. 李砚忠. 中国历代地方政府层级设置的变迁分析 [J]. 公共行政, 2007 (6): 95.

53. 梁文艳, 胡咏梅. "新机制"实施前后农村义务教育财政公平性研究 [J]. 教育研究, 2013 (8): 21-30.

54. 林涓. 清代行政区划变迁研究 [D]. 复旦大学, 2004.

55. 林淼, 葛新斌. 河南省农村税费改革后教育状况分析——以×县教育经费变动为案例 [J]. 清华大学教育研究, 2004 (1): 45-50.

56. 凌学文. 省管县财政体制对县域经济的影响——基于浙江57个县(市)面板数据的实证分析 [D]. 浙江大学, 2008.

57. 刘东红. 省直管县财政体制改革研究 [D]. 首都经济贸易大学, 2013. 69.

58. 刘佳, 吴建南, 吴佳顺. 省直管县改革对县域公共物品供给的影响——基于河北省136县(市)面板数据的实证分析 [J]. 经济社会体制比较, 2012 (1): 35-45.

59. 刘明兴. 关于中央财政转移支付体系改革的若干政策建议 [R]. 中国教育财政科学研究所简报, 2013 (9): 1-14.

60. 刘尚希. 改革成果存续时间是否太短——对"省直管县"欢呼背后的冷思考 [J]. 人民论坛, 2009 (4): 33-34.

61. 刘晓路. 郡县制传统及其在政府间财政关系改革中的现实意义 [J]. 财贸经济, 2011 (12): 30-36.

62. 刘英娜等. 农村义务教育经费保障新机制的运行状况与改进策略——基于湖北省三县（市）的调研 [J]. 教育财会研究, 2012 (4): 3-9.

63. 刘泽云. 政府如何为农村义务教育买单？——农村义务教育财政体制改革新论 [J]. 华中师范大学学报（人文社会科学版）, 2005 (3): 17-22.

64. 楼继伟. 中国政府间财政关系再思考 [M]. 北京：中国财政经济出版社, 2013. 287.

65. 罗湘衡. 对"市管县"和"省管县"体制的若干思考. [J]. 地方财政研究, 2009 (4): 43-48.

66. 马昊, 庞力. 中国县级财政制度的历史变迁与改革思路 [J]. 湖南师范大学社会科学学报, 2010 (5): 108-111.

67. 马彦琳. 城乡分治与城乡合治——中国大陆城市型政区发展的回顾与展望 [J]. 华中科技大学学报（社会科学版）, 2006 (3): 54-58.

68. 玛利亚·乔娜蒂. 自我耗竭式演进：政党—国家体制的模型与验证 [J]. 北京：中央编译出版社, 2008. 24-29.

69. 毛捷, 赵静. "省直管县"财政改革促进县域经济发展的实证分析 [J]. 财政研究, 2012 (1): 38-41.

70. 玫昆仑. 推进"省管县"财政体制改革切莫孤军奋进 [J]. 财政与发展, 2009 (2): 33-34.

71. 缪匡华. 福建"省直管县"体制改革实践与探索 [M]. 厦门：厦门大学出版社, 2013. 2-4.

72. 莫婷等. 关于完善农村义务教育经费保障机制的思考——以梧州市为例 [J]. 经济研究参考, 2010 (59): 69-71.

73. 庞明礼, 李永久, 陈翻. "省管县"能解决县乡财政困难吗 [J]. 中国行政管理, 2009 (7): 39-44.

74. 浦善新. 中国行政区划改革研究 [M]. 北京：商务印书馆, 2006.

75. 钱穆. 中国历代政治得失 [M]. 北京：生活·读书·新知三联书店, 2001. 10.

76. 施坚雅. 中华帝国晚期的城市 [M]. 北京：中华书局, 2000.

77. 史宇鹏, 李新荣. 公共资源与社会信任：以义务教育为例 [J]. 经济研究, 2016 (5): 86-100.

78. 宋亚平. 论中国古代"内重外轻"与"外重内轻"的博弈——以郡县制为视阈 [J]. 华中师范大学学报（人文社会科学版），2012（6）：120-130.

79. 孙学玉，伍开昌. 构建省直接管理县市的公共行政体制——一项关于市管县体制改革的实证研究 [J]. 政治学研究，2004（1）：35-43.

80. 孙学玉. 强县扩权与市管县体制改革的必要性分析 [J]. 中国行政管理，2006（5）：56-59.

81. 孙志军，杜育红，李婷婷. 义务教育财政改革：增量效果与分配效果 [J]. 北京大学教育评论，2010，8（1）：83-100.

82. 田志磊，杨龙见，袁连生. 职责同构、公共教育属性与政府支出偏向——再议中国式分权和地方教育支出 [J]. 北京大学教育评论，2015（4）：123-142.

83. 汪传艳. 农村义务教育经费保障新机制研究 [D]. 华中师范大学，2014：149-154.

84. 王德祥，李建军. 人口规模、"省直管县"对地方公共品供给的影响——来自湖北省市、县两级数据的经验证据 [J]. 统计研究，2008（12）：15-21.

85. 王蓉. 加大教育财政投入需完善相关体制与机制 [J]. 人民教育，2008（9）：2-5.

86. 王绍光. 大转型：1980年代以来中国的双向运动 [J]. 中国社会科学，2008（1）：129-148.

87. 王绍光. 中国财政转移支付的政治逻辑 [J]. 战略与管理，2002（3）：47-54.

88. 王英津. 市管县体制的利弊分析及改革思路 [J]. 理论学刊，2005（2）：84-87.

89. 邬志辉，史宁中. 农村学校布局调整的十年走势与政策议题 [J]. 教育研究，2011（7）：22-30.

90. 吴金群. 统筹城乡发展中的省管县体制改革 [J]. 经济社会体制比较，2010（5）：.

91. 肖军虎，侯晋川. 农村义务教育投入的新思路 [J]. 教育理论与实践，2004（10）：13-16.

92. 闫德明. 城乡义务教育经费投一体化水平实证研究——以×省为例 [J]. 教育发展研究，2015（3）：16-21.

93. 杨东平. 农村教育需要"底部攻坚" [J]. 教育发展研究，2014

(24): 3.

94. 杨志勇. 省直管县财政体制改革研究——从财政的省直管县到重建政府间财政关系 [J]. 财贸经济, 2009 (11): 36-41.

95. 叶涯剑, 孟珈蒂. 市管县体制的形成及其对中国城市体系的影响 [J]. 老区建设, 2015 (6): 17-18.

96. 尹恒, 朱虹. 县级财政生产性支出偏向研究 [J]. 中国社会科学, 2011 (1): 88-101.

97. 尹恒, 朱虹. 中国县级地区财力缺口与转移支付的均等性 [J]. 管理世界, 2009 (4): 37-46.

98. 尤光付. 我国县级政府行政监督体系存在的问题及改进措施 [J]. 中国行政管理, 2010 (3): 89-92.

99. 袁桂林, 洪俊, 李伯玲等. 农村初中辍学现状调查及控制辍学对策思考 [J]. 中国教育学刊, 2004 (2): 1-5.

100. 袁桂林. 农村义务教育"以县为主"管理体制现状及多元化发展模式初探 [J]. 东北师大学报 (哲学社会科学版), 2004 (1): 115-122.

101. 张俭福. 农村义务教育投入的回顾与展望 [J]. 教育科学, 1993 (2): 11-18.

102. 张丽华, 汪冲. 解决农村义务教育投入保障中的制度缺陷 [J]. 经济研究, 2008 (10).

103. 张若楠. 省直管县财政体制改革对县域公共产品供给的影响——基于河南省104个县 (市) 面板数据的实证分析 [J]. 公共经济与政策研究, 2016 (上): 108-117.

104. 张守祥. 农村义务教育投入保障机制探析——以安徽省为例 [J]. 教育研究, 2005 (4): 85-88.

105. 张旭昆. 制度系统的关联性特征 [J]. 浙江社会科学, 2004 (3): 79-84.

106. 张旭昆. 制度系统的性质及其对于演化的影响 [J]. 经济研究, 2004 (12): 114-122.

107. 张占斌. "省直管县"改革的经济学解析 [J]. 广东商学院学报, 2009 (4): 16-23.

108. 张占斌. 省直管县改革新试点: 省内单列与全面直管 [J]. 中国行政管理, 2013 (3): 11-15.

109. 赵力涛. 中国义务教育经费体制改革：变化与效果 [J]. 中国社会科学, 2009 (4): 80-93.

110. 赵晓峰. "调适"还是"消亡"——后税费时代乡镇政权的走向探析 [J]. 人文杂志, 2009 (2): 160-166.

111. 郑磊. 财政分权、政府竞争与公共支出结构——政府教育支出比重的影响因素分析 [J]. 经济科学, 2008 (1): 28-40.

112. 钟晓敏, 操世元. 省直管县改革：缘起、路径与未来方向 [J]. 财经论丛, 2011 (6): 27-32.

113. 周波, 寇铁军. 我国省直管县财政改革的体制性障碍及破解 [J]. 财贸经济, 2012 (6): 21-25.

114. 周波. "省直管县"改革应重点解决政府间财力与事权匹配问题 [J]. 财政研究, 2010 (3): 49-52.

115. 周飞舟. 谁为农村教育买单？——税费改革和"以县为主"的教育体制改革 [J]. 北京大学教育评论, 2004, 2 (3): 46-52.

116. 周镭, 杜育红. 成效与问题："农村义务教育经费保障新机制"十年考 [J]. 中小学管理, 2015 (7): 31-35.

117. 周黎安. 转型中的地方政府：官员激励与治理 [M]. 上海：格致出版社, 2008.

118. 周秀龙. 农村教育费附加征收管理模式研究 [J]. 教育科学, 1996 (1): 1-5.

119. 周一星, 胡大鹏. 市带县体制对辖县经济影响的问卷调查分析 [J]. 经济地理, 1992 (1): 8-14.

120. 周振鹤. 中国地方行政制度史 [M]. 上海：上海人民出版社, 2005: 250-251.

121. 周振鹤. 中央地方关系史的一个侧面（上）——两千年地方政府层级变迁的分析 [J]. 复旦学报（社会科学版）, 1995 (3): 151-157.

122. 朱光磊, 张志红. "职责同构"批判 [J]. 北京大学学报（哲学社会科学版）, 2005 (1): 101-112.

123. 宗晓华, 陈静漪. 义务教育投入的县际差距与影响因素研究——以东部某省为例 [J]. 教育科学, 2015 (1): 1-9.

124. 宗晓华, 丁建福. 义务教育转移支付的激励效应与均等效应——以江苏省为例 [J]. 教育经济评论, 2016 (1): 56-69.

125. 宗晓华,陈静漪. 集权改革、城镇化与义务教育投入的城乡差距——基于 Lewis 二元经济结构模型的分析[J]. 清华大学教育研究,2016(4).

126. 宗晓华,陈静漪."新常态"下中国教育财政投入的可持续性与制度转型[J]. 复旦教育论坛,2015(6):5-11.

127. 宗晓华,丁建福. 我国义务教育财政制度变革与城乡差距——基于1999~2009年省级面板数据的实证分析[J]. 教育发展研究,2013(11):50-56.

128. 宗晓华. 多任务代理、财政外溢与地方公共服务提供——以教育为例[J]. 地方财政研究,2009(8):9-14.

129. 宗晓华. 公共教育财政制度的规范理论与构建路径[J]. 西南大学学报(社会科学版),2011,37(1):122-126.

130. Aoki M. Toward a Comparative Institutional Analysis[M]. Cambridge: The MIT Press, 2001.

131. Ashenfelter O, Card D. Using the Longitudinal Structure of Earnings to Estimate the Effect of Training Programs[J]. The Review of Economics and Statistics, 1985, 67(4): 648-660.

132. Bernstein T P, Lü X. Taxation without Representation: Peasants, the Central and the Local States in Reform China[J]. The China Quarterly, 2000, 163: 742.

133. Bowles, S. Microeconomics: Behavior, Institutions, and Evolution[M]. Princeton: Princeton University Press, 2004.

134. Chan H S. Cadre Personnel Management in China: The Nomenklatura System, 1990~1998[J]. The China Quarterly, 1999, 179: 703-734.

135. Chien S. Economic Freedom and Political Control in Post Mao China A Perspective of Upward Accountability and Asymmetric Decentralization[J]. Asian Journal of Political Science, 2010, 18(1): 69-89.

136. Gemici K. Karl Polanyi and the antinomies of embeddedness[J]. Socio-Economic Review, 2007, 6(1): 5-33.

137. Granovetter M. Economic Action and Social Structure: The Problem of Embeddedness[J]. American Journal of Sociology, 1985, 91(3): 481-510.

138. Granovetter M. The Old and the New Economic Sociology: A History and An Agenda[A]. Friedland R O, Robertson A F. Beyond the Marketplace: Rethin-

king Economy and Society [M]. 1990: 89 – 109.

139. Greif A. Historical and Comparative Institutional Analysis [J]. The American Economic Review, 1998, 88 (2): 80 – 84.

140. Hollingsworth J R, Boyer R. Contemparory Capitalism: the Embeddedness of Institutions [M]. Cambridge: Cambridge University Press, 1997.

141. Huang B, Chen K. Are intergovernmental transfers in China equalizing? [J]. China Economic Review, 2012, 23 (3): 534 – 551.

142. Jin H, Qian Y, Weingast B R. Regional decentralization and fiscal incentives: Federalism, Chinese style [J]. Journal of Public Economics. 2005, 89 (9 – 10): 1719 – 1742.

143. King R A, Swanson A D, Sweetland S R. Designing Finance Structures to Satisfy Equity and Adequacy Goals [J]. Education policy analysis archives, 2005, 13 (15): 1 – 26.

144. Li L. The incentive role of creating "cities" in China [J]. China Economic Review, 2011, 22 (1): 172 – 181.

145. Lin N. Capitalism in China: A Centrally Managed Capitalism (CMC) and Its Future [J]. Management and Organization Review, 2011, 7 (1): 63 – 96.

146. Mckinnon, Ronald. Market-preserving fiscal federalism in the American monetary union [A]. Tanzi, Vito., Ter – Minassian, Teresa. Macroeconomic Dimensions of Public Finance [M]. Routledge, 1997: 67 – 93.

147. Musgrave, R. A. Fiscal System [M]. New Haven, CT: Yale University Press, 1969.

148. Mushkin J S, Adams F R. Emerging Patterns of Federalism [J]. 1966, 19 (3): 225 – 247.

149. North D C. Institutions, institutional change and economic performance [M]. Cambridge: Cambridge University Press, 1990.

150. Oates W E. The Theory of Public Finance in a Federal System [J]. Canadian Journal of Economics, 1968, 1 (1): 37 – 54.

151. Oates, Wallace E. Fiscal Federalism [M]. Brookfield: Ashgate Publishing Company, 1993.

152. Polanyi K. The Great Transformation [M]. Boston: Beacon Press, 2001.

153. Qian Y, Weingast B R. China's Transition to Markets: Market - Preserving Federalism, Chinese Style [J]. The Journal of Policy Reform, 1996, 1 (2): 149 - 185.

154. Qian Y, Weingast B. Federalism as a Commitment to Perserving Market Incentives [J]. The Journal of Economic Perspectives, 1997, 11 (4): 83 - 92.

155. Qian Y, Xu C. Why China's economic reforms differ: the M-form hierarchy and entry/expansion of the non-state sector [J]. Economics of Transition, 1993, 1 (2): 135 - 170.

156. Raiser M. Subsidizing Inequality: Economic Reforms, Fiscal Transfers and Convergence across Chinese Provinces [J]. Journal of Development Studies, 34 (3): 1 - 26.

157. Samuelson P A. The Pure Theory of Public Expenditure [J]. Review of Economics and Statistics, 1954, 36 (4): 387 - 389.

158. Samuelson, Paul. A., Diagrammatic exposition of a theory of Public Expenditure [J]. Review of Economics and Statistics, Nov., 1955, (4): 350 - 356.

159. Shirk S. The Political Logic of Economic Reforms in China [M]. Berleley and Los Angeles: University of California Press, 1993: 13.

160. Sugden R. Spontaneous Order [J]. The Journal of Economic Perspectives, 1989, 3 (4): 85 - 97.

161. Tiebout C M. A Pure Theory of Local Expenditures [J]. Journal of Political Economy, 1956, 64 (5): 416 - 424.

162. Tsui K, Wang Y. Between Separate Stoves and a Single Menu: Fiscal Decentralization in China [J]. The China Quarterly, 2004, 177: 71 - 90.

163. Wang W, Zheng X, Zhao Z. Fiscal Reform and Public Education Spending: A Quasi-natural Experiment of Fiscal Decentralization in China [J]. Publius: The Journal of Federalism, 2012, 42 (2): 334 - 356.

164. Xu C, Zhuang J. Why China Grew: The Role of Decentralization [A]. Boone P, Gomulka S, Layard R. Emerging from Communism: Lessons from Russia, China, and Eastern Europe [M]. Cambridge and London: MIT Press, 1998, 183 - 212.

165. Yep R. Can tax-for-fee reform reduce rural tension in china the process-

progress-and limitations [J]. The China Quarterly, 2004, 177 (1): 42 -70.

166. Young H P. The Evolution of Conventions [J]. Econometrica, 1993, 61 (1): 57 -84.

167. Zhang L. Chinese Central-provincial Fiscal Relationships, Budgetary Decline and the Impact of the 1994 Fiscal Reform: An Evaluation [J]. The China Quarterly, 1999, 157: 115.

168. Zhang X. Fiscal decentralization and political centralization in China: Implications for growth and inequality [J]. Journal of Comparative Economics, 2006, 34 (4): 713 -726.

附　　表

附表1　　我国分地区地级市、县的数量（2014）

	地区合计	地级市	地区（含自治州、盟）	县级合计	市辖区	县级市	县（含自治县、自治旗、旗等）
全国	333	288	45	2854	897	361	1596
北京			0	16	14		2
天津			0	16	13		3
河北	11	11	0	171	39	20	112
山西	11	11	0	119	23	11	85
内蒙古	12	9	3	102	22	11	69
辽宁	14	14	0	100	56	17	27
吉林	9	8	1	60	21	20	19
黑龙江	13	12	1	128	65	17	46
上海			0	17	16		1
江苏	13	13	0	99	55	23	21
浙江	11	11	0	90	35	20	35
安徽	16	16	0	105	43	6	56
福建	9	9	0	85	28	13	44
江西	11	11	0	100	20	10	70
山东	17	17	0	137	51	28	58
河南	17	17	0	158	50	21	87
湖北	13	12	1	103	39	24	40
湖南	14	13	1	122	35	16	71
广东	21	21	0	119	61	21	37
广西	14	14	0	110	36	7	67
海南	3	3	0	24	8	6	10
重庆			0	38	21		17

续表

	地区合计	地级市	地区（含自治州、盟）	县级合计	市辖区	县级市	县（含自治县、自治旗、旗等）
四川	21	18	3	183	49	14	120
贵州	9	6	3	88	14	7	67
云南	16	8	8	129	13	13	103
西藏	7	3	4	74	3		71
陕西	10	10	0	107	25	3	79
甘肃	14	12	2	86	17	4	65
青海	8	2	6	43	5	3	35
宁夏	5	5	0	22	9	2	11
新疆	14	2	12	103	11	24	68

附表2　　　　　　　　我国教育财政项目分级收支情况　　　　　　　　单位：亿元

年份	项目	中央财政	地方合计	省级财政	地级财政	县级财政	乡级财政
1993	收入总计	957.51	3391.44	558.20	1460.96	805.03	567.25
	支出总计	1312.06	3330.24	818.19	1053.38	1033.63	425.04
	教育支出	47.38	510.83	58.65	107.65	142.24	202.28
1995	收入总计	3257	2986	544	1181	693	567
	支出总计	1995	4828	1156	1630	1443	599
	教育支出	70.94	802.08	85.55	219.150	281.98	215.40
1997	收入总计	4227	4263	893	1597	963	810
	支出总计	2533	6563	1648	2184	1921	810
	教育支出	89.84	1091.83	124.17	269.92	318.58	379.16
1999	收入总计	5849	5595	1188	1981	1456	970
	支出总计	4152	8991	2540	2718	2676	1057
	教育支出	127.16	1395.45	222.70	273.79	415.67	483.29
2001	收入总计	8583	7803	1828	2863	1979	1133
	支出总计	5768	13135	3915	3942	3879	1398
	教育支出	172.41	2035.72	342.55	387.43	687.43	618.31

续表

年份	项目	中央财政	地方合计	省级财政	地级财政	县级财政	乡级财政
2003	收入总计	11865	9849.98	2482.81	3572.72	2501.50	1292.96
	支出总计	7420	17229.85	4553.93	5314.27	5780.43	1581.21
	教育支出	240.2	2697.14	430.05	515.97	1240.31	510.82
2005	收入总计	16549	14884	3665	5467	4212	1540
	支出总计	8776	25154	6407	7691	9049	2006
	教育支出	244.85	3729.98	628.57	725.60	1889.41	486.40
2007	收入总计	27749	23573	6001	7932	7291	2349
	支出总计	11442	38339	8821	11052	15777	2689
	教育支出	395.26	6727.06	1068.83	1335.81	3772.86	549.56
2009	收入总计	35916	32603	7651	10657	10781	3513
	支出总计	15256	61044	13948	16506	26876	3713
	教育支出	567.62	9869.92	1487.67	1917.30	5815.16	649.79

注：本表数据仅仅到2009年，是目前能获得的最新数据。数据根据《地方财政统计资料（1993~2009）》计算，该资料为财政部的内部资料，到2016年8月为止，仅出版到2009年的财政数据。其他年鉴（包括《中国财政年鉴》在内）都无详细的五级财政分级统计数据，即使财政部预算司编撰的《中国地市县财政统计资料》（内部资料），也仅仅是四级财政分级数据，缺乏乡级财政收支明细。

附表3　　　　　1994~2013年我国公共财政预算收入级次情况　　　　单位：亿元

年份	全国	中央级		地方级		地方各级次							
						省级		市级		县级		乡级	
		指标值	比重	指标值	比重	指标值	比重	指标值	比重	指标值	比重	指标值	比重
1994	5218	2907	55.7	2312	44.3	396	7.6	948	18.2	529	10.1	438	8.4
1995	6242	3257	52.2	2986	47.8	544	8.7	1181	18.9	693	11.1	567	9.1
1996	7408	3661	49.4	3747	50.6	738	10	1431	19.3	860	11.6	718	9.7
1997	8651	4227	48.9	4263	49.3	893	10.3	1597	18.5	963	11.1	810	9.4
1998	9876	4892	49.5	4984	50.5	1036	10.5	1948	19.7	1130	11.4	870	8.8
1999	11444	5849	51.1	5595	48.9	1188	10.4	1981	17.3	1456	12.7	970	8.5
2000	13395	6989	52.2	6406	47.8	1435	10.7	2335	17.4	1610	12	1026	7.7
2001	16386	8583	52.4	7803	47.6	1828	11.2	2863	17.5	1979	12.1	1133	6.9
2002	18904	10389	55	8515	45	2213	11.7	3077	16.3	2077	11	1148	6.1

续表

年份	全国	中央级		地方级		地方各级次							
						省级		市级		县级		乡级	
		指标值	比重	指标值	比重	指标值	比重	指标值	比重	指标值	比重	指标值	比重
2003	21715	11865	54.6	9850	45.4	2483	11.4	3573	16.5	2502	11.5	1292	5.9
2004	26396	14503	54.9	12241	46.4	3028	11.5	4525	17.1	3289	12.5	1399	5.3
2005	31649	16549	52.3	14884	47	3665	11.6	5467	17.3	4212	13.3	1540	4.9
2006	38760	20457	52.8	18304	47.2	4674	12.1	6392	16.5	5359	13.8	1879	4.8
2007	51322	27749	54.1	23573	45.9	6001	11.7	7932	15.5	7291	14.2	2349	4.6
2008	61330	32681	53.3	28650	46.7	7168	11.7	9477	15.5	9020	14.7	2984	4.9
2009	68518	35916	52.4	32603	47.6	7651	11.2	10657	15.6	10781	15.7	3513	5.1
2010	83102	42348	51.1	40613	48.9	8795	10.6	13703	15.8	13939	16.8	4775	5.7
2011	103874	51327	49.4	52547	50.6	11613	11.2	16633	16	18426	17.7	5875	5.7
2012	117254	56175	47.9	61078	52.1	12843	11	19312	16.5	21576	18.4	7347	6.3
2013	129143	60174	46.6	69011	53.4	13841	10.7	20877	16.2	26743	20.7	7549	5.8

资料来源：1994～2013年全国一般公共财政预算收入级次情况［J］．地方财政研究，2015，（7）：97.

附表4　　　　1994～2013年我国公共财政预算支出级次情况　　　　单位：亿元

年份	全国	中央级		地方级		地方各级次							
						省级		市级		县级		乡级	
		指标值	比重	指标值	比重	指标值	比重	指标值	比重	指标值	比重	指标值	比重
1994	5793	1754	30.3	3930	67.8	960	16.6	1267	21.9	1184	20.4	519	9
1995	6824	1995	29.2	4828	70.8	1156	16.9	1630	23.9	1443	21.2	599	8.8
1996	7938	2151	27.1	5786	72.9	1377	17.4	1957	24.7	1733	21.8	719	9.1
1997	9234	2533	27.4	6563	71.1	1648	17.8	2184	23.6	1921	20.8	810	8.8
1998	10798	3126	28.9	7673	71.1	2026	18.8	2602	24.1	2154	19.9	891	8.3
1999	13188	4152	31.5	8991	68.2	2540	19.3	2718	20.6	2676	20.3	1057	8.0
2000	15887	5520	34.7	10454	65.8	3060	19.3	3196	20.1	3030	19.1	1169	7.4
2001	18903	5768	30.5	13135	69.5	3915	20.7	3942	20.9	3879	20.5	1398	7.4
2002	22053	6772	30.7	15281	69.3	4331	19.6	4637	21	4820	21.9	1493	6.8

续表

年份	全国	中央级 指标值	中央级 比重	地方级 指标值	地方级 比重	省级 指标值	省级 比重	市级 指标值	市级 比重	县级 指标值	县级 比重	乡级 指标值	乡级 比重
2003	24650	7420	30.1	17230	69.9	4554	18.5	5314	21.6	5780	23.5	1581	6.4
2004	28487	7894	27.7	20593	72.3	5341	18.7	6323	22.2	7179	25.2	1750	6.1
2005	33930	8776	25.9	25154	74.1	6407	18.9	7691	22.7	9049	26.7	2006	5.9
2006	40423	9991	24.7	30431	75.3	7409	18.3	9112	22.5	11658	28.8	2252	5.6
2007	49781	11442	23.0	38339	77.0	8821	17.7	11052	22.2	15777	31.7	2689	5.4
2008	62593	13344	21.3	49248	78.7	11154	17.8	13515	21.6	21239	33.9	3341	5.3
2009	76300	15256	20.0	61044	80.0	13948	18.3	16506	21.6	26876	35.2	3713	4.9
2010	89874	15990	17.8	73884	82.2	15388	17.1	20212	22.5	33640	37.4	4645	5.2
2011	109248	16514	15.1	92734	84.9	19971	18.3	24895	22.8	42259	38.7	5609	5.1
2012	125953	18765	14.9	107188	85.1	21429	17.0	29275	23.2	49414	39.2	7070	5.6
2013	139744	20472	14.6	119740	85.7	22632	16.2	32180	23.0	57465	41.1	7463	5.3

资料来源：1994～2013年我国公共财政预算支出级次情况［J］.地方财政研究，2015，(9)：97.

附表5　中央和地方财政收支格局与教育支出比重

年份	中央财政收入占国家财政收入比重（%）	中央财政支出占国家财政支出比重（%）	中央教育财政支出占中央财政支出的比重（%）	地方财政收入占国家财政收入比重（%）	地方财政支出占国家财政支出比重（%）	地方教育财政支出占地方财政支出的比重（%）
1992	28.12	31.28	3.56	71.88	68.72	15.97
1993	22.02	28.26	3.61	77.98	71.74	15.34
1994	55.70	30.29	3.76	44.30	69.71	17.50
1995	52.17	29.24	3.56	47.83	70.76	16.99
1996	49.42	27.10	3.59	50.58	72.90	16.61
1997	48.86	27.43	3.55	51.14	72.57	15.75
1998	49.53	28.95	3.94	50.47	71.05	15.83
1999	51.11	31.49	3.06	48.89	68.51	15.44
2000	52.18	34.75	2.55	47.82	65.25	15.67

续表

年份	中央财政收入占国家财政收入比重（%）	中央财政支出占国家财政支出比重（%）	中央教育财政支出占中央财政支出的比重（%）	地方财政收入占国家财政收入比重（%）	地方财政支出占国家财政支出比重（%）	地方教育财政支出占地方财政支出的比重（%）
2001	52.38	30.51	2.99	47.62	69.49	15.50
2002	54.96	30.71	3.10	45.04	69.29	15.93
2003	54.64	30.10	3.24	45.36	69.90	15.65
2004	54.94	27.71	2.78	45.06	72.29	15.28
2005	52.29	25.86	2.79	47.71	74.14	14.83
2006	52.78	24.72	2.95	47.22	75.28	14.74
2007	54.07	22.98	3.45	45.93	77.02	17.55
2008	53.29	21.32	3.68	46.71	78.68	17.30
2009	52.42	19.99	3.72	47.58	80.01	16.17
2010	51.13	17.79	4.51	48.87	82.21	16.01
2011	49.41	15.12	6.05	50.59	84.88	16.71
2012	47.91	14.90	5.87	52.09	85.10	18.79
2013	46.59	14.60	5.41	53.41	85.40	17.45

注：1992~2013年教育财政支出、财政支出占GDP比例数据来自《中国统计年鉴》（2014）。2002~2013年地方教育财政支出占国家教育财政支出比重根据《中国统计年鉴》数据计算，2001年及之前数据根据《中国财政年鉴》中的中央和地方财政支出决算数据计算。1992~2012年地方财政支出占国家财政支出比重数据来自《中国财政年鉴（2013）》，2013年数据根据《中国统计年鉴（2014）》计算。

后　　记

从读研开始，我对教育财政就产生了浓厚的兴趣，我的硕士、博士论文都是关于教育财政方面的理论研究。2009年我从北京师范大学经济与工商管理学院博士生毕业后到南京大学任职，恰好被分配在教育经济与管理研究所，从事教育经济学和教育财政学方面的教学和研究工作，对于教育财政的研究工作幸又得以继续。随着研究的深入，我逐步意识到，教育财政是嵌入国家宏观财政体制之中的一个子系统，要想对教育财政有更深入的研究，必须先了解国家整个宏观财政体制进而理解国家的政治经济体制，这更加需要系统的经济学理论和方法的训练，于是我萌生了继续从事理论经济学博士后研究的想法，并得到了学院老前辈龚放教授、张红霞教授、王运来教授等的鼓励和支持。

2010年春季学期末，我抱着激动但又惴惴不安的心情参加了经济学院的博士后面试，激动的是因为自己报考了仰慕已久的著名经济学家洪银兴先生为导师的专业，惴惴不安的是因为自己才疏学浅，而报考洪老师为导师专业的人数较多，竞争十分激烈。暑假前我终于等到了录取通知，党办的葛俊杰老师嘱咐要向洪老师汇报一下我的基本情况和研究计划。我曾多次聆听洪老师的学术讲座，这么近距离地与洪老师接触还是第一次，洪老师爽朗的笑声、洪亮的声音、亲切的问候和宽阔的大手让我顿时卸下了很多思想包袱。洪老师耐心地询问了我以前的学习经历和研究工作情况，甚至还问到了住在哪里，生活上有什么困难，关怀无微不至，令我如沐春风。洪老师特意叮嘱我，教育经济学是一个有很大开拓空间的研究领域，要下大功夫，将现代经济学尤其是最前沿的理论和方法注入教育经济学的理论和应用研究之中，争取做出一些突破性进展。

正是在洪老师的指导和鼓励下，我尝试将制度学派的相关理论引入教育经济和教育财政的研究之中，并以"省直管县"财政改革与农村义务教育财政体制调适为主题申报了国家社科基金项目。本书正是建立在这个思路之上，将教育财政视为嵌入宏观财政体制之中的子制度系统，并从这个角度来理解改革开放以来我国义务教育财政体制的逻辑变迁、宏观财政体制改革对教育财政运行机制的影响，以及把握未来适应国家治理体制改革的新的教育财政构建问题。在我研究期间，被派往英国和韩国从事国际合作研究工作，撰写其他课题方向的英文著作，本书的写作有所中断。回国之后虽然集中精力写作，但时间仍显仓促，一些理论思考和政策建议仍然需要斟酌，这将是我今后学术研究进一步努力的方向。

在本书即将付印之际，特别要感谢洪老师这些年孜孜不倦的教诲和栽培。在做人、做事和做学问方面，洪老师都是我们毕生学习的榜样。虽然离老师的期望和要求还有一定的差距，但洪老师提供给了我们一个更高的思想平台，让我们具备了一个更高和更开阔的视野，在今后的学术道路上，我们会更加努力地前行。

本书的研究内容是对我博士期间关于教育财政制度研究的承续。在这里也要衷心地感谢我的博士导师、北京师范大学的王善迈先生。王老师是我国教育经济学的奠基人之一，德高望重，虽已八十多岁的高龄，但仍笔耕不辍，孜孜以求，言传身教，爱生如子。在本书的研究和撰写过程中，王老师也给予了很多指导和关心。

在经济学院任教的这段时间里，很多老师和同学都给予了我指导和帮助，让我受益颇多。虽因篇幅短小，不能一一列举，但一些老师还必须要专门感谢，尤其是张二震教授、沈坤荣教授、安同良教授、葛扬教授、郑江淮教授、马野青教授、孙宁华教授、韩剑教授等，在课题活动中都对我有许多指导，也从他们身上学到了很多东西。感谢葛俊杰老师和印兴波老师，他们一直不辞辛劳地帮助我们联系和协调洪老师的宝贵时间。另外，同学刘爱文、吴婷、吴俊、杨红强、王辉龙、王娟等，在流动站的研究过程中，一起砥砺学习、如切如磋。

最后，还要感谢我的研究生叶萌、陈涛、郝笑影、付呈祥和刘慧霞等同学。他们在本书的数据整理和文字校对工作中表现出来的一丝不苟、认真负责的态度，令我十分感动。《学记》有云"学然后知不足，教然后知困"。在带研究生的这些年里，对这句话的体会越来越深刻，正是一届届朝气蓬勃的优秀学子激励我自强不息。

路漫漫其修远兮，吾将上下而求索。

宗晓华

2017 年 12 月 26 日

于南京大学逸夫管理科学楼